浙江省普通本科高校"十四五"重点立项建设教材

人工智能跨境电商应用教程

主　审　章剑林

主　编　沈玉燕　盛　磊

副主编　蒋长兵　柯丽敏

电子工业出版社

Publishing House of Electronics Industry

北京·BEIJING

内 容 简 介

本书基于当前跨境电商行业面临的技术挑战和转型需求，系统地阐述了 AI 技术如何助力企业提升决策效率、优化客户体验、创新服务模式，并推动行业的可持续发展。全书围绕 AI 技术及其在跨境电商领域的应用实践进行详细解析，包括但不限于机器学习、大数据分析、自然语言处理等。通过丰富的案例分析，本书展示了 AI 技术在智能选品、市场趋势预测、智能客服、内容营销、社会化媒体优化等方面的实际运用，为读者展示了 AI 技术在跨境电商领域的广阔应用前景。本书不仅为跨境电商从业者提供了实用的技术应用指南，还为相关专业的学生提供了宝贵的学习资源。

本书适合作为电子商务、国际贸易、市场营销、人力资源管理、行政管理等专业的学生的教材，也适合作为跨境电商行业的研究人员和从业者的参考书籍。

图书在版编目（CIP）数据

人工智能跨境电商应用教程 / 沈玉燕，盛磊主编.

北京 : 电子工业出版社，2025. 9. -- ISBN 978-7-121 -50890-5

Ⅰ. F713.36-39

中国国家版本馆 CIP 数据核字第 2025D476U3 号

责任编辑：石会敏　　　　特约编辑：侯学明

印　　刷：北京盛通印刷股份有限公司

装　　订：北京盛通印刷股份有限公司

出版发行：电子工业出版社

　　　　　北京市海淀区万寿路 173 信箱　　邮编：100036

开　　本：787×1092　1/16　　印张：14　　　字数：356.8 千字

版　　次：2025 年 9 月第 1 版

印　　次：2025 年 9 月第 1 次印刷

定　　价：59.00 元

凡所购买电子工业出版社图书有缺损问题，请向购买书店调换。若书店售缺，请与本社发行部联系，联系及邮购电话：(010)88254888，88258888。

质量投诉请发邮件至 zlts@phei.com.cn，盗版侵权举报请发邮件至 dbqq@phei.com.cn。

本书咨询联系方式：shihm@pehi.com.cn。010-88254537。

序　言

在全球化与数字化深度融合的时代背景下，跨境电商已然成为国际贸易领域中最为活跃且增长迅猛的力量。它打破了地域限制，重塑了全球商业格局，让商品与服务得以在更广阔的市场中流通。与此同时，人工智能技术正以惊人的速度迭代发展，深刻地改变着各个行业的运作模式，在跨境电商领域的应用更是呈现出爆发式的增长态势。《人工智能跨境电商应用教程》这本教材为我们开启了探索跨境电商与人工智能深度融合的大门。

当前，跨境电商行业正面临着诸多机遇与挑战。一方面，全球消费者对于个性化、便捷化购物体验的需求日益增长，市场规模持续扩大，为跨境电商企业带来了前所未有的发展空间；另一方面，激烈的市场竞争、复杂的贸易环境以及消费者日益多样化的需求，对企业的运营效率、决策能力和服务质量提出了极高的要求。而人工智能凭借其强大的数据分析、智能决策等能力，成为了跨境电商企业突破困境、实现创新发展的关键驱动力。

人工智能技术在跨境电商领域的应用涵盖了多个方面，从市场分析、产品推荐到供应链管理、客户服务等，都展现出了巨大的潜力。例如，通过机器学习算法对海量的市场数据进行分析，企业能够更精准地把握消费者需求，优化产品选品策略；利用自然语言处理技术，智能客服可以实现 24 小时不间断服务，快速响应，提升客户满意度；而在供应链管理中，人工智能则可以通过实时监控和预测，实现库存的优化配置和物流配送的高效调度。

尽管人工智能在跨境电商中的应用前景广阔，但目前行业内仍面临着一些挑战。一方面，相关技术人才的短缺限制了企业对人工智能技术的深入应用和创新；另一方面，如何将人工智能技术与跨境电商的业务流程进行有机整合，充分发挥其优势，也是企业需要解决的关键问题。此外，随着人工智能应用的不断深入，数据安全、隐私保护等问题也日益凸显，需要行业制定相应的规范和标准。

《人工智能跨境电商应用教程》是一本系统介绍人工智能在跨境电商中应用的专业教材，由多位在跨境电商和人工智能领域具有深厚学术造诣和丰富实践经验的专家共同编写，他们将多年的研究成果和实战经验进行了系统梳理和精心整合。教材内容涵盖了人工智能在跨境电商中的基础理论、关键技术以及各个业务环节的具体应用案例，既有深入浅出的理论讲解，又有生动详实的实践操作指导。无论是对于高校相关专业的学生，还是正在从事跨境电商行业的从业者，本教材都具有极高的学习和参考价值。

我们相信，这本教材将成为推动跨境电商与人工智能融合发展的重要助力，为培养更多适应时代需求的复合型人才贡献力量。希望广大读者能够通过本书，在跨境电商与人工智能的广阔天地中不断探索创新，为行业的繁荣发展添砖加瓦。

章剑林

2025 年 8 月杭州

前　言

2024 年的政府工作报告进一步明确了"人工智能+"行动的推进，将人工智能作为新质生产力的引擎，这不仅为跨境电商行业注入了新的动力，也为 AI 技术与跨境电商的深度融合提供了政策支持和行动指引，预示着人工智能将在推动我国跨境电商高质量发展中发挥更加关键的作用。随着全球经济一体化的不断深入，跨境电商已成为推动国际贸易发展的新引擎。特别是在互联网和数字技术的双重驱动下，人工智能（AI）技术在跨境电商行业的应用越来越广泛，成为提升行业竞争力的关键因素。AI 技术的应用不仅能够提高运营效率，优化用户体验，还能在智能选品、市场趋势预测、智能客服等多个方面发挥重要作用，助力我国企业更好地"走出去"，在国际市场上赢得主动权。

本书旨在响应国家政策，满足行业发展需求，培养具有国际视野和专业技能的跨境电商人才。通过系统地介绍 AI 技术在跨境电商领域的应用，本书不仅为学生提供了丰富的理论知识，更为从业人员提供了实践指导和案例分析，帮助读者全面了解 AI 技术如何助力跨境电商的发展。

此外，本书通过介绍我国在跨境电商领域的政策导向、法律法规、知识产权保护等内容，引导读者树立正确的价值观和职业道德观，增强其法律意识和社会责任意识。我们希望通过本书的学习，结合实践，读者能够成为既懂技术又懂管理，既有国际视野又有家国情怀的高素质跨境电商人才。

本书的编写团队由具有丰富教学经验和行业实践的专家组成，本书是典型的产教融合的产物，由浙江水利水电学院沈玉燕教授担任第一主编，对全书进行审定和统稿。国家级电子商务虚拟仿真实验教学中心副主任和浙江省十三五"跨境电商"重点实验教学示范中心主任蒋长兵副教授、杭州师范大学阿里巴巴商学院国际商务国家一流专业负责人柯丽敏副教授等，共同参与了本书的编写工作。主审工作由教育部高等学校电子商务类专业教学指导委员会副主任委员、杭州师范大学阿里巴巴商学院执行院长章剑林教授担任。

本书第 1 章、第 3 章、第 6 章、第 7 章由沈玉燕老师编写，第 2 章、第 4 章、第 5 章、第 9 章由盛磊老师编写，第 8 章由沈玉燕、蒋长兵和柯丽敏老师共同编写。感谢浙江水利水电学院对本书的大力支持，感谢浙江省人工智能学会专家委员和浙江省大数据交易中心数据要素行业专家徐培军博士、社会智能信息学博士万欣副教授等专家的宝贵意见，感谢国内领先的头部跨境电商平台业务负责人和 AI 跨境领域权威专家的大力支持，同时也感谢电子工业出版社的指导和帮助。编者水平有限，书中不当与不足之处在所难免，望广大读者批评指正！

本书提供了丰富的教辅资料，包括教学课件、知识导图、习题答案、微课视频等。读者可通过扫描封底二维码，免费获取。

编者
2025 年 8 月

目　　录

第一部分　人工智能跨境电商应用概述

第1章　人工智能和跨境电商概述 ………………………………………………………………… 2
1.1　人工智能的基本概念 ……………………………………………………………………… 3
　1.1.1　人工智能的定义 …………………………………………………………………… 4
　1.1.2　人工智能的发展历程 ……………………………………………………………… 4
　1.1.3　人工智能的关键技术 ……………………………………………………………… 5
1.2　跨境电商的基本概念 ……………………………………………………………………… 7
　1.2.1　跨境电商的定义 …………………………………………………………………… 7
　1.2.2　跨境电商的发展历程 ……………………………………………………………… 8
　1.2.3　跨境电商的特点和模式 …………………………………………………………… 10
1.3　AI 在跨境电商中的重要性和优势 ……………………………………………………… 12
　1.3.1　AI 对跨境电商的影响 …………………………………………………………… 12
　1.3.2　AI 在跨境电商中的应用领域 …………………………………………………… 13
　1.3.3　AI 在跨境电商中的优势和价值 ………………………………………………… 15
习题 ……………………………………………………………………………………………… 16

第2章　生成式人工智能概述 …………………………………………………………………… 18
2.1　生成式人工智能概念 ……………………………………………………………………… 20
2.2　机器学习概述 ……………………………………………………………………………… 20
　2.2.1　机器学习的概念 …………………………………………………………………… 21
　2.2.2　机器学习的主要步骤 ……………………………………………………………… 21
　2.2.3　机器学习的主要类型 ……………………………………………………………… 21
2.3　深度学习概述 ……………………………………………………………………………… 23
　2.3.1　深度学习的概念和优势 …………………………………………………………… 23
　2.3.2　深度学习的原理与架构 …………………………………………………………… 23
　2.3.3　深度学习的学习过程 ……………………………………………………………… 24
2.4　AIGC 工具应用领域 ……………………………………………………………………… 24
　2.4.1　媒体领域 …………………………………………………………………………… 24
　2.4.2　广告领域 …………………………………………………………………………… 25
　2.4.3　娱乐领域 …………………………………………………………………………… 25
2.5　AIGC：内容生产效率与创新变革 ……………………………………………………… 26
　2.5.1　AI 与 AIGC 的关系 ……………………………………………………………… 26
　2.5.2　AIGC 内容创作的特点 …………………………………………………………… 27
　2.5.3　AIGC 驱动的生产力提升 ………………………………………………………… 27

2.5.4 AIGC 的挑战与应对 ·· 28
2.6 AIGC 在电商行业的应用与价值 ·· 28
2.6.1 AIGC 对行业发展的革新 ··· 29
2.6.2 AIGC 在电商行业中的应用场景 ······································ 29
2.6.3 AIGC 的发展趋势 ··· 30
习题 ··· 31

第二部分　人工智能跨境电商实践指南

第3章 大数据分析在动态定价策略中的应用 ································ 34
3.1 大数据分析概述 ·· 36
3.1.1 大数据分析的定义 ··· 36
3.1.2 大数据分析在跨境电商中的作用 ······································ 39
3.2 动态定价策略概述 ·· 42
3.2.1 动态定价策略的基本原理 ·· 42
3.2.2 动态定价策略的定义和重要性 ·· 45
3.2.3 动态定价策略模型概述 ·· 46
3.2.4 数据分析对定价策略的影响 ·· 48
3.3 跨境电商行业大数据分析应用 ·· 50
3.3.1 跨境电商大数据分析方法 ·· 50
3.3.2 跨境电商大数据分析流程 ·· 53
3.4 跨境电商销售趋势和需求预测 ·· 59
3.4.1 跨境电商市场概况 ·· 59
3.4.2 销售趋势分析 ··· 61
3.4.3 需求预测模型 ··· 62
3.5 案例分析：亚马逊的"自动定价"功能 ···································· 64
3.5.1 什么是亚马逊的"自动定价" ··· 64
3.5.2 亚马逊"自动定价"功能的应用 ······································ 65
习题 ··· 66

第4章 智能选品与市场趋势预测 ·· 69
4.1 AI 驱动的热销产品预测 ·· 70
4.1.1 时间序列分析预测模型 ·· 70
4.1.2 结合季节性因素的销售预测 ·· 72
4.1.3 个性化推荐系统的构建 ·· 73
4.2 选品策略的优化与调整 ·· 76
4.2.1 AI 市场趋势预测方法 ·· 76
4.2.2 常用的 AI 竞品分析工具 ··· 77
4.3 跨文化适应性分析 ·· 80
4.3.1 AI 在跨文化市场分析中的应用 ·· 80
4.3.2 AI 在跨文化客户服务中的应用 ·· 81

　　　4.3.3　AI 在跨文化合规性分析中的应用 ························· 82
　4.4　案例分析 ··· 82
　　　4.4.1　亚马逊利用 AI 进行个性化推荐 ······················· 82
　　　4.4.2　小米海外市场的智能选品策略 ························· 84
　习题 ·· 85

第 5 章　跨语言沟通与客户服务自动化 ······························· 87
　5.1　自然语言处理技术在跨境电商客户服务中的应用 ············ 89
　　　5.1.1　多语种翻译与理解 ··································· 90
　　　5.1.2　情感分析与用户意图识别 ····························· 91
　　　5.1.3　聊天机器人开发框架 ································· 93
　5.2　智能客服系统的构建与优化 ································· 95
　　　5.2.1　问题解答库与知识图谱 ······························· 96
　　　5.2.2　自动化工单处理与升级路径 ··························· 98
　　　5.2.3　客户满意度反馈循环机制 ····························· 99
　5.3　人机协作与客服团队的未来 ······························· 101
　　　5.3.1　深度融合的智能辅助系统 ····························· 101
　　　5.3.2　多语言与文化敏感性 ································· 101
　　　5.3.3　个性化服务与推荐 ··································· 101
　　　5.3.4　自动化与效率优化 ··································· 101
　　　5.3.5　全渠道整合与统一体验 ······························· 101
　　　5.3.6　合规与隐私保护 ····································· 101
　5.4　案例分析 ··· 102
　　　5.4.1　Shopify 的 AI 客服体验 ····························· 102
　　　5.4.2　ZARA 的全球化客户服务策略 ······················· 103
　　　5.4.3　Google 翻译的跨境电商解决方案 ····················· 104
　习题 ·· 104

第 6 章　内容营销与社会化媒体优化 ······························· 107
　6.1　内容生成与创意设计的自动化 ······························· 109
　　　6.1.1　AI 辅助的产品描述生成 ····························· 109
　　　6.1.2　图像与视频内容的智能化编辑 ······················· 110
　　　6.1.3　创意广告的设计与测试 ······························· 117
　　　6.1.4　跨文化内容本地化 ··································· 121
　6.2　社会化媒体营销概述 ····································· 122
　　　6.2.1　社会化媒体营销的概念 ······························· 122
　　　6.2.2　社会化媒体营销的特点 ······························· 122
　　　6.2.3　社会化媒体营销的价值 ······························· 124
　　　6.2.4　社会化媒体营销的优势 ······························· 124
　　　6.2.5　社会化媒体营销和传统媒体营销的区别 ··············· 126
　　　6.2.6　跨境电商品牌社会化媒体营销存在的问题 ··············· 126

6.2.7　跨境电商品牌社会化媒体营销的策略 ·········· 127
6.3　社会化媒体智能分析与营销策略 ························· 129
6.3.1　用户画像构建与精准营销 ······················· 129
6.3.2　社会化媒体热点追踪与参与 ····················· 131
6.3.3　KOL 识别与影响力评估 ······················· 132
6.4　社会化媒体危机管理与声誉维护 ························· 132
6.4.1　危机识别与监测 ······························· 132
6.4.2　快速响应 ··································· 132
6.4.3　声誉修复 ··································· 133
6.5　案例分析 ································· 133
6.5.1　Instagram 的社交平台营销案例 ··················· 133
6.5.2　欧莱雅的全球社会化媒体策略 ····················· 136
习题 ····································· 139

第7章　AI 辅助的跨境供应链管理 ·························· 141
7.1　跨境物流和供应链优化 ······················· 143
7.1.1　跨境物流的定义和重要性 ······················· 143
7.1.2　供应链的组成元素 ······························· 144
7.1.3　AI 在供应链优化中的作用 ······················· 146
7.1.4　AI 在跨境物流中的应用 ························· 147
7.1.5　AI 面临的挑战 ······························· 149
7.2　跨境物流的主要挑战和解决方案 ··················· 149
7.2.1　跨境物流的主要挑战概述 ······················· 149
7.2.2　AI 解决方案 ······························· 151
7.3　供应链智能化和可视化管理 ··················· 156
7.3.1　供应链智能化的意义和作用 ····················· 156
7.3.2　AI 和机器学习在供应链管理中的应用 ··············· 157
7.3.3　供应链可视化工具的重要性及其功能 ··············· 158
7.4　智慧物流与"最后一公里"配送 ················· 159
7.4.1　国内外智慧物流发展现状 ······················· 159
7.4.2　包裹追踪与实时状态更新 ······················· 160
7.4.3　无人机与自动驾驶货车的应用探索 ··············· 160
7.4.4　海外仓布局与智能调度系统 ····················· 161
7.5　供应链透明度与可持续发展 ··················· 163
7.5.1　提高供应链透明度的重要性 ····················· 163
7.5.2　可持续发展的物流战略 ························· 163
7.6　案例分析 ································· 164
7.6.1　亚马逊的智慧物流创新与跨境电商战略 ············· 164
7.6.2　顺丰的智慧物流解决方案 ······················· 165
习题 ····································· 166

第三部分　人工智能的挑战与未来展望

第8章　品牌保护与反欺诈技术····················170

8.1　电商平台的知识产权保护策略····················172

8.1.1　侵权识别····················172

8.1.2　AI 自动化监控系统····················172

8.1.3　AI 在品牌注册与国际商标管理中的应用····················173

8.1.4　专利侵权预警与 AI 应对机制····················173

8.2　交易安全与风险管理····················175

8.2.1　AI 交易行为模式分析····················175

8.2.2　AI 高风险用户识别技术····················175

8.2.3　反洗钱与合规性监控····················175

8.2.4　AI 在合作伙伴风险管理与供应链安全中的应用····················175

8.2.5　小企业与新进者的保护措施····················176

8.3　跨境电商知识产权保护和侵权处理····················177

8.3.1　知识产权的类型与 AI 辅助识别····················177

8.3.2　知识产权的法律特点与 AI 辅助合规····················178

8.3.3　跨境电商知识产权侵权风险····················178

8.4　跨境电商知识产权侵权风险原因解析····················179

8.4.1　跨境电商知识产权侵权风险原因····················179

8.4.2　AI 辅助的跨境电商知识产权侵权风险处理流程····················180

8.4.3　跨境电商知识产权合规建议····················181

8.5　跨境电商品牌的商标权和专利权保护····················182

8.5.1　商标权的客体····················182

8.5.2　确认商标权的原则····················183

8.5.3　商标权的内容与保护期····················183

8.5.4　不同类型的侵权····················183

8.5.5　AI 在侵权防范与应对中的应用····················186

8.5.6　品牌创新及其意义····················188

8.6　案例分析····················191

8.6.1　AI 在 PayPal 的反欺诈技术实践中的应用····················191

8.6.2　亚马逊的 AI 卖家审核与信任机制····················192

习题····················194

第9章　合规性管理与国际贸易规则适应····················196

9.1　跨境电商的法律与税务合规····················198

9.1.1　国际贸易协定与关税政策····················198

9.1.2　VAT/GST 管理与申报自动化····················199

9.1.3　AI 在个人数据保护与 GDPR 遵守中的应用····················200

9.2　适应多国贸易规则的策略····················201

9.2.1　AI 自动化合规性检查工具与决策支持····················201

9.2.2　AI 在地区化产品信息与标签管理中的应用 ·············· 205

9.2.3　AI 优化的跨境物流与海关清关流程 ······················ 206

9.3　AI 在预测未来趋势与合规性挑战中的作用 ······················ 208

9.4　案例分析 ··· 210

9.4.1　AI 在 Wish 的全球合规性实践中的应用 ················ 210

9.4.2　AI 辅助的 eBay 全球市场准入策略 ····················· 211

习题 ··· 212

人工智能跨境电商应用教程

第一部分

人工智能跨境电商应用概述

第1章　人工智能和跨境电商概述

 **知识导图**

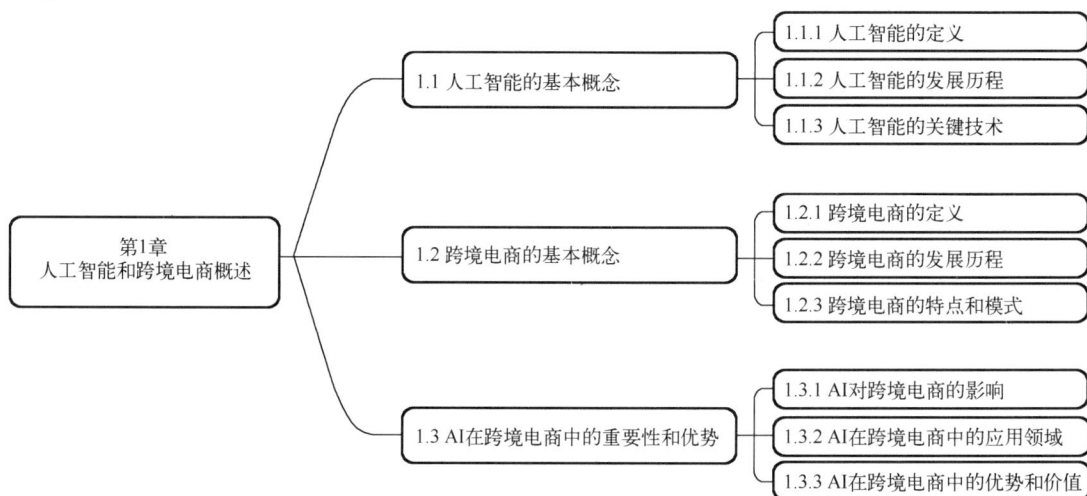

学习目标

知识目标：

理解人工智能的基本概念，包括其目标、定义及其在不同角度下的解释。

掌握人工智能发展历程的四个主要阶段。

能力目标：

具备分析人工智能技术在各行业应用的能力，包括但不限于医疗健康、金融服务、物流运输、智能制造、自动驾驶等领域。

掌握应用人工智能技术解决问题、获取知识、制定决策的方法，并能够根据具体情境选择合适的人工智能技术解决方案。

价值目标：

具备创新思维，能够探索人工智能新技术和新应用，推动所在领域或行业的创新发展。

拥有跨学科整合能力，能将人工智能技术与其他领域知识相结合，提出具有社会价值的解决方案。

提高伦理意识，学会在人工智能应用中平衡技术进步与社会伦理的关系，确保人工智能技术发挥正面影响。

具有持续学习的能力，紧跟人工智能领域的最新研究动态和技术趋势，不断提升个人技能和行业竞争力。

导入案例

跨境电商踏上"人工智能+供应链服务"的"风火轮"

"卖家只需用自己最熟悉的中文标题和产品介绍，点击'智能优化'，人工智能就会结合商品特性和搜索热词，提炼出更符合海外需求、更有卖点的英文标题和介绍。在视频通话中，借助人工智能提供的实时翻译字幕，语言不通有望不再成为双方业务员沟通的障碍……"

在 2023 年 9 月 2 日的中国国际服务贸易交易会上，阿里巴巴国际站展示了其多项数字贸易服务的新功能，其中全链路 AI 外贸产品尤为引人注目。据悉，这是自掀起 AI 浪潮以来，阿里巴巴集团首次在外贸领域全面推出 AI 产品，旨在覆盖国内中小企业开展外贸业务的各个环节。该产品包括"生意助手"和 OKKI AI 两大服务，拥有智能商品发布与管理、市场分析、客户接待、视频聊天实时翻译、企业管理等多项功能。阿里巴巴国际站的商家可以利用"生意助手"来优化自己的产品发布，而 OKKI AI 则向所有行业的企业开放。卖家在线上发布产品时，只需用中文填写产品介绍，AI 便会自动将其翻译成英文，并根据海外买家的偏好，突出产品特性和亮点。卖家上传产品图片后，点击"合成图片"，系统便能自动生成多张不同场景、不同风格的产品图片。如果卖家还上传了基础视频素材，只需几分钟，一个包含产品卖点英文字幕、背景音乐和人声解说的视频就会自动生成。

不仅如此，阿里巴巴国际站的 AI 产品在商品管理环节也能发挥自身的海外市场洞察分析能力优势，为商家提供明确的运营建议。在与海外客户的交流过程中，"生意助手"还能基于客户的采购偏好与沟通习惯，为商家自动总结客户的核心需求并输出相应的英文回复建议。甚至，"生意助手"还能根据海外客户的需求，自动生成报价单，帮助商家更好地抓住生意机会。OKKI AI 则会提供较多海外客户管理功能。中国香港数字化转口贸易平台目前已经上线在线交易信用保障服务、B2B 跨境收汇服务 Alibaba.com Pay，并搭建了海外履约物流网络，辐射粤港澳大湾区。阿里巴巴国际站越南信用保障履约平台则将为越南中小企业"一键卖全球"提供担保交易服务，支持全球买家超 20 种货币的卡类支付；在物流方面，其支持在线查价、物流轨迹在线追踪智能可视服务等。

（资料来源：刘禹松，《中国贸易报》，2023 年 9 月 5 日第 4 版。）

1.1　人工智能的基本概念

人工智能（Arlificial Intelligence，AI）涉及的领域非常广泛，其核心目标是使机器能够模拟人类的认知功能，如学习和解决问题。它包括各种各样的技术，如机器学习、深度学习、自然语言处理、神经网络等。

1.1.1　人工智能的定义

人工智能是计算机科学的一个重要分支，旨在模拟和实现人类智能的相关理论、方法和技术。它的目标是使计算机具备像人类一样的感知、推理、学习、判断和决策能力。人工智能的发展历程及特点如图 1-1 所示。

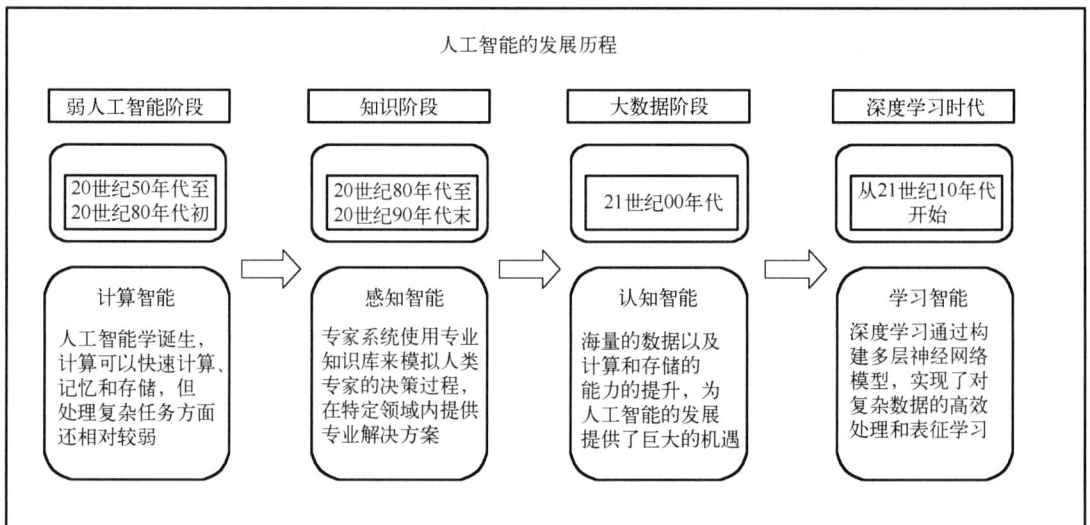

图 1-1　人工智能的发展历程及特点

人工智能的定义可以从不同角度进行讨论。从狭义上讲，人工智能指的是具有某种智能行为和功能的计算机系统或程序。这些系统或程序能够通过模拟人类的认知过程和智力活动，解决问题、获取知识、制定决策，如可以根据输入的信息和环境的变化，自主地生成相应的内容并输出，同时根据反馈进行学习和优化。从广义上讲，人工智能是关于智能代理的研究。智能代理是指能够感知环境并通过自主推理、学习、规划和行动来实现特定目标的实体。智能代理可以是物理机器，也可以是软件程序。人工智能不仅关注如何使计算机系统表现出智能行为，还研究人类智能的本质和运行机制，以及如何应用人工智能技术解决实际问题。

1.1.2　人工智能的发展历程

人工智能的发展可以追溯到 20 世纪 50 年代，其起源于对机器能否模拟人类智能的思考和探索。随着计算机硬件性能的提升和算法的改进，人工智能取得了长足的进展。目前，人工智能已经广泛应用于诸多领域，如医疗健康、金融服务、物流运输、智能制造、自动驾驶等。人工智能技术的快速发展为多个行业带来了巨大的变革和创新。人工智能在经历了多个发展阶段、实现了多个关键突破后,逐步演进成当今热门的领域。

1. 弱人工智能阶段

人工智能的发展可以追溯到20世纪50年代,此后一直延续到20世纪80年代初,这一时期被称为"弱人工智能阶段"。在这个阶段,研究人员致力于解决一些基本的问题,如模式识别、推理和自然语言处理等。虽然取得了一些成果,但由于计算能力和数据规模的限制,这些系统在处理复杂任务方面还相对较弱。

2. 知识阶段

在20世纪80年代至90年代末出现了专家系统的热潮,这段时期被视为人工智能的"知识阶段"。专家系统使用专业知识库来模拟人类专家的决策过程,能够在特定领域内提供专业的解决方案。然而,由于知识获取困难和知识库的局限性,专家系统的应用受到了一定的限制。

3. 大数据阶段

随着计算机硬件的飞速发展和互联网的普及,21世纪初,人工智能进入了"大数据阶段"。海量的数据以及计算和存储能力的提升,为人工智能的发展提供了巨大的机遇。机器学习和数据挖掘成为人工智能的重要技术手段,使计算机能够从数据中学习,并通过模式识别、分类和预测等方法实现智能化的任务处理。

4. 深度学习时代

从21世纪10年代开始,深度学习技术的崛起为人工智能的发展注入了新的活力,人工智能进入了"深度学习时代"。深度学习通过构建多层神经网络模型,实现了对复杂数据的高效处理和表征学习。该技术在图像识别、语音识别和自然语言处理等领域的应用,取得了令人瞩目的成就,推动了人工智能在社会各个应用领域的快速发展。

此外,人工智能的发展还受益于算法、硬件和云计算等关键技术的突破。现代人工智能系统更加强大且高效,能够处理更加复杂的任务,并在自动驾驶、医疗诊断、智能机器人等领域展现出巨大的潜力。随着技术的进步和应用场景的不断拓展,人工智能将继续发挥重要作用,并为社会带来更多创新和便利。

1.1.3 人工智能的关键技术

1. 机器学习

机器学习是人工智能的一项核心技术,它通过训练模型从数据中学习规律,并利用学到的知识进行预测、分类、聚类等活动。机器学习的主要学习范式包括监督学习、无监督学习、强化学习等,常用的算法有神经网络、决策树、支持向量机等。

2. 深度学习

深度学习是机器学习的一个重要分支,利用多个神经网络层级进行表达和学习。通过深层次的神经网络结构,深度学习可以从大量的数据中提取高级别的特征表示,并实现对复杂问题的处理。深度学习在图像识别、语音识别、自然语言处理等领域取得了显著的成果。

3. 自然语言处理

自然语言处理是指让计算机理解、处理和生成自然语言的技术。它能够处理语音识别、语义理解、机器翻译、情感分析等任务，旨在提高计算机与人类的交互效率和语言处理能力。

4. 神经网络

神经网络是一种模拟生物神经系统结构和功能的计算模型。它由许多神经元和神经元之间的连接组成，并通过权重和激活函数来模拟信息传递和处理。神经网络可以通过监督学习或无监督学习的方式进行训练，从而实现对输入数据的模式识别和输出预测。神经网络在图像处理、语音识别、自然语言处理等领域具有广泛的应用，如卷积神经网络(Convolutional Neural Network，CNN)在图像识别中的应用、循环神经网络(Recurrent Neural Network，RNN)在序列数据分析中的应用等。

5. 计算机视觉

计算机视觉是指让计算机通过摄像头或图像输入设备获取图像信息，并对其进行分析、理解和识别的技术。它能够处理图像识别、目标检测、图像分割等任务，广泛应用于人脸识别、图像搜索、智能监控等领域。

6. 大数据分析

大数据分析是一种利用先进的数据处理技术和算法，从海量、多样化的数据中提取有用信息、发现模式和关联性的过程。它涉及数据挖掘、预测分析和数据可视化等多个领域，旨在帮助企业和组织通过深入理解数据，优化业务流程，提高决策质量，并在竞争激烈的市场中获得优势。随着大数据技术的发展，大数据分析已成为推动创新和增长的关键驱动力。

7. 数据挖掘

数据挖掘是指通过对大量数据进行探索和分析，从中发现潜在的模式、关联和规律。人工智能技术可以应用于数据挖掘任务，如聚类分析、分类分析、关联规则挖掘等。通过人工智能的方法和算法，企业可以挖掘出隐藏在数据背后的知识，为业务决策提供支持。

8. 推荐算法

推荐算法是指根据用户的偏好和行为历史，对用户进行个性化的推荐。它可以通过分析用户的兴趣、行为和社交关系，构建推荐模型，并为用户提供个性化的产品、服务或内容推荐。推荐算法广泛应用于电子商务、音乐与视频平台、新闻与社交媒体等领域。

9. 人机交互

人机交互技术使人与机器之间的交互更加自然和智能。它包括语音识别、手势识别、虚拟现实、增强现实等技术，旨在为人们提供更好的使用体验。

这些关键技术是人工智能发展中的重要支撑，在各个领域都有广泛的应用。图 1-2 展示的是人工智能的应用领域和正在崛起的人工智能技术。这些技术相互交织、相互促进，不断推动人工智能的发展和创新。

人工智能是计算机科学领域中一个重要的研究方向，旨在模拟和实现人类智能的相关理论、方法和技术。通过机器学习、神经网络、自然语言处理、计算机视觉等技术的应用，人工智能能够使计算机具备像人类一样的感知、推理、学习、判断和决策能力。人工智能的不断发展对社会生活和经济发展产生了深远的影响，未来仍有很大的发展空间和挑战需要探索和应对。

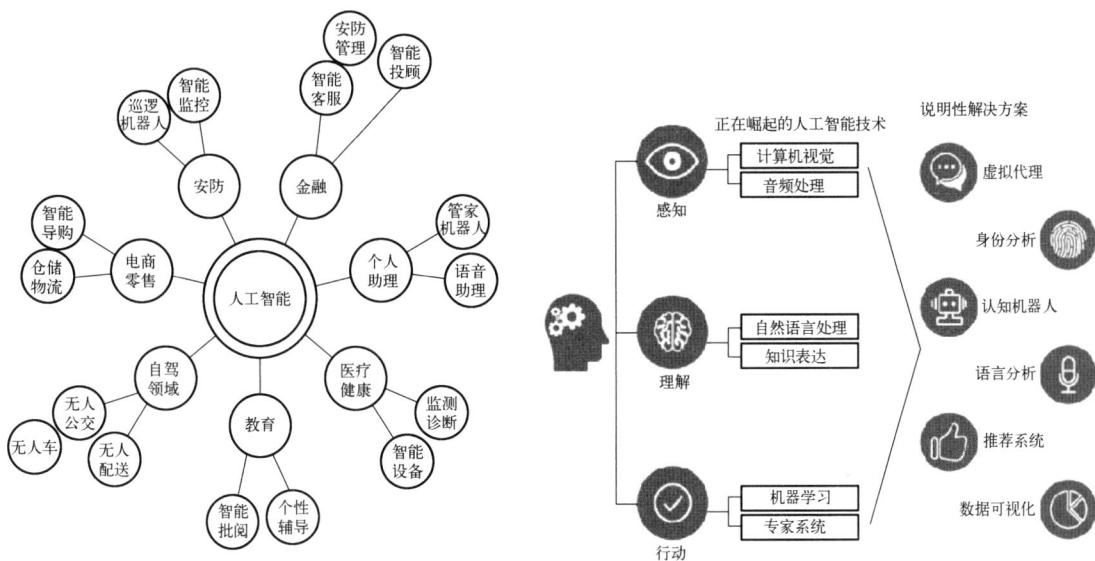

图 1-2　人工智能的应用领域和正在崛起的人工智能技术

1.2　跨境电商的基本概念

1.2.1　跨境电商的定义

1. 基本定义

跨境电子商务简称跨境电商，是指通过互联网技术和电子商务平台，实现不同国家或地区之间的商品和服务交易。跨境电商打破了传统贸易的地域限制，为消费者提供了更广阔的选择空间，同时也为商家提供了拓展海外市场的机会。它涉及基于互联网和电子商务平台的销售、采购、支付、物流等一系列活动，通过数字化技术和在线平台实现全球范围内的商业活动。跨境电商可以是企业与消费者之间的交易，企业与企业之间的交易，以及消费者与消费者之间的交易。

跨境电商的主要参与方包括商家、消费者、物流服务商、支付机构、电子商务平台等。商家可以通过跨境电商平台将商品推向全球市场，扩大销售渠道，增加收入。消费者可以通过跨境电商平台购买到世界各地的商品，满足个性化需求。物流服务商承担着商品的配送和仓储等环节，确保商品安全、快速地到达消费者手中。支付机构提供在线支付和结算服务，保障交易的安全和便捷。电子商务平台则作为连接消费者和商家的桥梁，提供在线交易、客户服务和市场推广等功能。

2. 跨境电商的特征

跨境电商具体包括几个核心特征：首先，它通过互联网实现国家间的交易，大大降低了交易的时间和空间成本；其次，跨境电商在国际贸易中起到了桥梁和连接的作用，加强了不同国家之间的经济联系；再次，跨境电商为消费者带来了更多的选择，使消费者可以购买到世界各地的商品和服务；最后，跨境电商促进了国际合作和竞争，推动了世界经济的发展。

3. 跨境电商的作用

跨境电商的发展对全球经济产生了深远影响。首先，它推动了全球贸易的便利化和自由化。消费者可以在全球范围内选择更多的商品和服务，商家也能够更加灵活地开拓市场。其次，跨境电商促进了国际合作和交流。不同国家的商家可以通过跨境电商平台合作，共同提供商品和服务。同时，消费者和商家之间的多元化交流，也有助于文化的交流与融合。最后，跨境电商带动了产业链的优化和升级。电商平台的出现推动了物流、支付、技术服务等相关产业的发展，形成了跨境电商生态系统。

跨境电商的发展得益于全球化、数字化和智能化的发展。全球化使不同国家之间的贸易壁垒逐渐减少，货物流通和信息传递更加便捷；数字化和智能化技术的迅猛发展则提供了在线支付、物流追踪、智能推荐等功能，为跨境电商提供了更好的用户体验和交易便利性。

4. 挑战和问题

跨境电商也面临一些挑战和问题。例如，不同国家之间的法律法规、海关政策、语言文化差异等因素都会对跨境电商的运营产生影响。此外，假冒伪劣商品、消费者权益保护、物流延误等问题也需要得到有效解决。

总体来说，跨境电商作为全球贸易的重要组成部分，已经成为推动经济发展和国际交流的重要力量。随着技术的进一步创新和全球市场的不断扩大，跨境电商将继续发挥重要作用，为企业和消费者带来更多机遇和福利。

1.2.2 跨境电商的发展历程

跨境电商的发展经历了几个重要的阶段，其发展历程可以追溯到互联网的兴起和全球贸易的自由化进程，如图1-3所示。

第一阶段：初探阶段——早期探索与试验（1990年初至2000年初）。

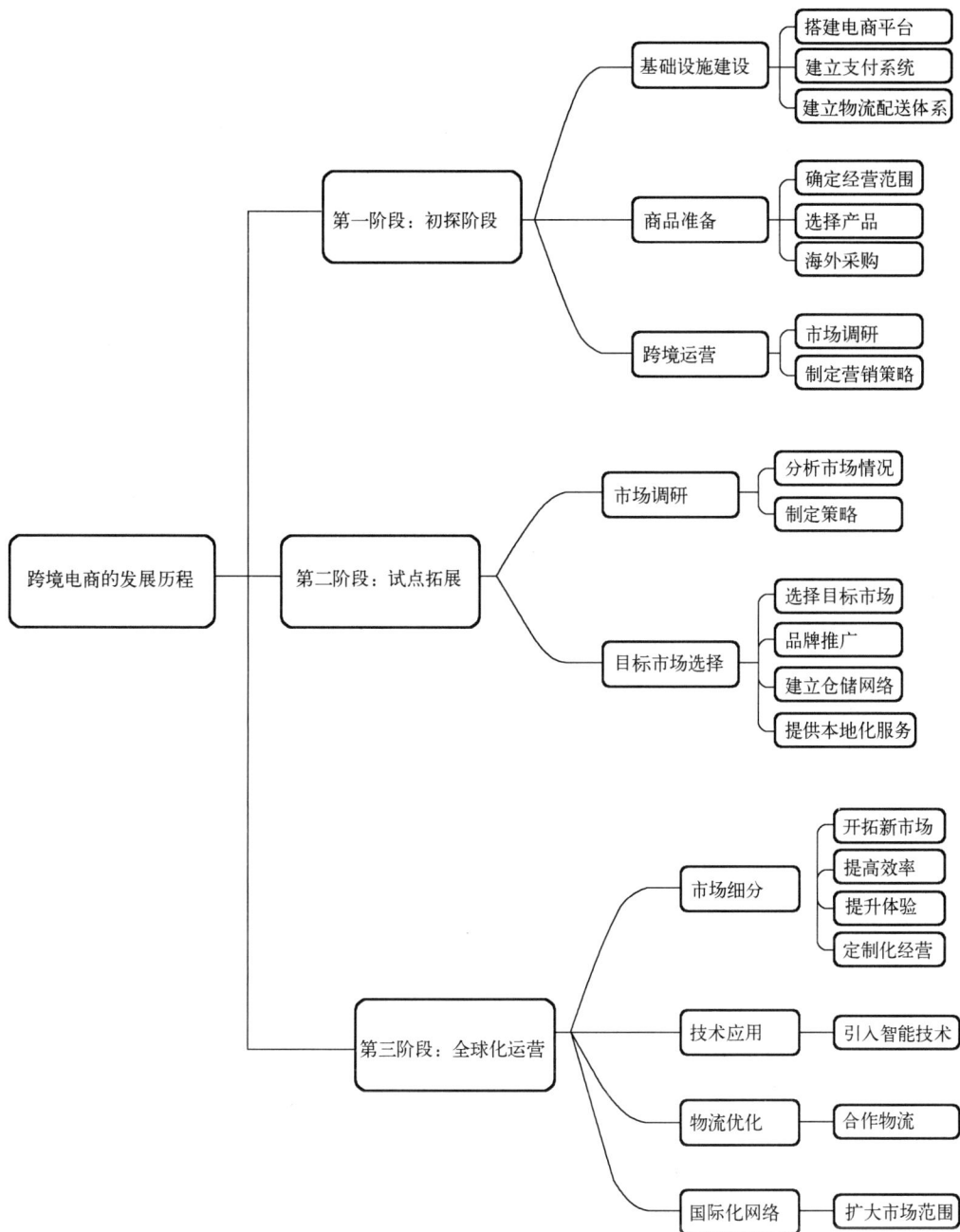

图 1-3　跨境电商的发展历程

在互联网发展的初期，跨境电商仅处于试验阶段，主要是一些先锋企业通过网上拍卖和在线交易平台进行国际贸易。早期的跨境电商其交易规模相对较小，受限于物流、支付和信任等方面的不成熟。

第二阶段：试点拓展阶段——市场渗透与规模扩大（2000 年中期至 2010 年）。

随着互联网技术的进步和全球贸易环境的改善，跨境电商进入了快速发展的阶段。

在这一阶段，大型电商平台如 eBay、亚马逊等开始进军全球市场，并通过建立国际物流体系、推出本地化服务等方式扩大市场份额。同时，国际支付和结算机构的发展也为跨境交易提供了更加便捷和安全的支付手段。

第三阶段：全球化运营阶段——平台崛起与产业升级(2010 年至今)。

随着移动互联网和社交媒体的普及，跨境电商进入了新一轮的发展阶段。大型电商平台如阿里巴巴、亚马逊等通过推出跨境电商专区、海外仓储、全球化营销等措施，进一步拓展国际市场。同时，跨境电商细分领域也出现了许多垂直型平台，专注于特定产品或服务的跨境交易，如跨境母婴、跨境美妆等。此外，新兴技术如人工智能、大数据等的应用，为跨境电商提供了更多创新的机会和解决方案。

值得注意的是，在跨境电商发展的过程中，不同国家和地区的政府也积极采取措施促进和规范跨境电商的发展。例如，一些国家出台了针对跨境电商的税收政策和监管框架，以促进公平竞争和保护消费者权益。

总体而言，跨境电商经历了从试验阶段到规模扩大，再到平台崛起的发展历程，不断推动全球贸易的改变和创新。随着技术和政策的不断进步，跨境电商将进一步拓展市场空间，实现更加便捷、高效和可持续的全球贸易模式。

1.2.3 跨境电商的特点和模式

1. 跨境电商的特点

跨境电商具有以下几个显著特点。

第一，跨境电商打破了传统贸易的地理限制，通过互联网技术和物流网络，实现了全球市场的无缝连接。消费者可以方便地在家中或办公室购买来自世界各地的商品，而商家也能够触达全球的潜在客户群体，大大扩展了市场范围。这种全球化的市场使跨境电商具有更广阔的发展空间和潜力。

第二，跨境电商带来了海量的商品选择。消费者可以从国内外各个品牌和供应商处挑选自己喜欢的商品，打破了传统贸易中地域和渠道的局限。跨境电商通过与不同国家和地区的商家进行合作，提供了更多元化的商品选择，在满足了消费者个性化需求的同时，促进了全球贸易合作和商品多样化。

第三，跨境电商具有低成本和高效率的优势。相比传统贸易，跨境电商去除了中间环节，减少了运营成本和流通环节的时间。商家无须设立实体店铺，降低了租金和人员成本，并能够通过自动化仓储和快速配送提高交易效率。消费者可以足不出户购物，节省了时间和精力。这种低成本和高效率的优势使跨境电商成为商家和消费者的理想选择。

第四，跨境电商提供个性化定制服务。借助大数据和人工智能技术，跨境电商平台能够对消费者进行个性化推荐和定制化服务。通过分析消费者的购物偏好、浏览历史和社交网络，跨境电商平台能够向消费者提供精准的商品推荐和定价策略，以提升用户体验。这种个性化定制服务使消费者能够更方便地找到自己需要的商品，从而提高购物满意度。

第五，跨境电商促进了跨文化交流。通过跨境电商平台，不同国家和地区的商家和消费者能够直接进行沟通和交流，促进了不同文化之间的交流与理解。商家可以通过跨境电商平台推广自己的品牌和文化，同时也能够了解其他国家和地区的市场需求和消费习惯，从而实现全球化的商业合作。这种跨文化交流使商家能够开拓更广阔的市场，同时也能丰富消费者的购物体验。

总之，跨境电商具有提供全球化市场、供应多元化商品、低成本高效率、提供个性化定制服务和促进跨文化交流等特点。这些特点使跨境电商成为全球贸易的新机遇和新挑战，给国际贸易带来了更多便利和创新。跨境电商在促进国际贸易合作、推动经济发展和提升消费者福祉方面发挥着越来越重要的作用。

2. 跨境电商的模式

跨境电商有以下几种常见的商业模式，它们在不同程度上满足了消费者和商家的需求。

第一种是平台型模式，如亚马逊、eBay 等大型跨境电商平台，它们通过建立在线市场，连接消费者和商家，提供交易和售后服务。在这种模式下，众多国际商家入驻跨境电商平台，通过平台向国内消费者销售跨境商品。平台型模式的优势在于可以提供来自全球的品牌和商品，消费者可以有更多的选择并享受更优惠的价格。同时，商家也能够通过这种模式快速引入国际知名品牌，从而满足国内市场对高品质商品的需求。

第二种是品牌直营模式，即企业自己建立品牌网站，通过自营或第三方物流渠道，直接向消费者销售产品。这种模式可以提高品牌形象、扩大企业利润空间。在这种模式下，品牌方直接管理自己的网站，并直接面向消费者销售自己的品牌产品。这种品牌直营模式能够实现品牌形象建设和品牌溢价，同时也能够提供更好的售后服务和产品质量保证。品牌直营模式对于那些在国内已经有一定知名度和市场份额的品牌来说是一种较为理想的跨境电商发展模式。

第三种是跨境代购模式。在这种模式下，个人代购或专业代购机构通过跨境电商平台购买国外商品，并直接销售给国内消费者。跨境代购模式适用于那些消费者对商品源头和真实性有较高要求的情况。代购者可以提供直接从国外购买的商品，并提供相应的服务和保障，以增加消费者的信任。

第四种是海外仓模式。在这种模式下，跨境电商平台在国外设立仓库，将国外商品储存在这些仓库中，并在有订单后进行发货。海外仓模式能够缩短国际运输时间，降低国际运输成本，从而为消费者提供更好的购物体验。同时，商家也能够通过海外仓模式实现本地化运营，更好地管理库存和配送，提供更高效的服务。

第五种是跨境电商综合服务模式，如跨境电商孵化器、跨境物流公司等提供的服务模式。它们为跨境电商提供一站式解决方案，包括仓储、物流、支付、报关等服务，降低了中小商家进入跨境电商市场的门槛。

跨境电商一直以来都是全球贸易的重要推动力量，随着技术的不断进步和市场的不断扩大，其发展前景将更加广阔。

1.3 AI 在跨境电商中的重要性和优势

1.3.1 AI 对跨境电商的影响

随着全球经济一体化的加速推进和跨境贸易的蓬勃发展，AI 在跨境电商领域的广泛应用正逐渐改变着整个贸易行业的面貌。AI 作为一种强大的技术工具，通过对大规模跨境电商数据的高效处理和深度分析，为企业提供了无限的机遇和挑战。

1. AI 在跨境电商中的市场营销方面发挥着重要作用

AI 可以通过对消费者数据、购买行为和喜好的深入挖掘，帮助企业了解消费者的真实需求，洞察市场的趋势和变化。AI 利用机器学习和深度学习算法，能够根据海量数据预测用户行为和购买倾向，从而帮助企业制定更精准的市场营销策略和产品定位。这一点对于跨境电商来说尤为重要，因为不同国家和地区的文化、消费习惯和市场需求差异巨大。AI 的应用能够帮助企业更好地理解和满足不同市场的需求，提高销售额和市场份额。

2. AI 在跨境电商的供应链和物流管理方面也发挥了重要作用

跨境电商的复杂性主要体现在供应链管理和物流运输上。AI 可以提供实时的库存管理和订单处理系统，帮助企业准确掌握商品的库存状况，并根据需求和实时数据进行智能化的补货和缺货预测。同时，AI 还能够优化物流运输路线和配送网络，基于算法和模型分析提供最佳的物流解决方案，降低成本并快速实现跨国配送。这些技术的应用可以有效减少订单延误、提高交付效率，为消费者带来更好的购物体验。

3. AI 对于跨境电商的客户服务产生了革命性的影响

传统的客户服务往往需要人工操作，效率低下且容易受到人为因素的影响，而AI 的应用则可以提供自动化的智能客服系统和虚拟助手。通过自然语言处理和语音识别技术，AI 能够自动解答用户的问题，并提供在线咨询服务。AI 虚拟助手能够利用大数据和机器学习算法分析用户行为和需求，提供个性化的产品推荐和购物建议，大幅提升用户体验和满意度。此外，AI 还能够通过情感识别和智能回复技术，实现对用户情绪和态度的感知，并给予相应的关怀和回应，进一步提升用户的忠诚度和购买意愿。

4. AI 在跨境电商的风险管理和安全防护方面发挥着重要作用

随着电子商务的快速发展，网络欺诈和信息安全成为跨境电商面临的重要挑战。AI 可以利用高级算法和模式识别技术，对交易进行实时监控和分析，及时识别和预防欺诈行为、网络攻击和信息泄露。AI 智能风险管理系统可以对异常交易进行自动拦截和报警，帮助企业及时采取相应的措施，保障交易的安全性和可靠性。此外，AI 还可以通过数据加密和身份验证等方式，确保用户的个人信息和交易数据的安全。

AI 在跨境电商领域的应用正深刻地改变着传统商业模式和行业格局。AI 的出现为企业提供了更多的商机和发展潜力，同时也让企业面临着许多挑战。

1.3.2　AI 在跨境电商中的应用领域

随着全球化的推进和互联网技术的迅猛发展，跨境电商已成为全球贸易中的重要组成部分；而 AI 正在为跨境电商带来前所未有的机遇和挑战。AI 的广泛应用不仅能够提升跨境电商企业的市场竞争力，还能够优化供应链管理、改进客户服务，以及加强风险管理和安全保障。下面将重点探讨 AI 在跨境电商中的应用领域，包括市场营销、客户服务、供应链管理以及风险管理与安全保障。

1. 市场营销领域

营销数据分析：AI 在跨境电商的市场营销中发挥着至关重要的作用。首先，AI 可以通过对用户的行为、偏好和消费习惯的深度分析，提供精准的用户画像，帮助企业更好地了解用户需求和市场趋势。AI 技术能够处理和分析大数据，识别用户的购买模式和倾向，预测潜在的用户需求，从而帮助企业制定更精准的营销策略。

个性化推荐：AI 技术可以根据用户的历史购买数据和偏好，为用户提供个性化的商品推荐。通过深度学习算法和机器学习模型，AI 能够从海量商品中筛选出与用户兴趣相关的商品，并向用户进行推送。个性化推荐不仅能够提高用户的购买满意度，还能够增加交易转化率和购买频次。

跨境市场研究：跨境电商面临着不同国家和地区的文化、消费习惯和法规差异。AI 可以通过对海量跨境市场数据的整理和分析，揭示不同市场的特点和特殊需求，帮助企业更好地了解和适应不同市场。AI 技术能够解决传统市场调研方式的局限性问题，提供更全面、准确的市场信息和竞争情报，为企业的决策提供有力支持。

2. 客户服务领域

智能客服系统与虚拟助手：AI 技术可以提供自动化的智能客服系统和虚拟助手，为用户提供全天候的在线咨询和问题解答服务。通过自然语言处理和深度学习算法，AI 能够理解用户的问题并给出准确的回答，从而大大提高客户服务的效率和质量。AI 虚拟助手还可以通过学习用户的偏好和购买历史，为用户提供个性化的产品推荐和购物建议，从而提高用户体验和满意度。

快递查询与追踪：AI 技术可以实现快递查询和追踪的智能化。用户只需提供订单号或快递单号，AI 系统就能够自动查询并实时更新快递状态和商品位置信息，为用户提供准确的物流信息。通过 AI 技术，用户能够方便地了解订单的最新状态，并及时与客服人员沟通交流，解决可能出现的问题。

售后服务与投诉处理：AI 技术还可以改进跨境电商的售后服务和投诉处理流程。通过情感识别和智能回复技术，AI 能够分析用户的情绪和态度，给予相应的关怀和回应；同时还能够及时识别和处理用户的投诉和纠纷，并采取相应的措施解决问题，提升用户的满意度和忠诚度。

3. 供应链管理领域

库存预测与管理：AI 技术可以通过分析用户的购买行为和市场需求，对商品的库存进行准确预测和管理。AI 能够根据历史销售数据和市场趋势，预测未来一段时间内的销售量和库存需求，从而帮助企业合理规划采购和补货计划，降低库存成本，并避免因缺货导致的销售损失。

物流运输优化：跨境电商的物流运输是一个复杂而庞大的系统工程。AI 技术可以通过分析海量物流数据和交通信息，为跨境电商企业提供最佳的物流路线和运输方案。AI 能够根据不同地区的交通状况、时效要求和成本考虑，实时调整和优化物流网络，以提高物流的运输效率和配送准确度。

供应商管理与协作：AI 技术可以帮助企业更好地管理供应商和供应链合作伙伴。通过对供应商的绩效和信用进行评估，AI 能够筛选出优质的供应商，并建立起长期稳定的合作关系。同时，AI 还可以实时监控供应链中各个环节的运行情况，及时发现并解决潜在问题，确保供应链的连续性和稳定性。

4. 风险管理与安全保障领域

欺诈检测与预防：跨境电商面临着各种欺诈行为和网络攻击的威胁。AI 技术可以通过分析用户行为和交易数据，自动识别和监测潜在的欺诈行为。通过机器学习和模式识别算法，AI 能够实时检测异常交易和风险行为，并采取相应的措施，有效预防欺诈事件和经济损失。

数据安全与隐私保护：因为跨境电商涉及大量的用户个人信息和交易数据，所以数据安全和隐私保护成为一项重要工作。AI 技术可以通过数据加密和身份验证等方式，确保用户的个人信息和交易数据的安全性。AI 可以自动筛选和屏蔽敏感信息，保证用户的隐私不受侵犯。

系统安全与网络防护：AI 技术可以帮助企业建立起强大的系统安全和网络防护体系。通过实时监测和分析网络攻击行为，AI 能够及时识别和拦截潜在的安全威胁，防止网络入侵和数据泄露。同时，AI 能够根据实时的安全事件和威胁情报，提供安全更新和补丁，增强系统的抗攻击能力。

AI 在跨境电商中的应用领域非常广泛，包括市场营销、客户服务、供应链管理、风险管理与安全保障等。随着 AI 技术的不断发展和创新，AI 将会有更多的应用场景涌现。跨境电商企业应积极运用 AI 技术，不断探索创新，提高自身的竞争能力和适应能力，以适应快速变化的市场环境。只有跟上科技发展的步伐，企业才能在激烈的市场竞争中立于不败之地，并取得持续的成功。

1.3.3 AI 在跨境电商中的优势和价值

随着 AI 技术的不断发展，AI 已经成为推动跨境电商转型升级的关键技术。相比传统电商，AI 可以给跨境电商带来以下独特优势和价值。

1. 提高跨境物流运输效率

跨境电商的商品需要从出口国运送到进口国，所以跨境物流的效率是关键。AI 可以智能规划运输路线，实时监控货物位置，优化仓储布局，以缩短运输时间。另外，AI 还可以分析海关政策，提供精准的报关建议，降低海关清关耗时。有了 AI 的支持，整个跨境物流的运作效率可以显著提升。

2. 实现精准的全球客户招揽

跨境电商平台可以通过 AI 技术，分析用户的海外购物偏好、消费能力等数据，实现精准的全球客户招揽。同时，AI 还可以对不同国家的文化习惯、节日等进行分析，实施个性化精准推广，从而有效拓展潜在客户群。

3. 优化跨境商品供应链

AI 可以收集和分析海量跨境交易数据，评估各国消费者的商品偏好，并据此搭建精准的商品供应链。跨境电商平台可以利用 AI 预测某国的潜在商品需求，提前与供应商对接，并指导供应商针对不同国家消费者的习惯调整商品设计，以最大限度地满足消费需求。

4. 提供个性化用户服务

跨境电商的用户分布在不同国家，语言文化各异。AI 聊天机器人可以基于自然语言处理技术，识别不同用户的语言，并提供个性化的跨境购物指导、商品推荐等服务，极大提升用户体验。

5. 防范跨境电商风险

基于机器学习算法，AI 可以快速发现异常交易模式，实时监控可能出现的集团刷单、海外索要退货等欺诈行为，有效防范跨境电商的交易风险。同时，AI 还可以评估各国的政治及经济稳定性，为跨境电商提供进口国家选择和风险规避建议。

6. 支持多语种跨境营销

借助 AI 机器翻译技术，跨境电商的营销内容可以快速实现多语种的高质量转换，支持平台以当地语言进行营销，以吸引更多海外用户。同时，AI 还可以针对不同的文化背景和消费偏好，自动生成个性化营销内容，打造差异化的全球化营销战略。

7. 提供智能数据分析支撑

AI 可以收集品牌的全球销售数据和用户数据，进行智能分析，生成用户画像、品牌偏好等关键消费洞见，帮助品牌制定更加精准的全球化内容营销和产品策略。同时，基于 AI 的大数据分析，平台可以提供对类目供应评估、全球定价研究等决策的支持。

AI 为跨境电商提供了强大的技术支撑，使其能够提高运营效率，控制风险，实现精准营销，大幅提高用户体验。利用 AI 的力量，跨境电商将实现更快速的发展。未来，随着 AI 技术的不断进步，其在跨境电商领域的应用前景将更加广阔。

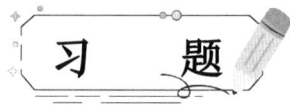

习　题

1. 单项选择题

(1) 人工智能的核心目标是什么？（　　）

    A. 制造速度更快的计算机　　　　　　B. 模拟和实现人类的认知功能

    C. 取代人类工作　　　　　　　　　　D. 开发超级智能机器人

(2) 人工智能的发展可以追溯到哪个时期？（　　）

    A. 19 世纪末　　　　　B. 20 世纪初　　　C. 20 世纪 50 年代　　D. 21 世纪初

(3) 以下哪项不是人工智能的关键技术？（　　）

    A. 机器学习　　　　　　　　　　　　B. 数据库管理

    C. 自然语言处理　　　　　　　　　　D. 计算机视觉

(4) "弱人工智能阶段" 主要集中解决什么类型的问题？（　　）

    A. 高级决策制定　　　　　　　　　　B. 复杂的情感分析

    C. 基础模式识别　　　　　　　　　　D. 高级逻辑推理

(5) 专家系统属于人工智能的哪个发展阶段？（　　）

    A. 弱人工智能阶段　　　　　　　　　B. 知识阶段

    C. 大数据阶段　　　　　　　　　　　D. 深度学习时代

(6) 下列哪项技术是通过多层神经网络实现复杂数据处理的？（　　）

    A. 机器学习　　　　　　　　　　　　B. 深度学习

    C. 自然语言处理　　　　　　　　　　D. 计算机视觉

(7) 什么是计算机视觉？（　　）

    A. 计算机理解人类语言　　　　　　　B. 计算机模拟人类思维过程

    C. 计算机通过图像识别理解世界　　　D. 计算机处理和生成自然语言

(8) 人工智能的 "大数据阶段" 主要得益于什么因素的提升？（　　）

    A. 计算机硬件性能和算法优化　　　　B. 算法优化和硬件加速

    C. 硬件加速和云计算　　　　　　　　D. 以上都是

(9) 在人工智能领域，哪种技术用于根据用户历史数据进行个性化推荐？（　　）

    A. 机器学习　　　　　　　　　　　　B. 深度学习

    C. 推荐算法　　　　　　　　　　　　D. 人机交互

(10) 跨境电子商务的定义是什么？（　　）

    A. 仅限于同一国家内的在线交易

    B. 不同国家或地区间基于互联网的商业活动

　　C. 实体店铺的国际贸易

　　D. 个人与个人之间的线下交易

(11)跨境电商的特征不包括以下哪一项？（　　）

　　A. 互联网实现国家间交易　　　　　B. 加强国家间的经济联系

　　C. 增加了交易的时间和空间成本　　D. 为消费者提供更多选择

(12)跨境电商的哪个发展阶段见证了大型电商平台的全球扩张？（　　）

　　A. 初探阶段　　　B. 试点拓展阶段　　C. 全球化运营阶段　　D. 以上都不是

(13)人工智能在跨境电商中主要用于提升哪方面的体验？（　　）

　　A. 物流速度　　　　　　　　　　　B. 客户服务响应

　　C. 商品价格　　　　　　　　　　　D. 支付安全性

(14)以下哪项不属于人工智能在跨境电商中的应用？（　　）

　　A. 智能客服　　　　　　　　　　　B. 快递追踪

　　C. 供应链管理　　　　　　　　　　D. 实体店铺布局设计

(15)人工智能如何帮助跨境电商防范风险？（　　）

　　A. 提供实时汇率转换　　　　　　　B. 进行情感分析以预防欺诈

　　C. 实现自动化仓库管理　　　　　　D. 优化搜索引擎排名

2. 简答题

(1)简述人工智能发展历程中的四个主要阶段及其特点。

(2)解释机器学习在人工智能中的作用。

(3)举例说明人工智能在跨境电商中的应用。

(4)跨境电商的特点有哪些？简述其对全球经济的影响。

(5)简述人机交互技术在人工智能中的重要性。

第2章 生成式人工智能概述

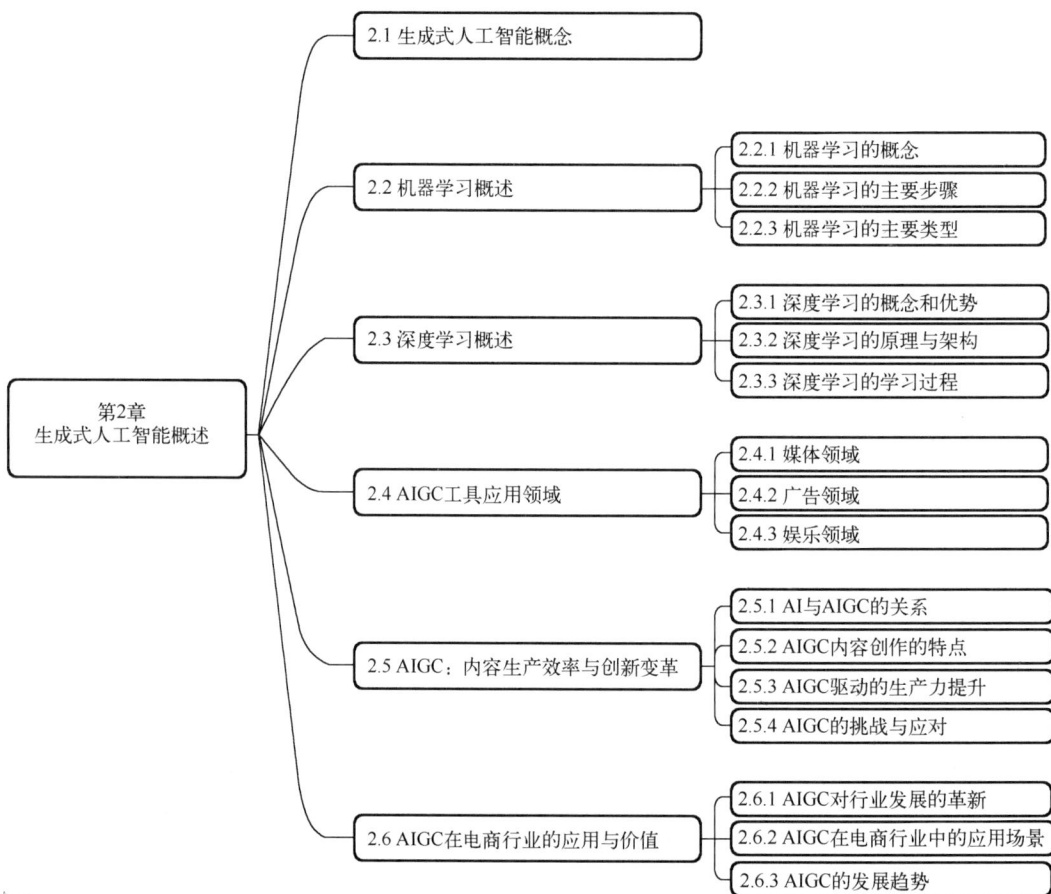

2.1 生成式人工智能概念

2.2 机器学习概述
- 2.2.1 机器学习的概念
- 2.2.2 机器学习的主要步骤
- 2.2.3 机器学习的主要类型

2.3 深度学习概述
- 2.3.1 深度学习的概念和优势
- 2.3.2 深度学习的原理与架构
- 2.3.3 深度学习的学习过程

第2章 生成式人工智能概述

2.4 AIGC工具应用领域
- 2.4.1 媒体领域
- 2.4.2 广告领域
- 2.4.3 娱乐领域

2.5 AIGC：内容生产效率与创新变革
- 2.5.1 AI与AIGC的关系
- 2.5.2 AIGC内容创作的特点
- 2.5.3 AIGC驱动的生产力提升
- 2.5.4 AIGC的挑战与应对

2.6 AIGC在电商行业的应用与价值
- 2.6.1 AIGC对行业发展的革新
- 2.6.2 AIGC在电商行业中的应用场景
- 2.6.3 AIGC的发展趋势

知识目标：

掌握机器学习的基本概念，理解监督学习、无监督学习、半监督学习、强化学习和深度学习等主要方法/算法的工作原理与应用场景。

掌握 AIGC（生成式人工智能）的基础理论，理解其关键技术，并掌握其在内容创作领域的具体应用。

了解 AIGC 在电商行业中的应用案例。

能力目标：

能够分析 AIGC 技术在特定场景下的优势与局限性。

具备评估和优化 AIGC 生成内容的质量与创新性的能力。

掌握在电商行业中应用 AIGC 的策略。

价值目标：

培养对 AIGC 技术的职业道德和社会责任意识。

激发对 AIGC 技术的创新精神与实践能力。

形成对 AIGC 技术未来发展趋势的前瞻视野。

导入案例

生成式人工智能对电商直播的影响

新冠疫情的爆发导致线下实体经济遭遇了前所未有的打击，而电商直播却为消费者开辟了一条新的消费路径。在这一时期，电商直播获得了显著发展。2020 年，"宅经济"的崛起为电商直播的发展注入了新动力，电商直播进入爆发式发展期。《2023 年中国直播电商市场数据报告》显示，2023 年直播电商交易规模达到 49 168 亿元，同比增长 40.48%；直播电商用户人均年消费额为 8660 元，同比增长 17.03%。显然，电商直播已成为当今最热门的购物形式。但是随着电商直播的不断发展，直播模式逐渐趋于同质化，流量逐渐趋于饱和，电商直播陷入发展困境。对此，现基于理论与实际分析探讨 AIGC 对电商直播的影响。首先，详细分析电商直播的特点及其在产品推广和销售中的作用。其次，介绍 AIGC 的基本原理和特点，并以此为背景分析其在消费体验和销售流程中的应用及影响，以寻找电商直播发展的新道路。

电商直播在经过全面爆发期后，其商业模式早已固化，在目前这个全民直播的时代，固守原有的商业模式只会阻碍发展。商家急于求成，为了在最短的时间内获得流量，会直接抄袭成功者的商业模式，而非挖掘自身的优势和特点，往往忽略了个性化差异才是获得流量的关键。随着消费者对直播电商销售套路的日渐了解，直播电商常用的促销策略，如库存紧张、新人优惠券、福袋、赠品等正在逐渐失去原有的吸引力。在传统电商直播的有效性相对有限的情况下，利用 AIGC 进行模式创新成为一种可行性选择。

基于电商直播衍生的新消费习惯，消费体验的评估不能仅依靠产品价格和产品质量等因素，而应拓展至更加深入的层面。AIGC 技术在直播中的应用为消费体验的评估增添了新手段。一方面，基于超大规模的训练文本和海量数据库，AIGC 技术拥有强大的信息检索功能，用户可通过实时信息检索了解商品的概况；不仅如此，AIGC 技术还可以提供个性化推荐服务，为消费者提供精准的购买建议。商家通过分析消费者的历史购买记录、偏好和行为，并运用 AIGC 技术生成推荐模型，可以向消费者推荐"量身定制"的产品。这样的个性化推荐可以为消费者提供更好的购物体验，以及更加快捷的信息获取途径，从而提高消费者对商家的认可度和忠诚度。另一方面，由于电商直播用户基数较大，加之直播平台的无序性开放，直播间内随时会出现新用户，他们不断提出关于优惠券、商品详情等的相似的基础性问题，使主播销售语流被频繁打断，无暇顾及直播间有不同需求的庞大用户群体。AIGC 可以充当智能客服，对重复的提问做出回答，并采取重复产品卖点、欢迎直播间新用户、演示优惠券领取流程等方式提高用户留存率，提升受众的消费体验。

AIGC 作为全新技术，为商品信息提供了新的输出思路，为体验式电商购物模式进行了有益的补充。这种沉浸式信息体验对消费者更具吸引力，能够提高消费者对商品的预期，进而提升订单转化率。

（资料来源：张紫萱，生成式人工智能对电商直播的影响，文化产业，2023 年第 35 期。）

2.1　生成式人工智能概念

生成式人工智能（Artificial Intelligence Generated Content，AIGC）是指基于生成对抗网络、大型预训练模型等人工智能的技术方法，它通过对已有数据的学习和识别，以适当的泛化能力生成相关内容的技术。

AIGC 由 AI 技术自动生成各种类型的内容，包括但不限于文本、图像、音频、视频、代码等。它是 AI 技术在内容创作领域的具体应用，通过训练有素的算法模型，依据用户输入、指定主题或数据集，产生新颖、独特且具有特定目的或风格的数字化内容。AIGC 的关键技术包括但不限于生成对抗网络（Generative Adversarial Network，GAN）、变分自编码器（Variational Autoencoder，VAE）、标准化流（Normalizing Flow，NF）模型、自回归模型（Autoregressive Model，AR 模型）、能量模型（Energy Based Model，EBM）和扩散模型（Diffusion Model）等。

AIGC 技术的核心思想是利用人工智能算法生成具有一定创意和质量的内容。通过训练模型和对大量数据的学习，AIGC 可以根据输入的条件或指导，生成与之相关的内容。例如，通过输入关键词、描述或样本，AIGC 可以生成与之相匹配的文章、图像、音频等。

2.2　机器学习概述

机器学习作为人工智能的基石，不仅推动了 AI 技术的飞速发展，也为解决复杂问题、优化决策过程提供了强有力的工具。

2.2.1　机器学习的概念

机器学习是人工智能的核心技术之一，它专注于开发能够自动从数据中学习并改进其性能的算法。机器学习涵盖概率论知识、统计学知识、近似理论知识和复杂算法知识等，专门研究计算机怎样模拟或实现人类的学习行为，以获取新的知识或技能，重新组织已有的知识结构，使之不断提升自身的性能。机器学习作为赋予计算机智能的根本途径，其核心理念包括以下方面。

1．数据驱动

机器学习算法基于观测数据来发现规律、建立模型。数据是知识的载体。机器学习算法通过分析数据中的模式、关联和结构，能提炼出可用于预测、分类、聚类、联想等任务的知识。

2．自我学习与适应

机器学习系统具有自我调整和优化的能力。当面临新问题或环境变化时，机器学习系统能通过学习新的数据实例，更新模型参数，以适应新的情况或提高现有任务的执行效率。

3．泛化能力

优秀的机器学习模型不仅能在训练数据上表现良好，更能在未见过的数据上做出准确的推断。泛化能力反映了模型对未知情况的适应性和对一般化规律的捕捉能力。

2.2.2　机器学习的主要步骤

机器学习主要包括以下几个步骤。

(1)数据收集：获取与任务相关的原始数据，确保数据的质量、代表性及合规性。

(2)数据预处理：清洗数据，处理缺失值、异常值，进行标准化、归一化等转换，可能还包括特征提取与选择。

(3)模型选择与训练：根据任务类型和数据特性选择合适的算法，配置模型参数，利用训练数据进行迭代学习，优化模型性能。

(4)模型评估：使用独立的验证集或交叉验证评估模型的泛化能力，选择最佳模型或确定超参数。

(5)模型部署与监控：将训练好的模型集成到应用程序中，实时或批量处理新数据，并持续监控模型性能，适时进行再训练或更新。

2.2.3　机器学习的主要类型

机器学习使计算机能够从数据中学习并提升自身的性能，而无须进行显式编程。机器学习的主要类型包括以下几种。

1. 监督学习

监督学习是最为常见的一种机器学习方式，它通过给定的带有标签的训练数据来指导模型学习，从而预测新的未知数据的标签或数值。这种学习方式的核心在于建立输入特征与输出标签之间的关系。例如，在分类任务中，模型需要学会区分一封邮件是否为垃圾邮件；而在回归任务中，则可能需要预测某一套房屋的价格。

监督学习技术非常丰富，涵盖了从简单的线性模型到复杂的神经网络等多种算法。常见的监督学习算法包括逻辑回归、支持向量机、决策树以及各种基于神经网络的方法，如卷积神经网络（Convolutional Neural Network，CNN）和循环神经网络（Recurrent Neural Network，RNN）。这些算法在诸如医疗诊断、金融风控、语音识别等领域有着广泛的应用。

2. 无监督学习

无监督学习是一种探索性的学习方式，它通过分析未标记的数据来揭示其中隐藏的结构和模式。由于这类学习不需要预先定义的目标变量，因此它的应用场景更为灵活多样，但也更加具有挑战性。

无监督学习的主要任务包括聚类分析、关联规则挖掘和降维等。聚类分析可以帮助我们理解数据中的不同群体，如在市场营销中识别不同的顾客群体。关联规则挖掘是从数据库中发现频繁出现的多个相关联数据项的过程，主要应用于购物篮分析，以找出商品之间的购买模式或顾客行为的规律。降维技术，如主成分分析（Principal Component Analysis，PCA），则有助于减少数据维度，从而简化模型并提高计算效率。

无监督学习在推荐系统、社交网络分析和生物信息学等多个领域都发挥着重要作用。虽然无监督学习能够揭示数据内在的结构，但它通常不能直接给出明确的预测结果，这使评估学习效果变得更加困难。

3. 半监督学习

半监督学习是介于监督学习和无监督学习之间的一种学习方式，它利用少量的标记数据和大量的未标记数据来提高模型的学习效果。在很多现实世界的应用场景中，获取大量带标签的数据往往非常昂贵或者难以实现，而获取未标记数据则相对容易。通过结合这两种数据源，半监督学习能够在一定程度上缓解标记数据不足的问题。

常见的半监督学习方法包括自我训练、协同训练和图推断等。这些方法通过假设数据存在一定的结构或分布特性，利用未标记数据来辅助模型训练。半监督学习在自然语言处理、图像识别等领域有着广泛的应用，尤其是在资源受限的环境下表现出了极大的价值。

4. 强化学习

强化学习是一种通过试错机制来学习最优行为策略的方式。在这个过程中，智能体通过与环境的交互来学习采取哪些行动可以获得最大的累积奖励。强化学习的关键概念包括状态、动作和奖励。智能体通过观察环境的状态来决定采取何种动作，并根据所接收的即时奖励来调整其策略。随着时间的推移，智能体会逐渐优化其行为，以达到长期利益最大化的目标。

强化学习的应用范围广泛，从简单的游戏到复杂的自动化控制和机器人导航等场景均可应用。近年来，随着深度学习技术的发展，深度强化学习成为研究热点，它结合了深度神经网络的强大表示能力与强化学习的决策优化能力，极大地扩展了强化学习的应用边界。

5．深度学习

深度学习作为机器学习的一个重要分支，对 AI 技术的发展有着重要意义，2.3 节对其详细介绍。

2.3　深度学习概述

2.3.1　深度学习的概念和优势

深度学习是机器学习领域中一种先进的技术方式，它模拟人脑神经网络的结构和功能，通过构建多层非线性变换网络对复杂数据进行高效学习和理解。

深度学习的核心优势在于利用深度神经网络的层次化表示能力和大规模数据驱动的自我学习机制，解决传统机器学习方法在处理高维度、非结构化数据时面临的瓶颈问题。深度学习主要包括以下几个方面。

（1）层次化表示：通过多层结构揭示数据的深层次、抽象特征，突破传统机器学习在处理高维度、非线性机构化数据时的局限。

（2）大规模数据驱动：利用大规模数据进行自我学习，能有效捕获复杂数据中的模式和规律。

（3）高效特征学习：无须人工设计特征，直接从原始数据中学习有用的特征表示。

2.3.2　深度学习的原理与架构

深度学习模型通常由多层相互连接的神经元构成，每层神经元对输入数据执行特定的非线性变换，并逐层传递、组合和提炼信息。这种层级结构使深度学习能够捕捉到数据的多层次、分布式特征表示。典型的深度学习架构主要包括以下几个方面。

（1）全连接层：每个神经元与下一层所有神经元相连，常用于处理结构化数据。

（2）卷积神经网络：专为处理图像等网格结构数据而设计，通过卷积操作捕获空间特征，并利用池化层进行降维和不变性学习。

（3）循环神经网络：适用于序列数据，如文本和时间序列，通过内部状态的循环更新来建模时间依赖性。

(4)自注意力机制与 Transformer 架构：在自然语言处理中崭露头角，通过计算输入序列各元素之间的相互关系，实现全局信息的高效编码。

2.3.3 深度学习的学习过程

深度学习的学习过程主要包括前向传播和反向传播两个阶段。

(1)前向传播：输入数据通过网络层层传递，每层神经元对输入数据进行加权求和，并应用激活函数产生非线性响应，最终输出层得到预测结果。

(2)反向传播：通过比较预测结果与真实标签之间的差异，运用均方误差、交叉熵等损失函数计算梯度，然后沿网络逆向更新各层权重和偏置，以减小损失。这一过程通常借助梯度下降优化算法来进行。

2.4 AIGC 工具应用领域

2.4.1 媒体领域

1. 新闻报道

AIGC 工具可以分析大量数据和信息，快速生成新闻摘要或完整的新闻报道，如财经新闻、体育赛事报道等。

2. 广告文案

AIGC 工具能够根据产品特性和目标受众，创作吸引人的广告文案，以提高广告的吸引力和转化率。

3. 社交媒体内容

AIGC 工具可以帮助品牌自动生成适合不同社交媒体平台的内容，如图文、视频等。

4. AIGC 工具：通义千问

通义千问是由阿里云推出的一款基于自然语言处理（Natural Language Processing，NLP）技术的超大规模语言模型。该模型集成了多项前沿技术，如深度学习、自然语言理解、生成模型等，能够提供智能问答、内容创作等多种服务。在电商领域，通义千问的应用极大地提升了用户体验和服务效率，成为电商领域不可或缺的技术支持。

通义千问是阿里达摩院在 NLP 领域多年研究的成果之一，它通过大规模的语言数据训练，具备了广泛的知识和较强的 NLP 能力。因此，可以说通义千问是 NLP 技术的典型应用，它能够为用户提供一系列基于 NLP 的服务和技术支持。通义千问的界面如图 2-1 所示。

图 2-1 通义千问的界面

2.4.2 广告领域

1. 个性化广告

AIGC 工具可以根据用户的行为和偏好，生成个性化的广告内容，以提高广告的相关性和转化效果。

2. 多语言广告

对于跨国公司，AIGC 工具可以自动将广告内容翻译成不同语言，以适应不同国家和地区的市场。

3. 动态广告创意

AIGC 工具可以生成动态的广告图像或视频，并根据用户的互动实时调整广告内容。

2.4.3 娱乐领域

1. 音乐创作

AIGC 工具可以创作旋律、和声和节奏，甚至生成完整的音乐作品。

2. 游戏内容

在游戏开发中，AIGC 工具可以用于生成游戏关卡、创作背景故事，以及设计非玩家角色的行为模式。

3. 电影剧本

AIGC 工具可以辅助编剧生成电影剧本的初稿，并提供情节发展和角色对话的建议。

2.5　AIGC：内容生产效率与创新变革

近年来，随着 AI 技术的飞速进步，特别是 AIGC 的发展，内容创作的格局正在发生深刻改变，对社会生产力产生了深远影响。

2.5.1　AI 与 AIGC 的关系

AI 作为宽泛的学科领域，为 AIGC 提供了理论基础、核心算法和技术支撑。AIGC 则是 AI 在特定应用场景下的具体实现，它聚焦于内容创新与生成，是 AI 技术在内容创作、传播、消费等环节的具体应用形态。AI 与 AIGC 的关系主要体现在以下几个方面。

1. AI 技术是 AIGC 的基石

AIGC 作为 AI 技术的具体应用形态，其生成能力完全建立在 AI 的理论基础与技术进步之上。无论是文本生成中的 NLP 模型、图像生成中的深度神经网络，还是音频、视频合成中的多模态技术，都是 AI 子领域的研究成果在实际场景中的应用。AI 技术的发展，尤其是机器学习、深度学习等领域算法的创新与优化，为 AIGC 提供了强大的技术支持与理论依据。

2. AIGC 推动 AI 技术边界拓展

AIGC 的发展也反过来推动 AI 技术的边界拓展与应用场景的深化。AIGC 对内容生成的高质量、多样性与个性化需求，促使 AI 研究者不断探索更先进的模型架构、更高效的训练方法、更精细的控制机制，以应对内容生成的复杂性和创造性要求。同时，AIGC 在新闻生成、虚拟助手、艺术创作等领域的应用，为 AI 技术提供了更为丰富的应用场景与实验平台，加速了 AI 技术的成熟与迭代。

3. 共同促进数字经济与社会创新

AI 与 AIGC 的共生关系不仅体现在技术层面，更体现在对数字经济与社会创新的深远影响上。AI 通过提升数据分析、决策支持等能力，为各行各业的数字化转型提供了动力；而 AIGC 则通过革新内容生产方式，极大丰富了数字内容的供给，推动了文化产业、教育、娱乐等领域的创新。二者共同加速了数据要素的价值释放，促进了社会生产力的结构性变革。

AI 与 AIGC 之间存在着紧密的共生关系。AI 作为基础科学与核心技术，为 AIGC 的生成能力提供了理论支撑与技术实现；而 AIGC 作为 AI 技术的应用先锋，既推动了 AI 技术的边界拓展，又提升了 AI 在社会经济生活中的应用广度与深度。二者相互促进，共同构成了当代科技创新的重要驱动力，对未来的数字社会与智能经济产生了深远影响。

2.5.2　AIGC 内容创作的特点

AIGC 与传统内容创作相比，具有以下显著特点。

（1）规模化生产：AIGC 可在短时间内批量生成大量内容，突破人力创作的速度限制。

（2）定制化输出：根据用户需求或特定条件，AIGC 可快速调整输出内容，实现个性化定制。

（3）跨界融合：AIGC 能融合不同领域知识，创造出人类难以独立完成的跨学科、跨媒介作品。

（4）持续学习与进化：基于深度学习的 AIGC 模型可通过持续训练与迭代，不断提升内容质量和创新能力。

2.5.3　AIGC 驱动的生产力提升

1．生产效率革命

智能化内容生成与优化：AIGC 不仅能够自动生成全新的内容，还能够对现有内容进行智能化的优化与改编。例如，在新闻报道中，AIGC 可以通过对海量数据的快速分析，自动提炼关键信息，生成准确、及时的新闻稿件；在广告文案创作中，AIGC 可以根据品牌定位、目标受众特征及市场趋势，精准匹配语言风格与营销策略，迅速生成多样化的创意文案。这种即时、高效的内容生成能力极大地缩短了从构思到产出的时间周期，显著提升了内容生产效率。

无间断工作能力：与人类创作者相比，AIGC 不受生理限制，能够全天候不间断地进行内容创作。这对于时效性强、更新频率高的行业如新闻媒体、社交媒体营销等尤为重要。AIGC 能够实时响应热点事件，快速生成相关报道或评论，确保信息的时效性和影响力，有效填补了人类创作者在非工作时间的内容空白。

资源优化配置：AIGC 能够承担起大量基础性、重复性的工作任务，如数据整理、初步草稿生成、格式校对等，从而释放人力资源，使其专注于价值更高的创造性工作。这种分工协作模式有助于优化组织内部的人力资源配置，提升整体生产效能。

2．创新能力增强

数据驱动的创新洞察：AIGC 基于大数据分析，能够揭示隐藏在海量信息中的模式、趋势与关联，为内容创新提供数据支撑。例如，在科学研究中，AIGC 可以帮助研究者挖掘文献数据，发现新的研究方向或假设；在产品设计中，AIGC 通过对用户行为数据的深度学习，可以提出符合市场需求的创新设计方案。

跨领域的知识融合：AIGC 具有强大的跨领域知识整合能力，能够打破学科界限，实现知识的交叉创新。例如，AIGC 可以将文学、历史、科学等多领域知识融入一部小说创作中，生成具有深度内涵与独特视角的作品；或者在艺术创作中，融合不同风格、流派的特点，创造出全新的视觉表达。

实验性内容快速迭代：AIGC 能够快速生成多种风格、主题、情节的实验性内容，允许创作者通过对比、筛选、迭代，找到最具创新价值和市场接受度的方案。

3. 应用场景拓展

个人化与定制化服务：借助 AIGC，内容服务可以实现前所未有的个性化与定制化。例如，在教育领域，AIGC 可以根据每个学生的学习进度、兴趣偏好、理解难点，生成个性化的学习计划、习题集、讲解视频等，实现真正意义上的因材施教；在医疗健康领域，AIGC 可以根据患者个体情况生成精准的健康建议、疾病风险预警、康复方案等，提升医疗服务的精准度与满意度。

沉浸式与交互式体验：AIGC 在虚拟现实（Virtual Reality，VR）、增强现实（Augmented Reality，AR）、混合现实（Mixed Reality，MR）等新兴领域展现出巨大潜力，能够生成高度沉浸式的视听内容与交互体验。例如，AIGC 可以生成精细逼真的虚拟环境，让用户在其中进行探索、学习、社交等活动；或者在游戏设计中，根据玩家的行为反馈实时生成适应性的剧情、角色、关卡。

跨语言与跨文化的交流：AIGC 能够精准、高效地进行跨语言翻译与内容本地化，扫除语言障碍，促进全球范围内的信息传播与文化交流。此外，AIGC 还能理解和生成不同文化背景下的特有表达与叙事方式，帮助内容在跨文化环境中保持原有意境与吸引力，推动多元文化的深度融合与创新发展。

2.5.4 AIGC 的挑战与应对

AIGC 的发展带来了诸多机遇，同时也伴随着一系列挑战。在法律层面，AIGC 生成的内容可能引发原创性、归属权、责任主体等法律争议，这就需要明确法规与监管机制。此外，部分低技能、重复性工作可能被 AIGC 取代，使就业结构发生新的变迁。同时，对于 AIGC 生成内容的准确性、客观性、价值观符合性等，需要建立有效的审核与过滤机制。

为了应对这些挑战，有必要采取一系列措施。一方面，需要进一步加强政策引导与法规建设，制定适应 AIGC 发展的版权法、数据保护法等，明确责任归属与权益保障。另一方面，各大院校需要调整教育体系，培养具备 AI 素养、创新思维与跨学科能力的复合型人才。同时，倡导负责任的 AI 研发与应用，建立 AIGC 生成内容的质量评估标准与行业规范。

2.6　AIGC 在电商行业的应用与价值

AIGC 作为前沿技术，正深刻影响着各行各业的发展态势。它利用 AI 算法，自动化生成高质量、个性化的内容，实现生产效率的指数级提升。

2.6.1　AIGC 对行业发展的革新

AIGC 作为一项运用深度学习、NLP、计算机视觉等先进技术进行内容创作的革新力量，正在深刻影响着各行各业。其关键影响主要体现在以下几个方面。

(1) 提升内容生产效率：AIGC 可显著缩短创作周期，降低人力成本，使企业能快速生成大量定制化、高质量的内容，以适应信息爆炸时代的市场需求。

(2) 促进个性化精准营销：基于用户数据生成个性化新闻、广告、社交媒体内容，增强用户互动，提升品牌信息触达率与转化效果，推动营销策略精细化。

(3) 赋能创新驱动：通过深度数据挖掘，辅助科研、设计、咨询等领域专家进行创新思考与决策，加速知识体系迭代更新，推动科研突破、产品创新与商业洞察。

(4) 助力教育与医疗服务：在教育领域，依据学生特性生成个性化学习资料，提升教学效果；在医疗领域，支持精准诊断与个性化治疗，提高服务质量与患者满意度。

(5) 驱动娱乐产业创新：生成丰富多元的娱乐内容与游戏元素，推动内容形态升级与沉浸式体验，增强游戏生命力与用户吸引力。

(6) 促进跨语言文化沟通：实现快速准确的内容跨语种转换，打破语言壁垒，推动全球信息流通与文化交流，助力企业国际化与文化多样性传播。

2.6.2　AIGC 在电商行业中的应用场景

在电商行业中，AIGC 的应用在逐渐改变传统的商品展示、营销策略、客户服务及供应链管理等环节。AIGC 以其高效、精准和个性化的特点，助力电商企业提升运营效率、优化用户体验，并驱动业务增长。AIGC 在电商行业中的主要应用场景如下。

1. 商品图像与视频生成

电商平台利用 AIGC 技术，可以根据商品属性信息(如颜色、尺寸、材质等)自动生成多样化的产品主图、详情页图片、海报及短视频等。例如，针对一新款服装，系统可以快速生成不同模特穿着、不同场景搭配、不同颜色变体的高清图片和动态展示视频，极大地提高商品上架速度和视觉呈现的丰富度，大幅节省拍摄与后期制作成本，缩短新品上市周期。同时，可为消费者提供更全面、生动的商品视图，增强消费者的购物体验，从而提升销售转化率。

2. 个性化商品推荐

根据用户的行为数据、购物历史及实时浏览信息，AIGC 能够动态生成个性化的产品推荐文案、广告标题与创意图片，甚至生成定制化的购物指南或搭配建议。例如，针对一位热衷户外运动的用户，平台可即时生成包含其偏爱品牌、风格及适宜季节的户外装备推荐图文，精准推送至其移动端，实现"千人千面"的精准营销，增进用户黏性，促进销售转化；同时，减轻人工编辑负担，提高内容更新频率，增加用户购物的新鲜感。

3. 虚拟试穿/试妆与 AR 体验

借助 AIGC 并结合 AR 技术，电商平台能够开发虚拟试衣间或试妆镜功能。用户上传照片或开启摄像头，即可看到自己穿戴或使用商品的效果。例如，在某美妆品牌应用中，用户选择心仪的口红色号后，AIGC 算法能精确模拟上妆效果，如同真实试色一般。通过这种方式可以打破线上购物的感知壁垒，提供接近实体店的试用体验，提升品牌形象与用户满意度。

4. 智能客服服务

AIGC 能够基于海量用户咨询数据，自动梳理常见问题，编写详尽且易于理解的常见问题解答，并训练智能客服机器人，使其能准确、迅速地回答消费者关于商品详情、订单状态、退换货政策等问题。运用智能客服，可以提供 7×24 小时不间断服务，有效缓解高峰期的客服压力，加快响应速度；同时，确保解答的一致性与专业性，提升客户服务水平，降低因等待或解答不准确导致的用户流失。

5. 供应链智能预测与决策支持

AIGC 能够结合大数据分析，生成商品销售趋势预测报告、库存优化建议及采购计划等，帮助电商企业精准把握市场动态，制定科学的库存策略。例如，通过对历史销售数据、季节因素、竞品分析等多维度信息的深度学习，系统可提前预测某一品类在下一季度的热销款式与颜色，指导企业相应部门进行更加精准的运营，切实满足市场需求，提升销售额。

2.6.3 AIGC 的发展趋势

AIGC 作为 AI 技术在内容创作领域的前沿应用，已经展现出巨大的创新潜力与广阔的发展前景。未来，AIGC 将在技术深度、应用广度、生成精度及伦理规范等多个层面持续演进，推动各行各业的内容生产迈入智能化、个性化的新时代。

1. 技术深度：跨模态融合与高级认知能力

AIGC 将进一步融合文本、语音、图像、视频等多种模态的数据处理与生成能力，实现跨模态理解和创作。同时，通过深度学习、强化学习等先进技术，AIGC 将具备情感理解、创造性思维、情境推理等更高级的认知能力，使生成内容更具深度与复杂性。

2. 应用广度：全行业渗透与跨界融合

AIGC 将从现有的媒体娱乐、教育、广告等领域进一步拓展到医疗、法律、科研等专业领域，生成高度专业化的报告、论文、诊断建议等内容。此外，AIGC 将与物联网、区块链、元宇宙等新兴技术深度融合，催生全新的内容生成与分发模式。例如，在建筑设计领域，AIGC 可根据客户需求与环境参数，自动生成详细的设计方案与三维可视化模型，甚至实时模拟建筑在不同气候条件下的能耗表现；在元宇宙中，用户可与 AIGC 协同创作，生成独一无二的数字艺术品、虚拟空间装饰或个性化虚拟角色。

3. 生成精度：逼近人类水平与超现实主义

随着 AI 算法的不断迭代与大规模训练数据的积累，AIGC 生成内容的逼真度、逻辑连贯性与艺术感染力将日益逼近甚至超越人类水平。同时，AIGC 将能创造出超越现实界限的超现实内容，满足用户在虚拟世界中的独特审美需求与想象力探索需求。

4. 伦理规范：透明度与责任归属

随着 AIGC 影响力的扩大，对其生成内容的版权归属、责任认定、真实性保障及潜在的社会影响等问题将引发广泛关注。未来，行业将出台更完善的伦理规范与法律法规，这就要求 AIGC 系统提高生成过程的透明度，明确责任主体，防止滥用与误导。例如，AIGC 生成的每份内容都将附带"数字签名"或"创作日志"，记录生成算法、训练数据来源、主要参数等信息，便于追踪溯源与权责界定。同时，通过 AI 审核与用户反馈机制，确保生成内容符合社会公德与法律法规，维护健康的数字内容生态。

未来 AIGC 将沿着技术深度、应用广度、生成精度与伦理规范四大路径同步发展，不仅重塑内容创作产业链，也将深刻影响社会的信息传播、知识共享、文化创新乃至个体表达方式。

习　题

1. 单项选择题

(1) 生成式人工智能主要利用以下哪些技术生成内容？（　　）

    A. 人工智能　　　　B. 机器学习　　　　C. 深度学习　　　　D. 以上所有

(2) AIGC 未来发展趋势不包括以下哪项？（　　）

    A. 跨模态融合与高级认知能力　　　　B. 全行业渗透与跨界融合

    C. 仅限于文本生成，不涉及图像、音频等其他内容形式

    D. 透明度与责任归属的强化

(3) AIGC 在电商行业的应用场景有哪些？（　　）

    A. 商品图像与视频生成　　　　B. 个性化商品推荐

    C. 虚拟试穿/试妆与 AR 体验　　　　D. 以上所有

(4) 当 AIGC 应用于电商行业中时，哪个场景可以实现"千人千面"的精准营销？（　　）

    A. 商品图像与视频生成　　　　B. 个性化商品推荐

    C. 虚拟试穿/试妆与 AR 体验　　　　D. 智能客服

(5) 当 AIGC 应用于电商行业中时，哪个场景可以实现 7×24 小时不间断服务？（　　）

    A. 商品图像与视频生成　　　　B. 个性化商品推荐

    C. 虚拟试穿/试妆与 AR 体验　　　　D. 智能客服

(6) 当 AIGC 应用于电商行业中时，哪个场景可以实现快速生成大量商品主图、详情页图片、海报及短视频？（　　）

A. 商品图像与视频生成　　　　　　　B. 个性化商品推荐

C. 虚拟试穿/试妆与 AR 体验　　　　　D. 智能客服

(7)当 AIGC 应用于电商行业中时，哪个场景可以实现用户实时看到自己穿戴或使用商品的效果？（　　）

A. 商品图像与视频生成　　　　　　　B. 个性化商品推荐

C. 虚拟试穿/试妆与 AR 体验　　　　　D. 智能客服

(8)以下哪个不是机器学习的主要类型？（　　）

A. 监督学习　　　　　　　　　　　　B. 无监督学习

C. 强化学习　　　　　　　　　　　　D. 主成分分析

(9)下列哪项不属于 AIGC 技术的关键技术？（　　）

A. 多模态技术　　　　　　　　　　　B. 深度学习

C. 机器学习　　　　　　　　　　　　D. 主成分分析

2. 简答题

(1)什么是生成式人工智能？

(2)AIGC 内容创作相较于传统内容创作有何显著特点？

(3)AIGC 如何对社会生产力产生深远影响？

(4)AIGC 在电商行业的具体应用有哪些？

(5)未来 AIGC 的发展趋势是什么？

人工智能与跨境电商应用实践

第二部分

人工智能跨境电商实践指南

第3章 大数据分析在动态定价策略中的应用

知识导图

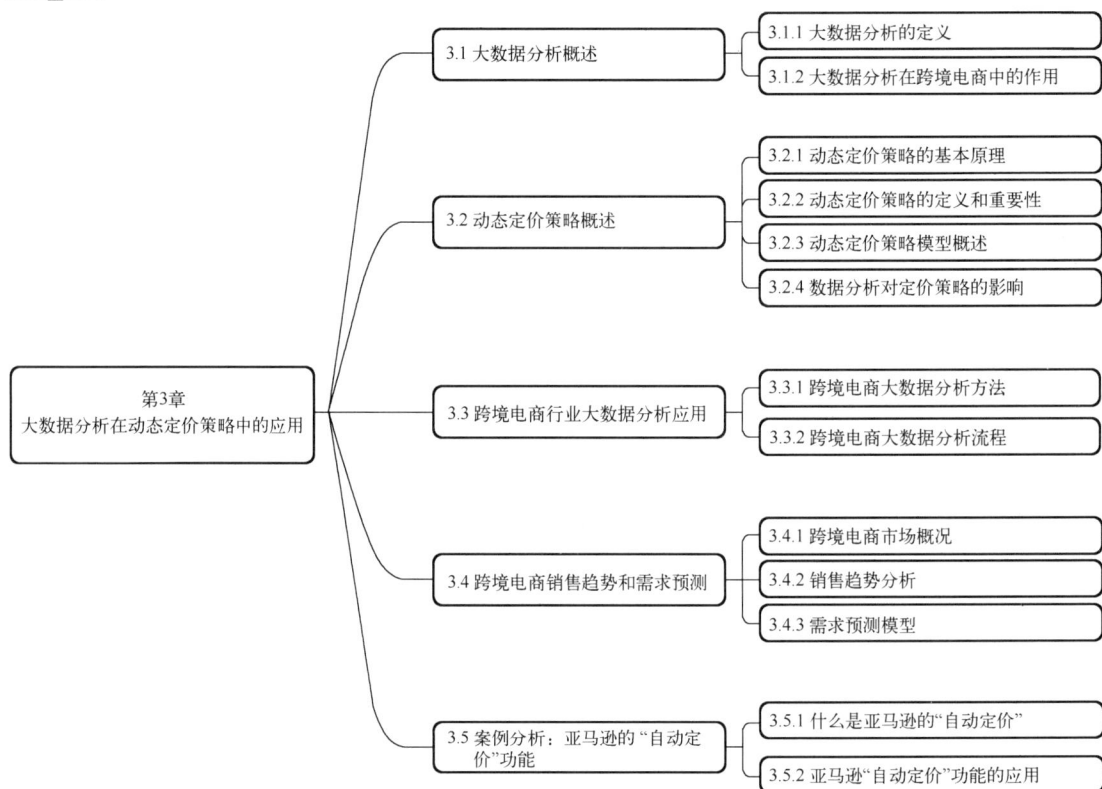

第3章
大数据分析在动态定价策略中的应用

- 3.1 大数据分析概述
  - 3.1.1 大数据分析的定义
  - 3.1.2 大数据分析在跨境电商中的作用
- 3.2 动态定价策略概述
  - 3.2.1 动态定价策略的基本原理
  - 3.2.2 动态定价策略的定义和重要性
  - 3.2.3 动态定价策略模型概述
  - 3.2.4 数据分析对定价策略的影响
- 3.3 跨境电商行业大数据分析应用
  - 3.3.1 跨境电商大数据分析方法
  - 3.3.2 跨境电商大数据分析流程
- 3.4 跨境电商销售趋势和需求预测
  - 3.4.1 跨境电商市场概况
  - 3.4.2 销售趋势分析
  - 3.4.3 需求预测模型
- 3.5 案例分析：亚马逊的"自动定价"功能
  - 3.5.1 什么是亚马逊的"自动定价"
  - 3.5.2 亚马逊"自动定价"功能的应用

知识目标：

理解大数据分析的定义及其在信息时代的重要性，了解大数据分析与社会主义核心价值观在信息科技领域的实践关系。

掌握大数据分析的基本概念，包括其技术手段、价值体现及其在促进数字中国建设中的作用。

了解大数据分析的关键技术，包括数据挖掘、机器学习，以及它们在实际案例中的应用，如 eBay 的个性化商品推荐。

学习跨境电商大数据分析的应用场景，理解大数据在跨境电商中的价值转换过程。

能力目标：

具备处理大数据的能力，包括数据的收集、清洗、处理和分析，特别是要掌握不完整数据的预处理方法，如缺失值检测与处理。

掌握数据分析技能，能够使用 Excel、Power BI 等工具，运用方差、回归等统计方法对数据进行深入探索。

能够进行数据可视化，利用图表有效传达分析结果，提升信息展示的直观性和影响力。

撰写专业分析报告，能够清晰地表达数据分析的目的、过程、结果及建议，为决策提供有力支撑。

价值目标：

具备数据安全意识，了解并遵循国家法律法规，确保大数据分析在合法合规的基础上创造社会价值。

了解大数据分析在推动经济社会创新、实现社会公平正义和增进人民福祉方面的作用。

了解大数据分析如何助力跨境电商的发展，掌握其在销售趋势分析、需求预测、动态定价等方面的应用，以实现科技赋能，增强企业竞争力。

通过案例分析，学会如何在实际工作中运用大数据分析解决具体问题，如动态定价策略的制定与优化，提升企业的市场响应速度和盈利能力。

具备批判性思维，能够通过分析跨境电商的市场概况、销售趋势和需求预测，制定合理策略，应对市场挑战，抓住发展机遇。

导入案例

中国跨境电商卖家的"黑色星期五"战场：动态定价策略助力跨境电商破局

"黑色星期五"作为全球电商领域的关键事件之一，为跨境电商企业提供了一个独特的机会来最大化其收益。在这一天，消费者的购买热情达到高峰，同时市场竞争也异常激烈。

在这样一个竞争激烈的环境中，传统的一成不变的定价策略已经不足以满足市场的动态变化需求。动态定价，作为一种灵活调整商品价格以响应市场供需变化的策略，正成为企业在"黑色星期五"把握先机、优化销售的关键武器。通过实时分析市场数据，企业能够利用动态定价在正确的时间以最有利的价格出售产品，从而使收益最大化。

张峰，一位富有远见卓识的中国跨境电商创业者，他的公司打造的"A 商城"电商平台近年来在全球电商领域崭露头角。他的目标不仅是让优质的中国制造产品走向世界，更要借助先进的运营策略让中国制造的产品在国际市场中站稳脚跟。

在每年的"黑色星期五"购物狂潮之际，全球消费者的目光都聚焦在各大电商平台。

作为跨境电商企业的领导者，张峰深知这是一个绝佳的契机，但也面临着空前激烈的市场竞争压力。以往，"A商城"一直沿用相对固定的定价模式，但面对"黑色星期五"这样的"大促"节点，张峰敏锐地意识到，传统的定价策略可能无法准确抓住消费者的需求和瞬息万变的市场需求。于是，他决定大胆革新，引入动态定价策略。

张峰带领团队打造了一款智能动态定价系统，该系统能够实时采集和分析来自全球各地的大数据，包括用户浏览记录、搜索频率、竞品价格走势、库存状况及社交媒体舆论热点等。在"黑色星期五"到来之前，这套系统就已经开始运行，不断优化商城内各类产品的定价策略。例如，对于一款热度飙升、库存充足的明星产品，"A商城"通过动态定价系统适时上调价格，巧妙地利用了消费者的购物紧迫感和稀缺心理；而对于那些销量不理想的产品，则通过降价促销，加速库存周转，来减少积压风险。

在那个疯狂的"黑色星期五"，"A商城"凭借精准的动态定价策略取得了显著成效。销售额同比增长翻倍，净利润大幅提高，同时也吸引了大量新的海外用户关注与注册，品牌知名度和影响力得以大幅提升。这个案例生动展现了中国跨境电商创业者张峰如何以其独到的眼光和果断的行动，利用大数据分析驱动的动态定价策略，在全球瞩目的"黑色星期五"购物盛宴中成功突围，实现企业盈利能力和市场竞争力的双重跃升。这不仅验证了动态定价策略在跨境电商领域的巨大潜力，也为其他同类企业提供了一条可行之路。

3.1 大数据分析概述

3.1.1 大数据分析的定义

大数据分析作为信息化时代的强大工具，对于国家经济社会的创新发展具有重要意义，同时，它也是检验与践行社会主义核心价值观在信息科技领域应用的重要载体。在掌握大数据分析技术的同时，应当充分认识到数据安全与隐私保护的重要性，要严格遵守国家法律法规，确保数据在合法合规的前提下发挥最大价值。同时，要通过大数据分析技术，积极推动数字中国建设，使之服务于国家发展战略，促进社会公平正义，增进人民福祉，从而真正实现科技赋能、以人为本、和谐共生的社会发展目标。

1. 大数据分析的定义

自21世纪初以来，互联网技术的迅速进步极大地改变了人们的生活方式和商业模式。在这个数据泛滥的时代，信息量巨大，隐藏着无限的商业潜力。"大数据"（Big Data）一词的由来可以追溯到1980年美国未来学家阿尔夫·托夫勒的著作《第三次浪潮》（the Third Wave）。他将大数据赞誉为"第三次浪潮的华彩乐章"，预见了数据在未来社会中的重要作用。

关于大数据，以下是几种典型的定义。

一是 2011 年麦肯锡公司在《大数据：创新、竞争和生产力的下一个前沿领域》报告中给出的定义：大数据是指大小超过常规数据库工具获取、存储、管理和分析能力的数据集。但其同时强调，并不一定是要超过特定 TB（太字节，1TB=1024GB）值的数据集才能算是大数据。

二是国际数据公司基于四个维度特征给出的定义：大数据是指具备四个维度特征的数据，即海量的数据规模（Volume）、快速的数据流转和动态的数据体系（Velocity）、多样的数据类型（Variety）和巨大的数据价值（Value），简称"4V"。

三是维基百科给出的定义：大数据是指巨量的数据，所涉及的资料量规模大到无法通过目前主流软件工具，在合理时间内达将其整理成为帮助企业决策更有用的资讯。

大数据分析是指收集、处理和分析大规模数据集以揭示隐藏的模式、未知的关联、市场趋势、客户偏好和其他商业信息的过程。它涉及从多样化、高速生成的大量数据中提取有价值的信息，并利用这些信息进行决策支持、预测分析、深入洞察和过程优化。大数据分析通过强大的数据处理能力和先进的分析技术，使组织能够更有效地理解复杂现象，做出更加明智的决策，提高操作效率，创造新的价值机会。随着技术的发展，大数据分析已成为提升现代企业竞争力的关键因素。

例如，eBay 自 1995 年成立以来，已经吸引了全球近 2 亿个注册用户，平台拥有 13 亿件商品，成为全球卖家首选的在线电商平台之一。这一成就得益于 eBay 对大数据技术的应用：平台能够利用消费者的搜索和浏览习惯、评论历史及个人资料等信息，通过先进的数据挖掘技术和匹配算法，精准分析消费者的需求，从而实现个性化的商品推荐。它甚至能根据消费者的年龄、浏览时间、地点和当时的气候条件等变量，为消费者推荐他们需要的商品，同时为商家提供深度的市场洞察。

2. 跨境电商大数据分析的应用场景

舍恩伯格在《大数据时代》一书中提出了"大数据时代最大的转变就是放弃对因果关系的渴求，取而代之的是相关关系"的观点。大数据的核心价值在于提供相关性信息，进而为决策提供参考。近年来，随着亚马逊、eBay、速卖通等第三方交易平台和电子商务网站的发展，平台上聚集了大量的经营者、消费者、商品和服务信息，并因此衍生出了大量的数据。利用大数据理论和技术，对网络购物、网络消费、网络团购、网上支付等数据进行挖掘和分析，是跨境电商大数据分析的主要应用场景。

跨境电商平台主要面向两类用户：一是最终消费者，二是商家。因而，跨境电商数据分析的对象也分为两类。

对于最终消费者，主要通过积累和挖掘消费者消费过程的行为数据，来为消费者提供商品推荐服务。在实际推荐系统中，主要是利用机器学习、自然语言理解、大数据分布式存储和并行处理技术。这方面的经典案例是"啤酒与尿布"的故事。

对于商家，主要通过大数据分析与挖掘技术对商家进货、库存、销售、客户关系等多方面数据进行获取和分析，从而为商家提供上下游产业链信息，以及税收、融资、法律等与企业经营相关的业务信息，帮助商家更好地发展。但目前针对商家的分析尚存在一定的局限性。这是由于商家的经营轨迹不一定全部在线上完成，而线下的活动难以记录，同时出于数据安全、数据隐私和数据所有权等方面的考虑，商家数据多为不开放数据，获取存在困难。因此，跨境电商大数据分析的应用领域主要集中于消费端，围绕用户画像、产品选择、店铺优化等场景展开。跨境电商大数据应用的三大场景如表 3-1 所示。

表 3-1　跨境电商大数据应用的三大场景

场　　景	数 据 内 容
用户画像	用户属性数据(个人信息，如性别、年龄、学历、收入、地区等)、用户行为数据(浏览记录、购物记录、社交记录、交通记录等)
产品选择	产品种类；爆款产品属性(产品价格、浏览量、点击率、订单量、用户数、物流渠道、广告流量等)；竞品比对数据
店铺优化	店铺页面项目流量、点击率、转化率；专题页面浏览量、点击率、转化率；站内广告浏览量、点击率、购买率等

案例故事

跨境电商平台的"啤酒与尿布"新编

在 20 世纪 90 年代，沃尔玛超市的管理人员在分析销售数据时发现了一个独特的现象：啤酒与尿布这两个看似风马牛不相及的商品会经常出现在同一个购物篮中。他们经过后续调查发现，原因在于在美国有婴儿的家庭中，经常是母亲照看婴儿，父亲负责购物。因此，父亲购买尿布时会顺便为自己购买啤酒。这就产生了看上去毫无关联的商品经常出现在同一大购物篮中的情景。那么，这对经营者有何启示呢？沃尔玛发现了这一独特现象后，开始尝试将啤酒和尿布摆放在同一区域，让父亲们可以方便地同时购买啤酒和尿布，由此获得了很好的销售收入。1993 年美国学者阿格拉瓦尔(Agrawal)通过分析购物篮中的商品集合，找出了商品关联关系的算法——Aprior。沃尔玛将 Aprior 算法引入 POS 机数据分析中，获得了成功，并被奉为数据关联分析和运用的经典案例。

在当今数字经济时代，亚马逊、阿里巴巴等电商巨头在运用先进的大数据和 AI 技术挖掘消费者购物行为的过程中，重现并升级了"啤酒与尿布"的关联性销售策略。如今，电商平台通过实时分析消费者在网页浏览、站内搜索、购物车添加、购买等一系列线上行为数据，不仅能识别出"啤酒与尿布"这类跨类别商品的购买关联性，还能进一步洞察消费者的个性化需求和购物习惯。例如，通过 AI 算法发现，年轻的父母在购买婴儿用品的同时，往往还会选购咖啡、零食等深夜育儿必备物品，或是寻找婴幼儿护理书籍和亲子活动门票等增值服务产品。

此外，电商平台还将 Aprior 算法及其他更先进的关联规则学习算法(如 FP-Growth 算法)应用到了实时推荐系统中，从而实现了更精准的商品关联推荐。这意味着无论是在移动端还是在网页端，只要消费者表现出对某一商品的兴趣，系统都能快速捕捉到这一信号，并立刻推送与其购买行为高度关联的商品，从而提高转化率，增加客单价，实现双赢。随着数字经济的不断发展，大数据分析在电商领域的应用愈发深入和精准，像"啤酒与尿布"这样的商品关联逻辑早已超越了单纯的货架摆放策略，而转变为全方位、多角度、个性化的营销策略，为企业带来了显著的商业价值。

思考题

1. 在跨境电商环境中，如何利用大数据分析揭示商品间的非显而易见的关联性，以提高销售额和消费者满意度？

2. 跨境电商如何应用大数据分析，进行不同文化背景下的消费者需求分析？

3.1.2 大数据分析在跨境电商中的作用

跨境电商行业数据分析的目的是实现精细化运营，其本质上是为企业生存服务的。可以运用 SWOT 分析来说明行业数据分析的必要性。SWOT 分析也称道斯矩阵，在 20 世纪 80 年代由美国管理学教授韦克里提出，主要用在企业制定战略、市场环境分析、竞争对手分析等方面。S（Strengths，优势）、W（Weaknesses，劣势）是内部因素；O（Opportunities，机会）、T（Threats，威胁）是外部因素。借助 SWOT 分析，通过对行业和企业发展进行优势与劣势、机会与威胁的识别，企业能够制定精准有效的战略。

1. 通过数据分析，从宏观层面把握市场机会，甄别潜在的威胁

宏观环境分析包括识别机会与威胁。通过数据的搜集与分析，可以分析和预测某一行业的市场规模、购买人群、消费能力和市场占有率等，从而为跨境企业进入某一境外市场和选品提供服务。以玩具市场为例，我国是全球最主要的玩具生产国和消费国之一。随着生活水平的提高，无论是发达国家还是发展中国家，对玩具的需求量都在稳步增长，玩具行业市场空间巨大。那么，如何选择销售地区与品类呢？通过数据收集和可视化可以发现：美国所占市场份额远远大于其他国家，这表明美国仍是目前我国主要的玩具出口市场；其他地区的份额相对分散，包括英国、德国、日本、韩国等；但同时注意到菲律宾所占市场份额引人关注，因此，像菲律宾这样的新兴发展中国家的市场前景也值得关注和开发。

2. 通过数据分析，从微观层面把握产品优劣势，更好地扬长避短

企业在经营过程中势必关注产品的销量问题，这不仅需要时刻关注产品的浏览量、点击率和转化率，还需要锁定重点客户，进行有针对性的营销。同时，也需要关注竞争对手的产品状况，进行同类比较分析，找出异同点，做出有区分度的产品定位。例如，在亚马逊平台中，有 70% 的消费者是在浏览产品展示页第一页时决定交易的，有 64% 的交易量是由排在榜单前三位的产品贡献的。那么如何设计产品展示页呢？亚马逊运用 A9 算法来实时计算搜索排名，运算时涉及与搜索内容的相关性、特定产品销量、客户浏览习惯和历史记录等因素。因此，在优化产品展示页时，可以用不同的关键词去亚马逊平台搜索，进而确定有哪些热词。

以毛绒玩具为例，当卖家想要优化产品展示页时，进入亚马逊的官网，搜索"毛绒玩具"，系统会自动显示相关产品。此时单击"仅五星"按钮，便可浏览所有评价为五星的产品，显示搜索信息共有 325 条。当转换关键词为"毛绒玩偶"时，又会显示不一样的产品搜索结果。此时搜索信息共有 228 条。只有一字之差，搜索结果却差距很大。这就为卖家提供了有价值的参考信息。以"毛绒玩具"作为关键词的搜索结果界面如图 3-1 所示，以"毛绒玩偶"作为关键词的搜索结果界面如图 3-2 所示。

图 3-1　以"毛绒玩具"作为关键词的搜索结果界面

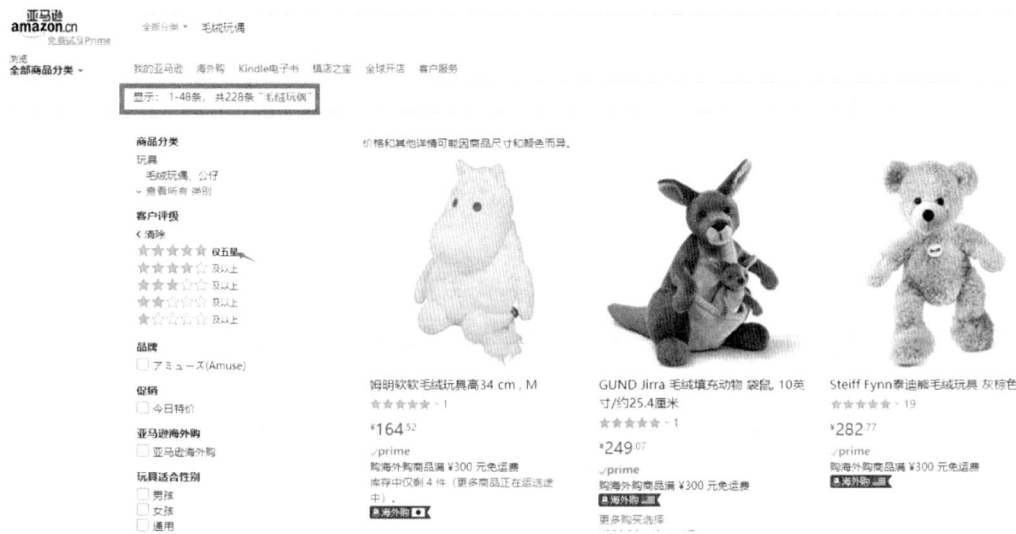

图 3-2　以"毛绒玩偶"作为关键词的搜索结果界面

案例故事

Shein 跨境电商数据分析案例

Shein 是中国一家领先的跨境电商快时尚品牌,通过运用大数据分析技术在全球市场取得了显著的成功。Shein 运用大数据分析技术对市场需求、消费者行为、流行趋势、供应链管理、精准营销等进行了深入研究,从而实现了精细化运营。

市场需求分析:Shein 通过收集全球各地消费者的搜索数据、购买数据、退货数据等,进行大数据分析,以快速响应市场需求,精准投放符合各地消费者喜好的产品,确保产品库存和新品开发紧跟市场需求的变化。例如,Shein 通过分析北美消费者的数据,发现蕾丝与宽松剪裁服装受欢迎,随即调整产品线,加大此类产品的生产与投放,迅速扩大了市场份额。

消费者行为分析:Shein 借助大数据技术深入剖析消费者的购买行为、浏览路径、停留时间、购物频次、购买时段等多维度数据,以洞察消费者的购物习惯和偏好。例如,Shein 发现年轻消费者在晚上的活跃度较高,于是在夜间推出专属折扣或新品预售活动,以提高销售转化率。

流行趋势预测:Shein 利用大数据工具追踪社交媒体、时尚博主、行业报告等多渠道信息源,实时分析全球范围内的流行趋势和热点话题,为产品设计和市场推广提供决策依据。例如,当某种色彩或款式的服装在网络迅速走红时,Shein 能够快速捕捉到这一趋势,并将其应用于实际的产品设计和营销策略。

供应链管理优化:Shein 运用大数据分析预测销售趋势,实时调整生产和采购计划,有效降低库存风险,并通过实时跟踪物流数据,优化配送路径、加快配送速度,提升客户满意度。同时,Shein 还通过数据分析改进供应商管理和质量控制,确保产品质量符合全球各地消费者的期望。

精准营销:Shein 通过分析消费者的购物历史、浏览行为、社交网络互动等大数据,为不同消费群体制定个性化的营销策略,如精准推送广告、定制优惠活动、优化搜索引擎排名等,有效提高转化率和用户黏性。

思考题

1. 请结合 Shein 的案例,说明如何运用 SWOT 分析进行跨境电商行业的大数据分析,以制定相应的运营策略。

2. 在跨境电商运营中,Shein 如何运用大数据分析实现精细化运营,提升其市场竞争力?

3.2 动态定价策略概述

3.2.1 动态定价策略的基本原理

动态定价策略是企业战略决策的核心内容之一，它深刻影响着企业的盈利能力、市场占有率及品牌形象。下面将结合具体真实案例详细解读动态定价策略的基本原理及其在实际操作中的应用。动态定价的基本原理如图 3-3 所示。

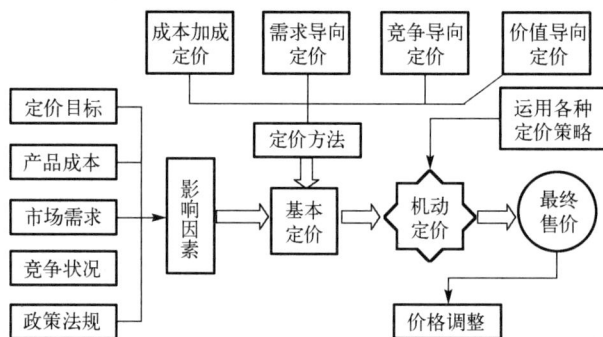

图 3-3　动态定价的基本原理

1. 成本加成定价

成本加成定价是指企业首先计算产品成本，然后在此基础上加上预期的利润来确定最终售价（见图 3-4）。这种策略简单直接，适用于成本较为稳定且市场需求相对平稳的产品。然而，单纯依赖成本加成定价可能会忽视市场供需关系的变化及消费者对价格敏感度的差异。例如，早期诺基亚手机在运用成本加成定价时，虽能满足基本盈利要求，但在智能手机兴起、市场竞争加剧的背景下，未能充分考虑消费者对新技术和高性价比产品的需求，导致在定价策略上失去竞争优势。

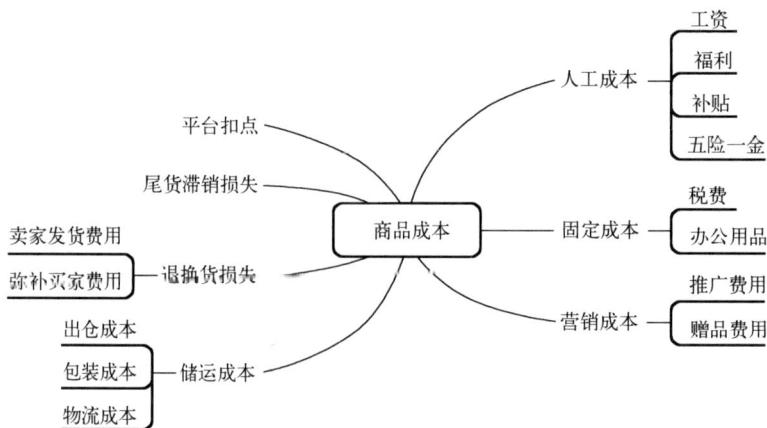

图 3-4　成本加成定价

2. 需求导向定价

需求导向定价是指企业基于消费者对产品需求的强弱和价格承受能力来进行定价（见图 3-5）。例如，特斯拉电动汽车在初始阶段就采用了高价策略，因为其目标消费者群体对高性能、环保型豪华电动汽车有着强烈需求，且愿意为此支付更高的价格。特斯拉 Model S 首次发布时，其高昂的价格并未拉低销量，反而凸显了产品的高端定位和技术创新价值。

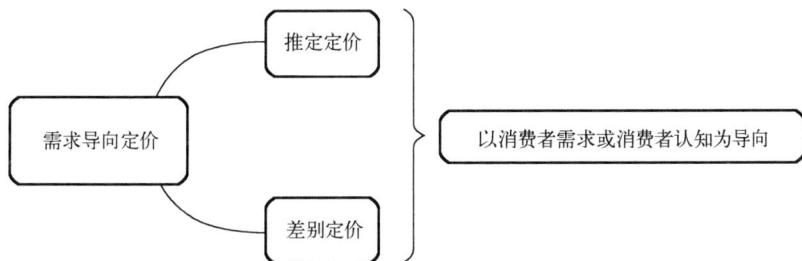

图 3-5　需求导向定价

3. 竞争导向定价

在高度竞争的行业中，企业通常会参照竞争对手的产品定价策略，以保持自身的市场竞争力（见图 3-6）。例如，在民航市场，各大航空公司经常根据航线、航班时段、机型等因素，密切关注并调整票价以与竞争对手展开竞争。春秋航空在国内航线市场上，就曾多次根据同航线其他航空公司的价格策略进行调整，力求在严格控制成本的同时，确保价格优势，以吸引价格敏感型乘客。

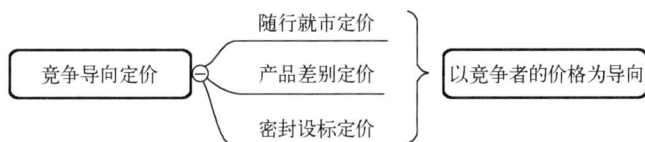

图 3-6　竞争导向定价

4. 价值导向定价

价值导向定价更注重产品的内在价值和带给消费者的附加价值（见图 3-7）。苹果公司的产品定价就是价值导向定价的典范，它的 iPhone 系列手机在硬件成本上并不明显高于竞争对手，却凭借卓越的设计、强大的生态系统及高质量的服务，成功地将价格定价在较高水平，而消费者依然愿意为其出色的整体体验买单。例如，iPhone X 首次引入 Face ID 面部识别技术和全面屏设计时，尽管其定价远超同类产品，但因其独特的创新价值和用户体验，仍能在市场上获得热烈反响和良好的销售业绩。

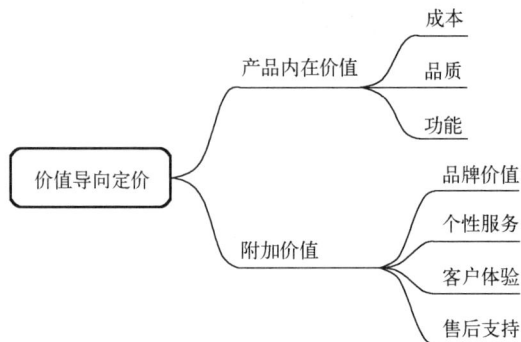

图 3-7　价值导向定价

案例故事

中国跨境电商企业的欧洲市场竞争导向定价策略

HW 公司是一家专注于电子产品出口的中国跨境电商企业，主推自有品牌智能手机，希望进一步打开欧洲市场。欧洲市场成熟且竞争激烈，已有苹果、三星等知名品牌占据主导地位。为了在欧洲市场中找准定位并逐步提升市场份额，HW 公司决定采用竞争导向定价来制定其新款智能手机的价格策略。

市场调研：首先，HW 公司通过搜集市场情报，详细了解欧洲市场现有智能手机的价格区间分布，以及主要竞争对手对应型号(如苹果的 iPhone 和三星的 Galaxy 系列)的价格策略。同时，HW 公司对欧洲消费者的购买力、消费习惯、品牌认知度等因素进行了深入研究。

成本核算：HW 公司对新款智能手机的成本进行全面核算，包括生产成本、物流成本、关税、营销费用等，为后续的定价策略提供基准。

竞争定位：HW 公司选择将自家产品定位于高性价比的中端市场，瞄准对价格敏感但又追求品质的消费者群体。在性能接近的情况下，HW 公司欲将产品价格设定在略低于主要竞争对手的同等配置机型，以吸引预算有限、追求性价比的消费者。

定价策略：在成本基础上，HW 公司采用竞争导向定价法，将主要竞品的平均售价作为参考标准，适当降低价格以体现产品的性价比优势。例如，若市场中相似配置的竞品平均售价为 500 欧元，HW 公司则将自家产品定价为 450 欧元，确保价格具有竞争力。

动态调整：HW 公司通过实时监测销售数据、市场反馈和竞品价格变化，灵活调整定价策略。例如，在重大促销活动期间，HW 公司根据竞品的打折力度调整自己的促销策略，确保在竞争中保持优势。

思考题

1. 分析 HW 公司采用竞争导向定价的原因及其合理性。

2. 分析竞争导向定价与其他定价方法(如成本加成定价、需求导向定价等)在跨境电商行业中的优缺点和适用场景。

3.2.2　动态定价策略的定义和重要性

1．动态定价策略的定义

动态定价策略是一种利用技术手段实时调整商品或服务价格的方法，商品或服务的价格根据市场需求、竞争对手定价、存货水平、消费者购买行为等多种因素的动态变化而定。这种策略在航空、酒店、在线零售等行业尤为常见。其核心思想是通过实时数据分析，捕捉市场变动和消费者偏好，从而做出快速且精准的价格调整决策，以最大化利润或市场份额。

2．动态定价策略的重要性

(1)利润最大化：基于对市场需求的敏感反应，企业可以通过提高稀缺商品的价格或降价促销清理存货，来确保利润最大化。

(2)市场竞争力提升：动态定价使企业能够快速响应市场变化，并能针对竞争对手的行动采取合适的应对策略，通过灵活的价格策略提升市场竞争力。

(3)消费者满意度提升：合理的动态定价策略可以在保证企业利润的同时，通过促销和折扣等方式满足消费者对价格的敏感需求，提升消费者满意度和忠诚度。

(4)资源优化配置：动态定价能帮助企业根据市场需求和供应状况优化资源配置，如调整生产计划、优化库存管理等，以减少浪费。

(5)数据驱动决策：采用动态定价策略促使企业更加依赖数据分析和市场研究，有利于提高决策的科学性和有效性。

📖 **案例故事**

民族品牌小米的定价策略

小米是中国一家知名的跨国科技公司，其智能手机产品在全球范围内享有一定的市场份额。2014年，小米开始进军印度市场，当时印度智能手机市场竞争激烈，市场上既有本地知名品牌的产品，也有国际巨头的产品。

小米在进入印度市场之初，面临的主要挑战是如何在保持品牌定位的同时，迅速打开市场，提高市场占有率。为此，小米采用了创新的定价策略，深深植根于大数据分析。

小米首先对印度市场进行了深入的消费者行为和购买力分析，通过大数据了解到印度消费者对性价比较高的智能手机需求旺盛，且大部分消费者对价格敏感。同时，小米对印度市场上竞争对手的产品价格、性能、市场份额进行了全面研究，明确了自身产品在性价比方面的竞争优势。

动态定价策略应用：小米推出了"闪购"模式，通过限时限量的特价促销活动，吸引了大量用户关注并抢购，以此快速提升品牌知名度和市场份额。同时，小米坚持"薄利多销"的原则，对新产品采取相对较低的入门价格，配合互联网直销模式减少中间环节的成本，使终端价格更具竞争力。

市场反馈与策略调整：小米持续收集并分析销售数据、用户反馈及市场动态，根据实际情况对定价策略进行微调。例如，在推出 Redmi Note 系列时，小米凭借出色的配置和低于竞品的价格，成功打入主流市场，迅速提升了市场占有率。

通过精心设计的定价策略，小米在印度市场获得了显著的成功，短短几年便成为印度最大的智能手机品牌之一，实现了市场占有率和品牌形象的双重提升，同时大大提高了企业的盈利能力。

思考题

1. 如何根据市场竞争态势和自身优势制定差异化定价策略？
2. 如何通过持续的数据分析和策略调整，确保定价策略的有效性和持久性？

3.2.3 动态定价策略模型概述

1. 动态定价及其工作原理

动态定价，又称实时定价，是一种灵活的定价策略，允许企业根据市场需求、竞争对手的价格、库存状况及其他实时数据动态地调整商品价格。这种策略的核心在于使用算法和数据分析来预测市场趋势，并据此实时更新价格，以增加销售额和利润。例如，如果某商品的需求突然增加，系统可以自动提高该商品的价格；相反，如果某商品的销量下降，系统则可能降低价格以吸引买家。

2. 动态定价在跨境电商中的作用和优势

在跨境电商领域，动态定价策略使商家能够快速响应市场变化，提高价格竞争力，最大化销售额和利润。它的优势在于能够提供个性化的价格，吸引不同类型的消费者，并且可以在库存过剩或不足时自动调整价格，减少商品积压或缺货的风险。此外，动态定价还能够帮助商家在促销期间，如"黑色星期五"这样的大型购物节，更有效地与竞争对手竞争，通过灵活的价格策略吸引消费者。在"黑色星期五"期间，市场需求的波动性和不确定性尤为显著，这是由于消费者的购买行为受到大量促销活动的影响。在这种高度竞争的环境中，动态定价成为一种重要的工具，帮助商家实时调整价格以适应快速变化的市场条件。

通过实施动态定价，商家可以更好地管理在促销期间的价格波动，避免利润被侵蚀，同时确保价格始终保持在吸引消费者的同时又不损害品牌价值的水平。

3. 动态定价策略的关键要素

(1)竞争对手分析：在动态定价策略中，实时监控竞争对手的价格变化是至关重要的。企业需要使用高级的市场监测工具来跟踪竞争对手的价格，特别是在"黑色星期五"这样的大型促销活动中。通过这些工具，企业可以收集竞争对手的价格信息，并结合自身的成本和利润目标，快速做出响应。这种跟踪不应仅针对直接竞争对手，还应该扩展到市场上的所有相关产品，以便获得全面的市场视角。

(2)成本分析：成本是定价的基石，任何价格策略都必须考虑成本因素。在"黑色星期五"等促销活动中，由于大量销售产品可能导致成本结构发生变化，企业需要密切监控成本动态，包括生产成本、运输费用、关税和汇率变动等。这些成本数据应实时更新到定价系统中，确保定价策略能够及时反映成本变化，从而保证利润率。

(3)消费者行为分析：了解消费者的购买习惯对于制定有效的动态定价策略至关重要。通过数据分析，企业可以揭示消费者对价格变动的敏感度、品牌忠诚度及购买动机。在"黑色星期五"这样的购物节日期间，消费者的行为模式可能会有所不同，因此，企业需要利用历史数据和实时数据来预测消费者行为，以便更精准地调整价格。

(4)供需关系：供需关系是影响产品定价的另一个关键因素。在"黑色星期五"这种购物高峰期，某些产品的需求可能会激增，而供应可能相对有限。企业需要通过实时监控销售数据和库存水平来调整价格，以此来影响消费者的期望和满意度。当产品供不应求时，适当提高价格可以平衡市场供求；反之，当产品过剩时，适当降价可以刺激销售。

动态定价模型是一种灵活、实时的定价方法，它依托于大数据分析、人工智能和算法优化等先进技术，根据市场环境、消费者行为、竞争态势、库存水平、时间周期等多种变量因素的实时变化，动态调整产品或服务的价格。这种模型摒弃了静态、一次性的定价方式，转而追求在给定时间内找到最优价格点，以最大化企业的利润、市场份额或消费者价值。

4．动态定价模型

动态定价模型主要包括以下几个核心组成部分。

(1)数据收集与分析：模型首先需要实时收集大量的内外部数据，包括但不限于产品成本、市场需求、用户搜索与购买行为、竞品价格、季节性波动、库存状况等。通过大数据分析技术，挖掘这些数据背后的规律和关联性。

(2)预测模型：基于历史数据和实时数据，建立预测模型，对未来一段时间内的市场需求、价格敏感度和销售趋势进行预测，以便制定更为精准的价格决策。

(3)决策规则引擎：根据预测结果和业务目标，设定和优化动态定价规则。例如，当市场需求旺盛且库存充足时，可适当提高价格；当市场需求疲软或临近产品生命周期末期时，可降低价格以刺激消费。

(4)实时调整与反馈机制：动态定价模型能够实时监控市场反应，一旦发现价格调整后的效果未达预期，模型将自动进行迭代、优化，持续改进定价策略。

案例故事

缤客的动态定价策略

缤客(Booking.com)是一家全球知名的在线旅行预订平台，它采用了动态定价策略以有效地参与竞争。

缤客的动态定价系统会实时分析大量数据，包括但不限于酒店房间库存、预订速度、入住率、节假日、天气预报、当地大型活动、用户搜索和预订行为等。在旅游旺季或热门活动期间，当酒店房间供应紧张时，系统会自动上调价格以制造消费者的紧迫感，实现收益最大化；而在淡季或非热门时期，系统则会根据市场需求适度调低价格，以吸引游客预订，提高入住率。此外，缤客还采用个人化定价策略，根据用户的搜索历史、预订频率和忠诚度等级等信息，提供个性化的房费优惠，从而提升用户满意度和复购率。

通过这样的动态定价策略，缤客实现了对市场波动的灵活应对，优化了资源配置，提高了整体运营效率和盈利能力。与之相似，优步(Uber)和来福车(Lyft)等共享出行平台也是动态定价模型应用的典型案例。在高峰期，如上下班高峰期或特殊天气时期，平台会根据区域内车辆供应量与乘客需求量的比例，动态调整打车费用。当司机供应不足时，调高价格以吸引更多司机上线接单，满足市场需求；当供需平衡或供应过剩时，价格又会回调至正常水平，以实现运力与需求之间的高效匹配，提高平台整体运营效率和收益。

思考题

1. 缤客是如何通过动态定价策略平衡旅游旺季的高需求与淡季的低需求，从而提升收益和入住率的？

2. 如何评价缤客采用动态定价策略对提升用户满意度和忠诚度的影响？

3.2.4 数据分析对定价策略的影响

数据分析已经成为现代企业制定定价策略的重要基石，其对跨境电商企业定价策略的影响主要体现在以下几个方面。

1. 精准预测需求

通过收集和分析历史销售数据、市场调研数据、消费者行为数据等，企业能够更准确地预测不同时间段、不同地区、不同消费者群体的需求趋势，从而为产品或服务制定更贴近市场需求的定价策略。

2. 细化市场分割

数据分析能帮助企业识别并划分出具有不同价格敏感度和支付意愿的消费者细分市场。通过对这些细分市场的深入了解，企业可以实施差异化的定价策略，如针对价格敏感的消费者提供更具竞争力的价格，而对于愿意为高品质或附加服务付费的消费者，可以设定相对较高的价格。

3. 动态调整价格

实时数据分析使企业能够快速响应市场变化。例如，企业根据库存状况、竞品价格变动、消费者购买意向等信息，通过运用动态定价模型，实时调整产品或服务的价格，以实现利润最大化或提升市场占有率。

4. 优化促销活动

通过对历史促销活动的效果进行数据分析，企业能够识别出最有效的折扣幅度、促销时机和促销方式，从而设计出更具吸引力和更高经济效益的促销活动。

5. 风险控制与决策支持

数据分析能帮助企业评估定价策略可能带来的风险，如过高或过低的定价可能导致市场份额下滑或利润受损。通过数据分析，企业能够制定风险最小化的定价策略，为高层决策提供有力的数据支持。例如，电商平台 Jet.com 在成立初期即运用了复杂的数据分析技术来动态调整价格。根据消费者购物车中的商品数量、种类及其他消费者的购买行为，Jet.com 能够实时调整商品价格，既激励消费者购买，又确保公司有足够的利润空间。这种灵活的定价策略极大地推动了 Jet.com 在电商市场中的竞争力。

案例故事

基于大数据分析的动态定价模型——电商平台 Jet.com 的定价策略

电商平台 Jet.com 在其初创时期就创新性地运用了复杂的数据分析技术构建了一套精密的动态定价系统。该系统能够实时抓取并分析消费者的购物行为数据，包括但不限于购物车中商品的数量、品类组合及消费者的购买历史、浏览轨迹等信息。

例如，当系统识别到消费者购物车内商品数量较多时，Jet.com 会通过动态定价策略提供更低的商品单价或打包优惠，这样既能激励消费者一次性购买更多商品，提升订单价值，又能通过批量销售降低成本，保证平台的利润空间。另外，对于某些搭配购买率高的商品，系统也会根据用户的行为习惯，调整关联商品的价格，实现交叉销售，提升整体销售额。

Jet.com 的动态定价策略还包括对市场行情和竞品价格的实时监控。当竞争对手调整商品价格时，Jet.com 的动态定价系统能够迅速做出反应，调整自身商品价格以保持竞争力，同时确保价格变动不会破坏平台底线。此外，Jet.com 的动态定价策略还能根据库存状况进行调整，如对于库存压力较大的商品，会适当降低价格以利于加快库存周转，减轻库存积压的压力，从而盘活现金流。

通过以上种种措施，Jet.com 的动态定价策略不仅提高了消费者的购物满意度和忠诚度，而且极大地提升了其在电商市场的竞争力，为平台赢得了快速发展。遗憾的是，尽管 Jet.com 在定价策略上颇具创新性，但最终被沃尔玛收购，其业务被整合到沃尔玛旗下电商平台。不过，其动态定价策略的理念和技术手段至今仍对电商行业有着深远影响。

思考题

1. Jet.com 是如何利用复杂的数据分析技术实现动态定价的？请举例说明这一策略是如何既激励消费者购买又确保平台利润的。

2. 请分析 Jet.com 的动态定价策略在市场竞争中的优势，并探讨这种策略对电商行业发展的影响。

3.3 跨境电商行业大数据分析应用

3.3.1 跨境电商大数据分析方法

跨境电商从业人员要掌握常用的大数据分析方法，充分借助各类专业的数据统计和分析工具，遵循行业的发展规律自主进行数据分析。常用的大数据分析方法包括直接观察法、A/B 测试法、对比分析法、转化漏斗法、聚类分析法等。

1. 直接观察法

直接观察法是指利用跨境电商平台的分析工具直接监控数据趋势，识别异常数据，并对消费者进行分类。该方法可以有效提升信息处理的效率。使用直接观察法对跨境电商平台数据进行分析和监控的示例如图 3-8 所示。

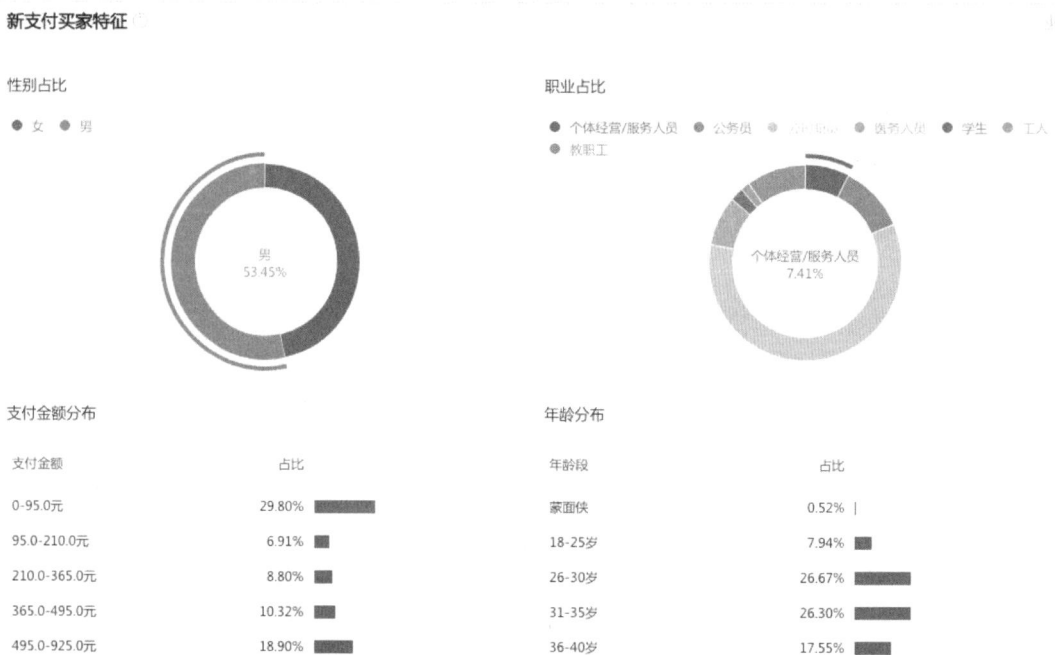

图 3-8 使用直接观察法对跨境电商平台数据进行分析和监控的示例

2. A/B 测试法

A/B 测试法，即为实现同一个目标而制订 A、B 两个方案，A 为目前方案，B 为新方案，通过测试比较这两个方案需关注的重要数据，获得数据反馈，判断方案的优劣，并选择效果较好的方案实施。

在跨境电商行业中，A/B 测试法尤其在优化速卖通直通车广告创意图方面得到了广泛应用。运营与设计人员往往设计制作两个直通车广告创意图方案并进行广告投放，分别测试其效果；通过数据的比较分析，测试出哪个方案更适合大众消费者，以达到优化直通车推广的效果。

3．对比分析法

对比分析法是指通过将两种或两种以上相关联的数据进行比较，以了解数据内部规律。在跨境电商数据分析过程中，对比分析法能直观地反映数据的变化趋势，精准、量化地展示出对比数据之间存在的差异。

使用对比分析法可以进行不同维度的对比分析，如图 3-9 所示：可以对不同时期的情况进行对比；与竞争对手或行业大盘进行对比；进行优化前后的效果对比；还可以对活动前后的数据进行对比。

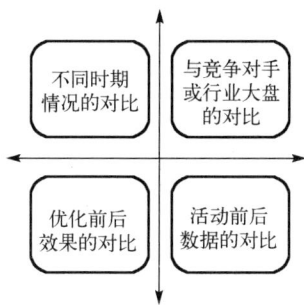

图 3-9　不同维度的对比分析

对比分析法是电商数据分析中运用非常广泛的一种分析方法，它往往是以时间轴为依据，对量化的数据进行对比，并清晰地呈现出不同时期店铺销售规模的变化、访客数的变化及订单量的变化等。该数据分析方法对处于初级阶段的电商从业人员非常适用，它操作简单、易懂，数据分析结果也比较准确。

4．转化漏斗法

转化漏斗法是数据分析领域最常见的一种“程式化”数据分析方法，它用于科学地评估某一业务从起点到终点各个阶段的变化情况。

某品牌官网注册人数在每个节点的转化情况如图 3-10 所示。转化漏斗法的优势在于，它可以从前到后还原消费者转化的路径，并分析每个转化节点的效率。

通过漏斗分析模型可以很直观地看到每个环节的情况变化，如用户的转化情况、流失情况，可以帮助我们快速发现问题，并把问题具体化和细分化，从而在营销推广中提高流量的价值和转化率。

转化漏斗法适用于流程比较多且规范的环节，如消费者的购买环节会涉及加入购物车、下单及最后评价等，相应的漏斗分析模型如图 3-11 所示。流失率是反映用户从看到商品到最后成交转化的重要指标，流失率越大，说明运营需要优化的地方越多，包括主图的设计、详情页的文案及支付方式等；流失率越小，则说明用户的购买意愿越强烈，跨境企业运营良好。

注册人数总转化率45.5%

进入注册页
1 000人

89.3%

注册第一步
893人

56.8%

注册第二步
507人

89.7%

注册第三步
455人

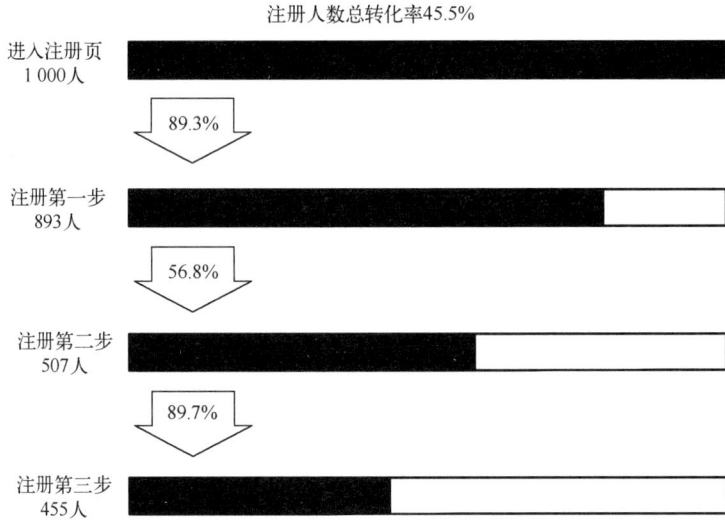

图 3-10　某品牌官网注册人数在每个节点的转化情况

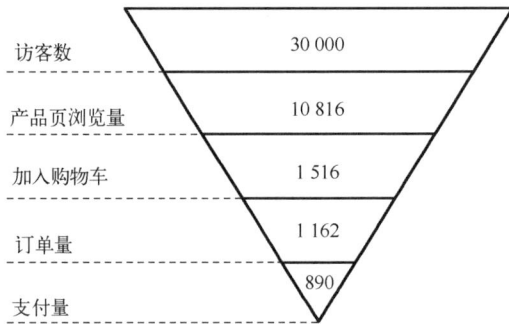

访客数　　　　　30 000

产品页浏览量　　10 816

加入购物车　　　1 516

订单量　　　　　1 162

支付量　　　890

图 3-11　消费者购买环节的漏斗分析模型

5. 聚类分析法

俗话说"物以类聚，人以群分"，该说法被应用到数据分析中即聚类分析法。聚类分析法是指将抽象的数据按照类似的对象进行分析。聚类分析法是跨境电商数据分析常用的方法之一，采用这种分析法能够发现数据之间更深层次的关联。

在电商数据领域中，聚类分析法运用最为广泛的是对用户的聚类分析。通过大数据技术对海量用户进行追踪和深入挖掘，能够精准地发现用户的相同或相近属性，进而通过这些类似的属性制定营销策略。下面以用户聚类为例进行介绍。

用户聚类主要是以行为和属性来划分的，拥有共同行为属性的用户会被视为同一用户群体。例如，某商家按照年龄对在店铺中购买过商品的用户进行属性分类，哪个年龄段的用户成交转化率最高，此部分用户就是商家重点研究的对象。

用户聚类分析旨在精准地定位用户群体，为后期运维和推广提供决策依据。

3.3.2　跨境电商大数据分析流程

跨境电商大数据分析是以商业目的为前提，进行数据收集、处理、加工和分析，提炼有价值信息的一个过程。数据分析的基本流程如图 3-12 所示。

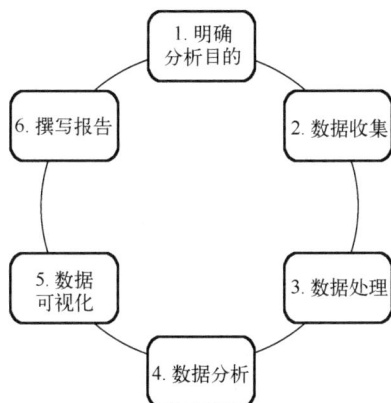

图 3-12　数据分析的基本流程

1. 明确分析目的

进行数据分析一定要有目的，不能为了分析而分析。在进行数据分析之前，数据分析人员首先要明确分析的目的是什么、想要达到什么样的效果、需要解决什么业务问题。

2. 数据收集

数据收集是建立在明确的目的和分析内容的框架基础上，有目的地收集、整合相关数据的一个过程，它是数据处理和数据分析的基础。例如，想了解转化率与流量之间的关系，就只收集与访客数和转化率相关的数据，其他无关的数据不必收集。

在动态定价策略的大数据分析中，数据收集是基础且关键的一步，它可以分为内部数据收集和外部数据收集。

（1）内部数据收集。

内部数据是指企业内部的数据资源，主要包括销售数据、用户行为数据、用户基础数据等。以下是几种常见的内部数据及其收集方式。

销售数据：通过企业的销售系统或电子商务平台记录客户订单、销售额、产品类别、销售渠道等信息。

用户行为数据：通过网站分析工具、移动应用程序追踪工具等收集用户的点击、浏览、购买行为等数据。

用户基础数据：通过客户关系管理（Customer Relationship Management，CRM）系统可以记录客户信息、客户偏好等数据。

（2）外部数据收集。

外部数据是指从外部获取的数据资源，主要用于补充和丰富内部数据，以更全面地了解市场竞争、行业趋势等。以下是几种常见的外部数据及其收集方式。

市场竞争数据：通过监测竞争对手的产品定价、促销活动等信息来了解市场竞争态势。

社交媒体数据：从社交媒体平台获取用户对产品和品牌的评价、意见反馈等信息。

第三方数据：与数据供应商合作，购买相关行业的市场数据、消费者数据等。

3. 数据处理

数据处理是指对收集的数据进行加工、梳理，该删除的删除、该计算的计算，将收集的数据整理成一种有效的数据形式，以便为数据分析做准备。数据处理在数据分析的整个过程中用时最多。数据处理过程决定了数据质量。

大数据的处理过程比较复杂，在进行任何分析之前，数据必须经过清洗和预处理的步骤，以消除错误、噪声和不一致性，确保数据的质量和可用性。数据处理主要包括用户数据收集和清洗、数据预处理等。

(1)用户数据收集和清洗。用户数据收集和清洗是一个关键的过程，它确保了数据分析的准确性和可靠性，如图 3-13 所示。

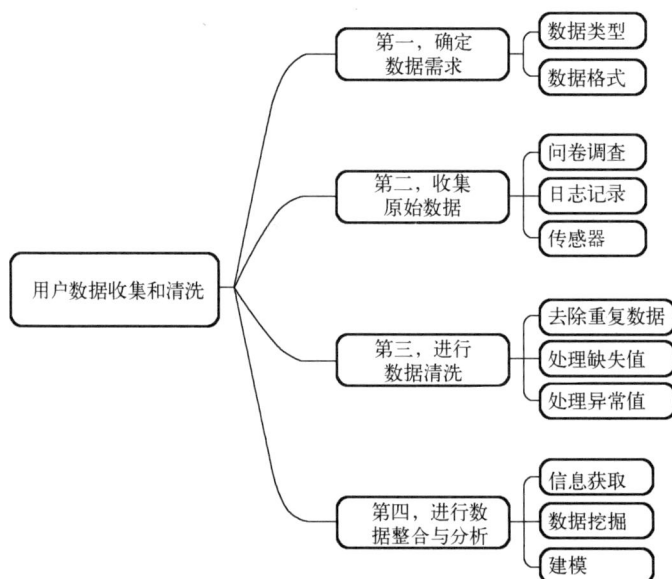

图 3-13　用户数据收集和清洗

第一，确定数据需求：在开始收集数据之前，首先要明确需要哪些数据，以及这些数据将如何被使用，即明确数据类型与数据格式，确定所需数据类型(如文本、数字、图像等)和数据格式(如 CSV、JSON、XML 等)。

第二，收集原始数据：通过不同的方式收集数据，包括问卷调查(通过问卷来收集用户的意见和反馈)、日志记录(从系统或应用程序中收集日志文件)、传感器(使用传感器来收集物理世界的数据)。

第三，进行数据清洗：对收集到的数据进行处理，以确保数据的质量，包括去除重复数据(删除数据集中的重复条目)、处理缺失值(填补或删除数据集中的缺失值)、处理异常值(识别并处理数据集中的异常或错误值)。

第四，进行数据整合与分析：将清洗后的数据进行整合，并进行进一步的分析，包括信息获取(从数据中提取有用的信息)、数据挖掘(使用算法从大量数据中发现模式和趋势)、建模(基于数据构建模型，预测未来的趋势或行为)。

(2)数据预处理。数据预处理是指对清洗后的数据进行转换和标准化，以满足后续的分析需求。以下是数据预处理的几个关键步骤。

特征选择：根据分析目标和特征的重要性进行特征选择，减少冗余和无关的特征变量。

数据转换：对数据进行转换，如对数转换、归一化、标准化等，以满足模型分析的要求。

数据集成：将多个数据源的数据进行整合，以建立一个完整的数据集。

(3)大数据预处理的几种主要类型。

① 重复数据的预处理。

在大数据处理过程中，重复数据的预处理是一个重要的步骤，它可以减少数据冗余，提高数据处理的效率和准确性。重复数据的预处理流程如图 3-14 所示。

第一，发现重复数据：对数据进行分析，找出是否存在重复的数据记录。这可以通过比较数据的特征或者使用哈希算法来实现。例如，可以依据一些关键特征对数据进行排序，然后逐个比较。如果发现存在相同的数据，则可以判断为存在重复数据。

第二，数据去重：一旦发现重复数据，下一步就是对其进行去重处理。常用的去重方法包括基于哈希算法的去重、基于排序的去重和基于集合的去重等方法。其中，基于哈希算法的去重是最常用的技术之一。它通过将数据项映射成唯一的哈希值，并对哈希值进行比较，来判断数据是否重复。当然，根据具体应用场景和需求，也可以采用其他去重方法。

第三，数据合并：在处理重复数据时，需要将重复的数据进行合并。这可以通过定义合并规则和策略来实现。例如，对于一个销售数据表，如果其中出现了订单号相同的重复记录，可以选择保留其中一条记录，并将其他记录中的数据合并到保留的记录中。这样可以消除冗余数据，提高数据的完整性和一致性。

第四，数据更新：当存在重复数据时，需要对其进行更新操作。例如，在一个客户信息表中，如果有多条记录都指向同一个客户，但是其中的某些字段信息不一致，则可能需要将这些字段信息进行更新，使其保持一致。在进行数据更新操作时，需要谨慎处理，确保数据的准确性，避免数据丢失或错误。

第五，数据记录标记：在一些情况下，可能并不会删除重复数据，而是将其进行标记，以便进行后续分析和处理。例如，在一个用户数据表中，如果发现存在相同的用户

ID，则可以为每个重复的数据项添加一个标记，以示区分。这样可以保留重复数据，同时也方便后续数据分析和挖掘。

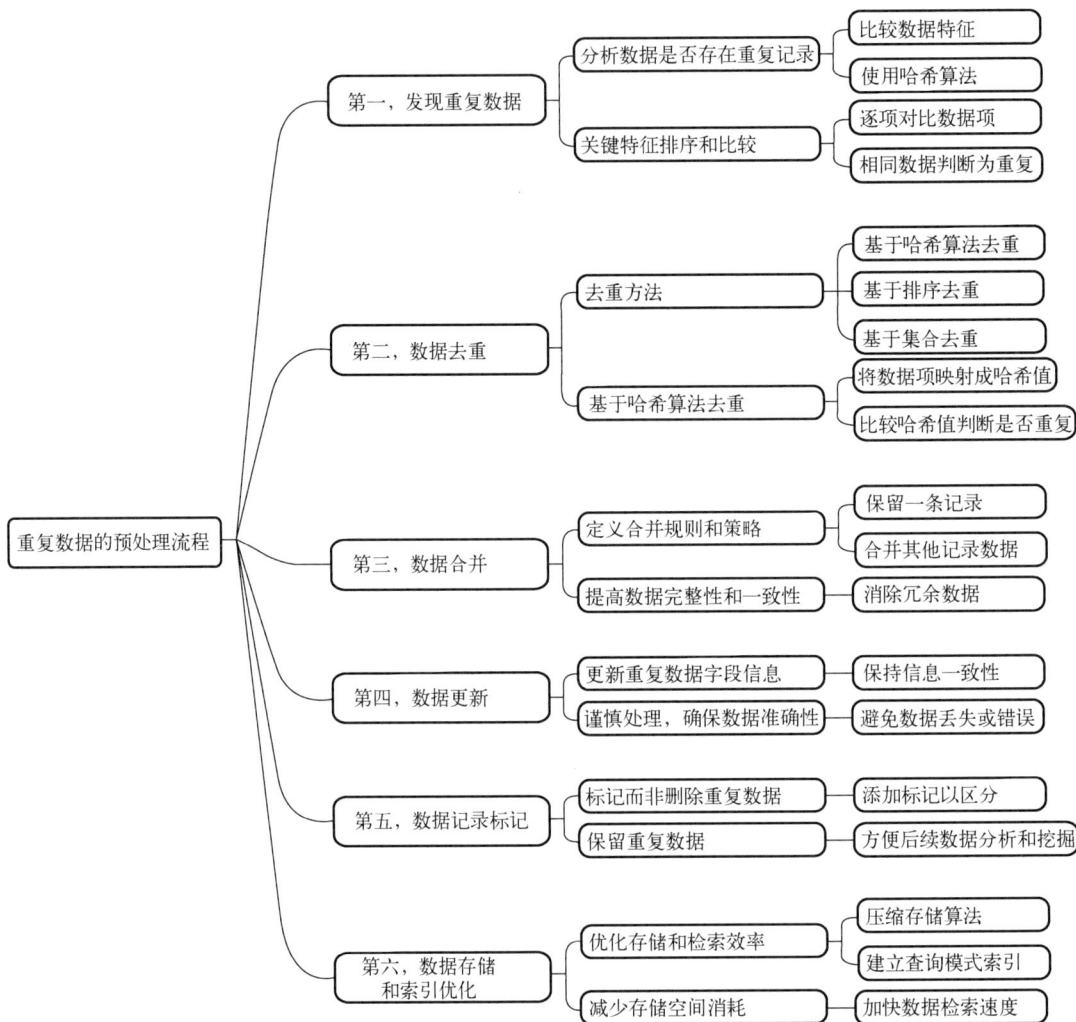

图 3-14　重复数据的预处理流程

第六，数据存储和索引优化：在处理重复数据时，还需要考虑数据的存储和索引优化。重复数据消耗了存储空间，并对数据查询和检索造成了不利的影响。因此，需要通过合适的存储结构和索引方式来提升数据的存储和检索效率。例如，可以使用压缩算法对重复数据进行压缩存储，或者针对特定查询模式建立索引，加快数据的检索速度。

经过以上重复数据的预处理过程，可以有效地处理大数据中的重复数据问题。预处理过程不仅可以减少数据冗余、提高数据的质量和一致性，还有助于提高数据处理的效率和准确性。同时，通过优化数据存储结构和索引方式，还可以进一步提升数据处理和查询的性能。因此，在大数据处理中，重复数据的预处理是一个必要且关键的步骤。

② 噪声数据的预处理。

在进行数据分析和机器学习任务时，噪声数据的预处理是一个至关重要的步骤。它可以帮助我们清理、转换和规范原始数据，以便后续的分析和建模能够更准确有效。下面将详细介绍噪声数据预处理的基本概念和流程，如图 3-15 所示。

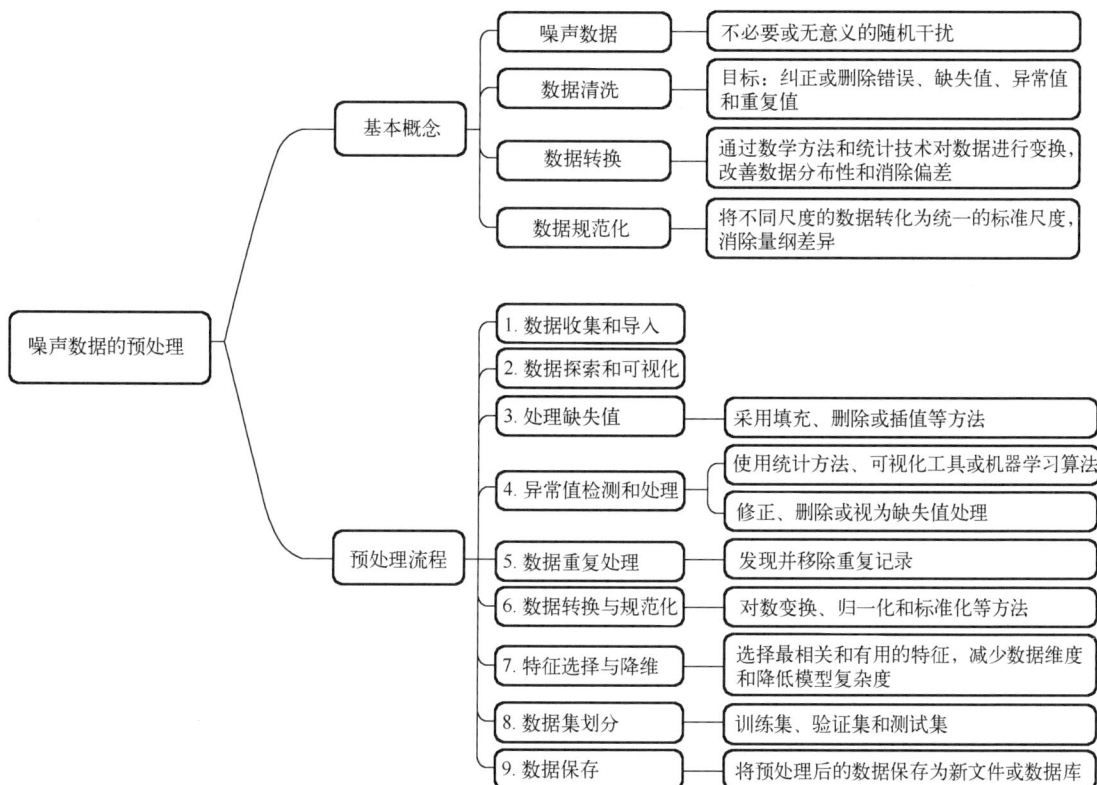

图 3-15　噪声数据预处理的基本概念和流程

对噪声数据的认知和识别：对噪声数据的认知和识别是数据分析中的首要环节。噪声数据指的是在数据集中存在的不必要或无意义的随机干扰数据，可能会导致数据分析和模型训练产生偏差和误差。对噪声数据的认知和识别是确保数据分析准确性和可靠性的关键步骤。通过了解噪声数据的来源和特性，采用有效的识别和处理方法，可以显著提高数据质量，为后续的数据分析和决策提供坚实的基础。在实际应用中，我们应根据数据的特点和分析需求，选择合适的噪声数据处理策略。

噪声数据预处理的流程如下。

第一，数据收集和导入。从各种数据源中获取原始数据，并将其导入分析平台或工具中。

第二，进行数据探索和可视化。该步骤包括查看数据的结构、描述统计信息和绘制可视化图表，以了解数据的特征和分布情况。

第三，处理缺失值。缺失值是指数据中的空值或缺失的观测结果。可以采用填充、删除或插值等方法，检测并处理这些缺失值，确保后续分析过程中不会因为缺失值而产生偏差。

第四，异常值检测和处理。异常值是数据中与其他观测值明显不同的值。通过使用统计方法、可视化工具或机器学习算法，可以识别和处理这些异常值。常见的处理策略包括修正、删除或将其视为缺失值处理。

第五，数据重复处理。重复记录可能会对分析和模型训练产生误导，因此需要发现并移除数据中的重复记录，以确保数据的准确性和一致性。

第六，数据转换与规范化。可以应用合适的方法来提升数据的分布性和建模假设的满足程度，常见的方法包括对数变换、归一化和标准化等。

第七，特征选择与降维是进一步优化数据的重要步骤。在所有特征中选择最相关和最有用的特征，可以减少数据的维度和降低模型的复杂度，并提高建模效果和计算效率。

第八，将预处理后的数据集划分为训练集、验证集和测试集，以供模型训练、调优和评估使用。

第九，将预处理后的数据保存为新文件或数据库，以备后续使用。

通过逐步执行上述噪声数据预处理流程，能够清理和优化数据，使其更适合进行特征工程、模型训练和决策制定。这样，我们就能提高数据质量、减少模型偏差，并为后续的数据建模和洞察提供可靠的基础。

③ 不完整数据的预处理。

不完整数据指的是数据集中存在缺失值的情况。缺失值可能是由于测量错误、系统故障、参与者拒绝提供信息等原因导致的。在数据分析和建模过程中，处理缺失值是非常重要的，因为缺失值可能会导致分析结果出现偏差和失真。因此，我们需要采取一些方法来预处理不完整的数据。不完整数据的预处理如图3-16所示。

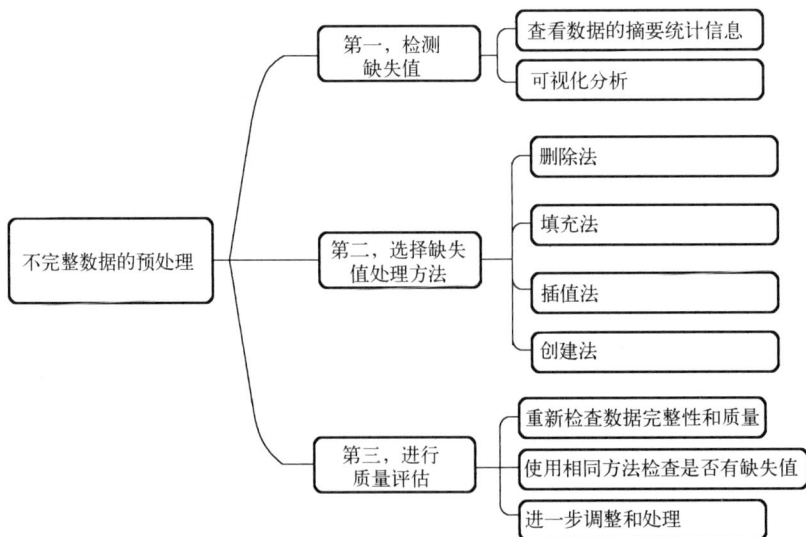

图 3-16　不完整数据的预处理

第一，检测缺失值。常见的方法包括查看数据的摘要统计信息，如计数、平均值、标准差等，以确定某些变量或特征中是否存在缺失值。此外，还可以通过绘制缺失值的图表或热力图来可视化缺失值的分布情况。

第二，选择缺失值处理方法。常见的方法包括删除法、填充法、插值法和创建法。

第三，进行质量评估。可以使用与之前相同的方法检查数据是否还存在缺失值，并根据需要进行进一步的调整。

4. 数据分析

数据分析是指使用工具（如 Excel、Power BI），运用科学的方法（如方差、回归等）与技巧对处理好的数据进行分析，挖掘出数据的因果关系、内部联系、业务规律等，从而获得一些有价值、有意义的结论。

5. 数据可视化

数据分析完成后，需要将数据分析的结果进行可视化处理。为方便阅读，数据分析人员通常使用图（如折线图、饼图、漏斗图、金字塔图等）、表来代替数据的堆砌，这样能更形象、直观地呈现出数据分析的信息、观点与建议。

6. 撰写报告

数据分析的所有工作完成之后，最后一项重要工作是撰写报告，它是对整个数据分析的总结。通过撰写报告，数据分析人员把数据分析的目的、过程、结果与方案建议完整地呈现出来，以供决策者参考。

3.4　跨境电商销售趋势和需求预测

3.4.1　跨境电商市场概况

跨境电商是指通过互联网平台进行的国际贸易活动，涉及不同国家和地区之间的商品交易。它通过数字技术和物流网络的连接，打破了传统国际贸易的地域限制，缩减了中间环节，为消费者提供了更多选择和便利。

随着全球化进程的加速和数字技术的不断发展，各大跨境电商平台已经成为国际贸易的重要组成部分。跨境电商的出现，不仅改变了传统的贸易方式，也促进了不同国家和地区之间的经济合作与交流。跨境电商的市场规模和增长趋势令人瞩目。

跨境电商市场持续蓬勃发展，随着技术的不断进步和市场的进一步开放，预计未来几年跨境电商市场将继续保持良好发展趋势。这主要得益于以下几个方面的因素。

首先，全球消费者对于海外商品的需求不断增加。跨境电商为消费者提供了更多选择和更具竞争力的价格，满足了他们对特定商品的需求。消费者的购物观念也在逐渐发生变化，他们愿意通过跨境电商购买高品质、时尚和独特的商品。

其次，数字技术的发展使交易平台更便捷、安全和可靠。电子支付、物流追踪、海关通关等技术和服务的不断完善，降低了跨境电商的运营成本和交易风险，使消费者更加愿意进行跨境购物。

再次，政府的支持和政策的推动也促进了跨境电商的发展。许多国家纷纷出台相关政策和措施，鼓励企业拓展国际市场，为跨境电商提供良好的发展环境。

最后，跨境电商平台的崛起和发展对扩大市场规模起到重要作用。亚马逊、阿里巴巴、京东等大型跨境电商平台的不断壮大，为卖家和买家提供了全球范围内的交易机会，促进了商品的流通和市场的互联互通。近年来，中国跨境电商行业实现了显著增长，成为推动国家外贸发展的重要力量。2019—2023 年中国跨境电商市场规模如图 3-17 所示。数据显示，截至 2023 年，中国跨境电商市场规模达 1.4 万亿美元（约 9.66 万亿元人民币），是 2019 年的 2 倍。2024 年中国跨境电商市场仍然处于快速发展期。

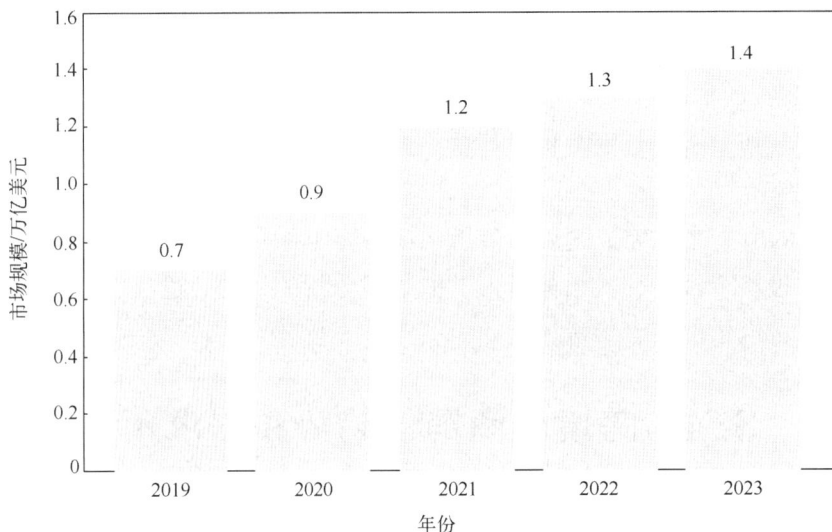

图 3-17　2019—2023 年中国跨境电商市场规模

资料来源：中商产业研究院.

商务部统计数据显示，从 2018 年的 1.06 万亿元，到 2023 年的 2.38 万亿元，5 年间，我国跨境电商进出口总额增长了 1.2 倍[*]。跨境电商作为电子商务的一种新业态，新模式，近年来发展较为迅速。从发展规模看，2023 年我国跨境电商进出口总额达 2.38 万亿元，增长 15.6%，占我国外贸进出口总额的比重逐步提升。其中，出口总额 1.83 万亿元、增长 19.6%，进口总额 5 483 亿元、增长 3.9%。从发展模式看，跨境电商零售模式快速发展，使得中间环节不断缩减，盈利能力持续提升。根据有关研究报告，2022 年我国跨境电商交易模式中，企业对企业交易占比为 75.6%，企业对消费者交易占比为 24.4%，其中企业对消费者交易占比持续增长。目前，我国跨境电商主体超 10

---

[*] 相关资料可参考中华人民共和国商务部中国服务贸易指南网。

万家，建设独立站超 20 万个*。此外，为了提高物流效率和加快响应速度，跨境电商海外仓的数量已超过 1 500 个，这不仅为国内企业提供了更广阔的市场空间，也为全球消费者提供了更便捷的购物体验。中国跨境电商行业的快速增长不仅体现在进出口总额的增加上，还体现在行业主体的壮大和全球服务网络的扩展上。这些进展彰显了中国在全球电子商务领域中的竞争力和创新能力，预示着未来该行业将继续作为中国外贸增长的新引擎和新势能。

跨境电商市场也面临着一些挑战和问题。例如，物流、支付、海关和知识产权保护等方面的法律、制度和技术障碍仍然存在，限制了跨境电商的发展。此外，不同国家和地区之间的文化差异、语言障碍和市场监管问题也需要企业和政府共同努力解决。跨境电商市场作为全球贸易的重要组成部分，在全球化和数字化背景下呈现出蓬勃发展的趋势。由于充分利用数字技术、政府支持和市场竞争，跨境电商具备巨大的增长潜力和市场机遇。随着跨境电商的进一步发展和完善，它将为消费者带来更多选择，为企业带来更广阔的进出口渠道和市场空间。

3.4.2　销售趋势分析

1. 销售趋势分析的基本概况

2019—2024 年中国跨境出口电商交易规模呈现出稳步增长的趋势。这一增长趋势不仅反映了中国跨境出口电商市场的强劲动力，也与全球电子商务的快速发展和消费者购物习惯的转变密切相关。随着技术的不断进步和物流体系的完善，预计未来几年，中国跨境出口电商将继续扩大其在全球贸易中的份额，为国内外商家带来更多的销售机会和市场潜力。在销售预测方面，这一增长趋势为电商企业提供了积极的信号，表明通过优化产品与服务、拓展国际市场、利用数字营销策略，企业有望在未来几年实现销售额的增长。同时，企业也应密切关注市场动态，灵活调整策略，以应对潜在的市场波动和风险。中国跨境出口电商的发展前景广阔，为相关企业和品牌提供了巨大的增长空间和机遇。

销售趋势分析是关键的市场调研活动，旨在帮助企业洞悉产品或服务当前的销售动态，并预测未来发展趋势。通过分析历史销售数据和市场环境的变化，可以揭示出销售方面的规律和趋势，为企业的决策提供有力支持。

(1)销售趋势分析需要对历史销售数据进行搜集和整理。

历史销售数据包括每个时间段的销售额、销售数量、销售渠道、销售地区等信息。通过将这些数据进行分类、归纳和分析，可以获得一系列具体的销售指标，如销售增长率、季节性销售变化、地区销售差异等。

---

* 资料来源于北京日报客户端，《跨境电商主体已超 10 万家，全国跨境电商综试区现场会在杭州召开》，2003 年 5 月 31 日。

(2)销售趋势分析需要考虑市场环境的变化因素。

市场环境的变化因素包括经济形势、行业竞争、消费者需求、政策法规等。通过对这些因素的分析与销售数据的对比，可以找到销售趋势与市场变化之间的关联性，以及市场变化对销售的影响程度。在销售趋势分析中，可以运用一些常用的统计方法和工具，如趋势线分析、季节性调整、相关系数分析等。这些方法可以帮助我们更好地理解销售数据背后的规律，并预测未来的销售走势。例如，通过绘制销售额的趋势线图，可以观察到销售是否呈现逐年增长或下降的趋势；通过季节性调整，可以消除季节因素对销售的影响，更准确地分析销售的长期变化趋势。

(3)销售趋势分析还可以结合其他市场数据和信息。

通过综合分析市场份额、竞争对手的销售情况、产品定价策略等因素，可以更全面地评估企业的市场地位和竞争力，以及制定相应的销售战略和目标。销售趋势分析是一个持续的过程，需要不断更新和追踪销售数据，以及及时关注市场变化。只有通过深入的销售趋势分析，企业才能更好地把握市场机会，制定合理的销售策略，实现可持续的销售增长。销售趋势分析是一项重要的市场研究工作，可以帮助企业了解销售情况、预测未来发展趋势，并为决策提供依据。通过对历史销售数据和市场环境的分析，结合统计方法和其他市场信息，企业可以做出更准确的销售预测，并制定相应的策略来应对市场变化。

2. 跨境电商平台的销售趋势分析

对于跨境电商出口企业而言，了解目标市场的电商规模和渗透率对于制定销售策略至关重要。企业应密切关注目标市场的变化，适时调整市场进入策略和销售预测，以充分利用电商渠道的增长潜力。同时，考虑到全球市场的多样性，企业还应灵活应对不同市场的特定需求和挑战，以实现可持续的销售增长。2018—2024年上半年中国跨境电商进出口总额如图3-18所示。数据显示，2024年上半年，中国跨境电商进出口总额达1.22万亿元，同比增长10.5%，高于同期我国外贸整体增速4.4个百分点。2023年，中国跨境电商进出口较2018年增长了1.2倍。

电商市场的规模和渗透率是预测未来销售趋势的重要指标。电商渗透率较高的市场可能预示着有更多的在线销售机会。

3.4.3 需求预测模型

1. 需求预测的重要性

准确预测市场需求对于跨境电商的销售策略和库存管理至关重要。基于历史数据和市场趋势，构建合适的需求预测模型可以帮助企业更好地调整供应链和采购决策。

2. 常用的需求预测模型

需求预测可以使用多种技术和方法，如时间序列分析、回归分析和机器学习算法等。根据实际情况和可用数据，选择适合的模型是确保预测准确性和可靠性的关键。例如，

跨境电商可以采用时间序列分析模型中的自回归积分滑动平均（Autoregressive Integrated
Moving Average，ARIMA）模型，结合销量历史数据、页面浏览量、评价数等因素进行需
求预测；也可以使用机器学习算法，利用更多变量建立模型。

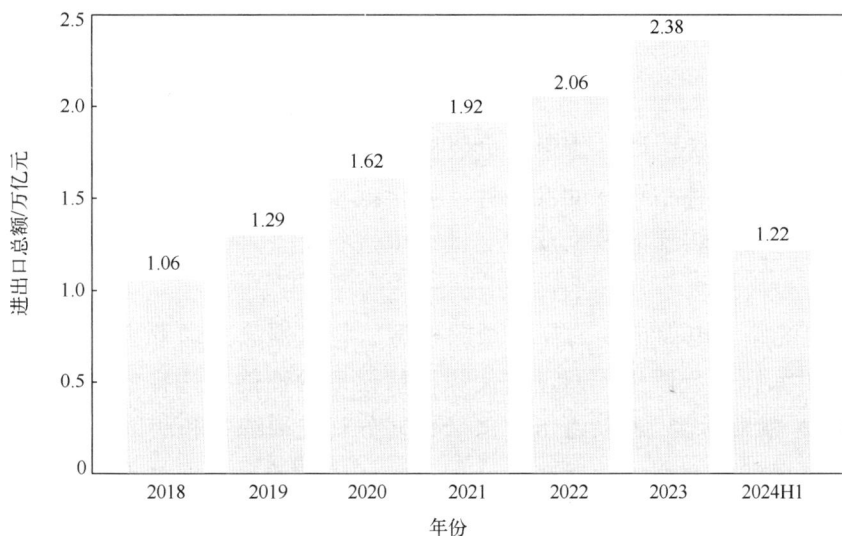

图 3-18　2018—2024 年上半年中国跨境电商进出口总额

资料来源：中商产业研究院.

3．数据采集和处理

需求预测模型的训练和评估需要大量的历史销售数据和相关因素的信息。首先，
需要收集跨境电商销售数据，包括历史销售额、销售数量、订单量等信息，同时要获
取与销售相关的其他数据，如促销活动、市场趋势、竞争对手的活动等。这些数据可
以从企业内部系统、第三方平台、市场研究报告等渠道获取。然后，对数据进行清洗、
转换和规范化的处理，以确保数据的准确性和一致性。对数据进行清洗、转换和规范
化是确保模型有效性的重要步骤。

4．需求特征提取

在跨境电商行业中，需求受多种因素影响，如季节性、促销活动、节假日等。因此，
在构建需求预测模型时，需要识别并提取这些需求特征。例如，可以利用时间序列分析
所收集到的数据和需求特征，选择适合的需求预测模型进行训练。

5．模型选择和训练

根据所收集的数据和需求特征，选择适合的需求预测模型进行训练。常见的模型包
括时间序列分析模型（如 ARIMA 等）、回归分析模型（如线性回归、多项式回归等）和机
器学习算法（如决策树、支持向量机、神经网络）等。根据实际情况，可以尝试并比较多
个模型的性能，选择最适合的模型进行需求预测。

6. 参数调优和模型评估

在模型训练过程中，需要对模型进行参数调优，以提高预测的准确性。可以利用交叉验证等技术来评估模型在训练集和测试集上的性能，并根据评估结果对模型进行改进。此外，还可以使用一些评估指标，如均方根误差、平均绝对百分比误差等来衡量模型的预测精度。

7. 预测和反馈

当模型训练完成后，可以使用历史数据外的未知数据进行预测，然后通过与实际销售数据进行比较，评估预测的准确性，并根据预测结果及时调整供应链和库存管理策略。同时，还可以将实时数据反馈到模型中进行更新和改进，以提高模型的稳定性和预测能力。

根据选定的跨境电商市场的需求预测模型，将数据分为训练集和测试集，利用算法进行模型训练和参数调优。通过迭代和评估模型的性能，选择最佳模型进行需求预测。以 ARIMA 模型为例，可以将历史销量数据分割成训练集和测试集，设置模型参数，利用训练集数据训练模型，然后在测试集上验证模型效果。通过平稳性检验、调整模型阶数等操作来优化参数，得到最佳 ARIMA 模型。同理，对于机器学习模型，也需要进行超参数调节、特征选择等工作，然后通过交叉验证获得最优模型，最后，对模型进行误差分析，进一步提升预测准确度。

通过对跨境电商市场概况的了解以及对销售趋势和需求预测模型的分析，企业可以更好地把握市场动态，制定合理的销售策略和供应链管理策略，从而实现销售增长和竞争优势。不断优化预测模型，并结合市场洞察和消费者行为趋势的变化，可以让企业更好地应对市场挑战和机遇。

3.5 案例分析：亚马逊的"自动定价"功能

3.5.1 什么是亚马逊的"自动定价"

亚马逊有政策规定，卖家不能在塔吉特、沃尔玛等其他平台给商品设置更低的价格，否则视为违规，会遭到封号。所以，对亚马逊的"自动定价"功能，相关电商卖家都是要了解的。其实，消费者选择在亚马逊购物的一个重要原因，就是有机会以"最优惠"的价格买到商品。

如果使用亚马逊的"自动定价"功能，亚马逊就会为卖家每 10 分钟更新一次商品价格，以便价格与预期需求、消费者购买趋势、定价历史、竞争对手策略、即将来临的销售活动和节假日等相匹配，最终的目的很简单，就是为消费者提供最优的价格，同时卖家还可盈利。

卖家也可以通过加入亚马逊的 Sold By Amazon（简称 SBA）计划，使用其自动定价系统。加入 SBA 计划后，亚马逊就会自动根据市场环境来对商品价格进行轻微调整。当然，卖家可以为每个产品设置"最低总收入"（Minimum Gross Proceed，MGP），这样不管亚马逊怎么调价，卖家都还是有利润可赚的。使用亚马逊"自动定价"功能，卖家可能省了很多事，但与此同时，利润和各项卖家费用变得不可预测，卖家可以确定的只有 MGP 了。

3.5.2　亚马逊"自动定价"功能的应用

亚马逊的"自动定价"功能，是一项应用了需求预测技术的创新举措。亚马逊"自动定价"后台模块如图 3-19 所示。

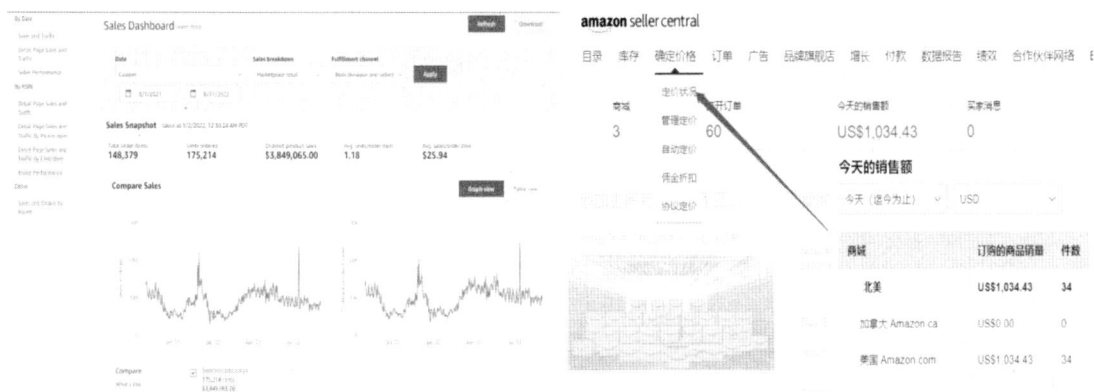

图 3-19　亚马逊"自动定价"后台模块

下面将详细说明整个过程。

（1）数据收集和处理。亚马逊首先收集大量与销售相关的数据，包括商品历史销售数据、竞争对手的价格数据、市场趋势数据等。同时，还会考虑其他因素，如季节性、促销活动、库存量等。这些数据通过亚马逊平台和合作伙伴提供的接口进行获取，并进行清洗、转换和规范化处理，以确保数据的准确性和一致性。

（2）需求特征提取。亚马逊利用该数据提取出多种需求特征，如商品的历史销售趋势、经济周期变化、竞争对手的价格变动等。这些需求特征可以通过时间序列分析、回归分析等技术手段得到，并将其作为模型输入的特征。

（3）模型选择和训练。亚马逊根据收集到的数据和需求特征，选择合适的需求预测模型进行训练。亚马逊采用了机器学习算法，如支持向量机（Support Vector Machine，SVM）和神经网络，以及其他一些统计模型。这些模型通过训练数据集进行学习，调整模型参数，以准确预测商品需求。

（4）参数调优和模型评估。在模型训练过程中，亚马逊对模型进行参数调优，以提高预测的准确性。同时，亚马逊还使用交叉验证等技术来评估模型在训练集和测试集上的性能，并根据评估结果对模型进行改进。例如，可以使用均方根误差等指标来衡量模型的预测精度。

(5)"自动定价"策略生成。在模型训练完成后，亚马逊利用需求预测模型生成自动定价策略。基于预测的需求趋势及其他因素，如竞争对手的价格、库存情况等，系统会自动调整商品的售价。这样，亚马逊便能够根据市场需求和竞争情况实时调整商品价格，以最大化销售利润或实现其他目标。

(6)实时预测和反馈。亚马逊的"自动定价"系统会定期进行实时的需求预测，并与实际销售数据进行比较，以评估预测的准确性。如果预测误差较大，亚马逊会及时调整模型参数和策略，以提高预测的准确性和系统的稳定性。同时，亚马逊还会根据顾客反馈、市场趋势等因素对系统进行进一步改进和优化。

亚马逊的"自动定价"功能通过运用需求预测模型，结合大量的销售数据和其他相关数据，自动生成商品的定价策略。亚马逊"自动定价"功能示意图如图 3-20 所示。这样可以实现实时的价格调整，以适应市场需求和竞争情况，从而提高销售利润和顾客满意度。这一创新举措为亚马逊带来了竞争优势，并对跨境电商行业有着深刻的影响。

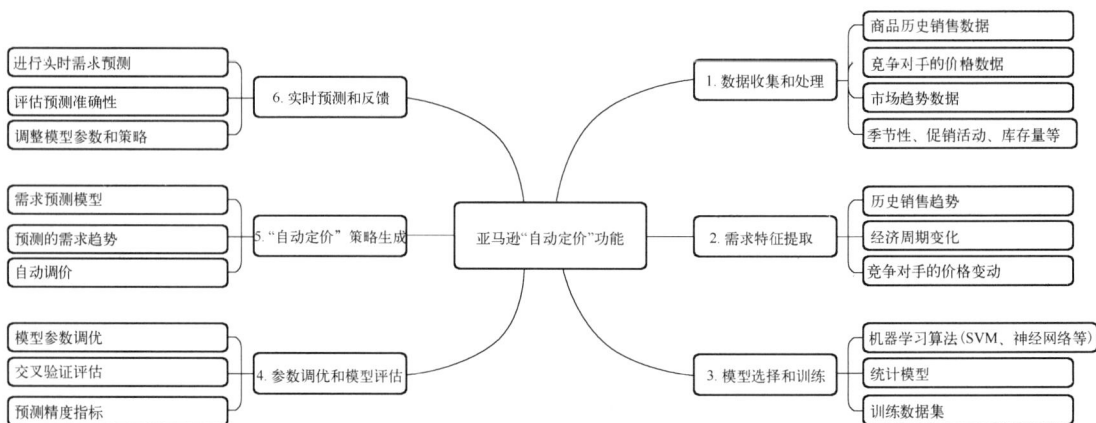

图 3-20 亚马逊"自动定价"功能示意图

习 题

1. 单项选择题

(1)大数据分析的定义最早可以追溯到哪一年，由谁提出？（ ）

A. 1995 年，eBay 创始人
B. 1998 年，SGI 首席科学家约翰·R. 马西
C. 2011 年，麦肯锡公司
D. 2000 年，维基百科

(2)国际数据公司关于大数据的"4V"定义不包括以下哪项？（ ）

A. 海量的数据规模（Volume）
B. 快速的数据流转（Velocity）

C. 多样的数据类型（Variety）　　　D. 显著的数据价值（Visible）

(3) eBay 利用大数据技术进行个性化商品推荐，主要依据哪些用户信息？（　　）

　　A. 用户搜索和浏览习惯　　　　　B. 评论历史和个人资料

　　C. 年龄、浏览时间和地点　　　　D. 以上都是

(4) 在跨境电商数据分析中，A/B 测试法常用于优化哪个环节？（　　）

　　A. 商品详情页面　　　　　　　　B. 速卖通直通车广告创意图

　　C. 用户注册流程　　　　　　　　D. 库存管理策略

(5) 对比分析法在电商数据分析中，不包括以下哪种对比方式？（　　）

　　A. 不同时期的对比　　　　　　　B. 竞争对手间的对比

　　C. 优化前后的对比　　　　　　　D. 产品生产成本的对比

(6) 漏斗分析法主要用来评估什么？（　　）

　　A. 用户注册转化率　　　　　　　B. 商品浏览量

　　C. 广告点击率　　　　　　　　　D. 店铺收藏率

(7) 聚类分析法在电商中最常应用于哪个方面？（　　）

　　A. 商品分类　　　　　　　　　　B. 用户行为分析

　　C. 物流配送优化　　　　　　　　D. 广告投放效果评估

(8) Jet.com 的动态定价策略的关键是什么？（　　）

　　A. 根据购物车商品数量调整价格　B. 实时监控竞争对手的价格变动

　　C. 依据库存压力调整价格　　　　D. 以上全部

(9) Shein 如何利用大数据优化其产品线？（　　）

　　A. 分析退货数据以减少不良产品　B. 跟踪全球流行趋势，快速调整产品设计

　　C. 提高产品价格以增加利润　　　D. 减少新品开发频率以控制成本

(10) 亚马逊的“自动定价”的调价频率是多长时间一次？（　　）

　　A. 每小时　　　　　　　　　　　B. 每天

　　C. 每 10 分钟　　　　　　　　　D. 每周

(11) 成本加成定价法主要考虑的因素是什么？（　　）

　　A. 市场需求　　　　　　　　　　B. 消费者的支付意愿

　　C. 竞争对手的价格　　　　　　　D. 生产成本与预期利润

(12) 亚马逊的“自动定价”功能主要基于什么技术？（　　）

　　A. 需求预测技术　　　　　　　　B. 传统成本分析

　　C. 人工手动调价　　　　　　　　D. 竞争对手价格跟踪

(13) 时间序列分析在跨境电商中的主要用途是什么？（　　）

　　A. 预测未来销售量　　　　　　　B. 设计产品包装

　　C. 提升物流效率　　　　　　　　D. 优化客户服务

(14)缤客的动态定价策略的特色是什么？（　　　）

  A. 根据用户忠诚度调整价格 B. 在旅游旺季自动降低价格

  C. 不考虑库存情况调整价格 D. 仅在特定节日调整价格

2. 简答题

(1)什么是大数据分析？请简述其定义并提及至少一个应用实例。

(2)解释跨境电商大数据分析中 A/B 测试法的含义，并给出一个具体应用例子。

(3)请描述聚类分析法在电商数据分析中的作用，并举一个简单的例子说明。

(4)亚马逊"自动定价"功能的工作流程是怎样的？

(5)时间序列分析如何帮助跨境电商平台实现动态定价？

第4章 智能选品与市场趋势预测

 **知识导图**

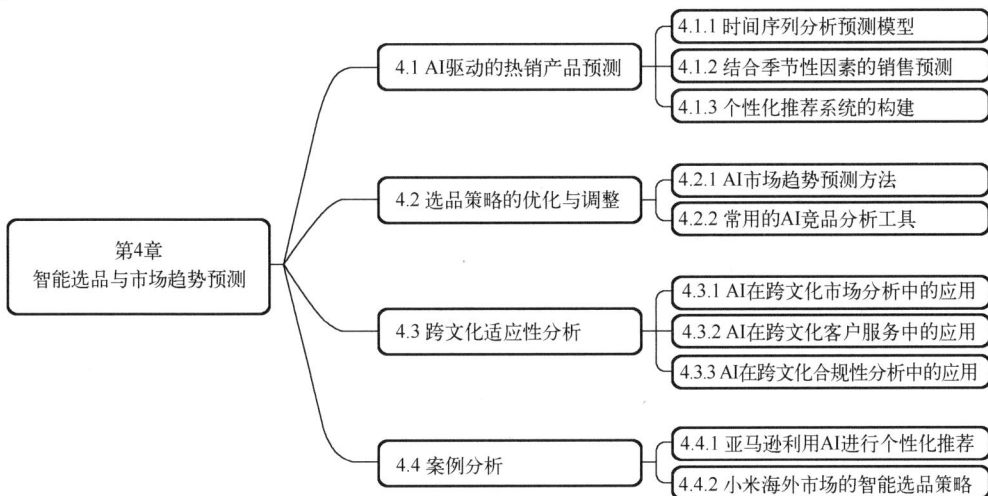

- 第4章 智能选品与市场趋势预测
  - 4.1 AI驱动的热销产品预测
    - 4.1.1 时间序列分析预测模型
    - 4.1.2 结合季节性因素的销售预测
    - 4.1.3 个性化推荐系统的构建
  - 4.2 选品策略的优化与调整
    - 4.2.1 AI市场趋势预测方法
    - 4.2.2 常用的AI竞品分析工具
  - 4.3 跨文化适应性分析
    - 4.3.1 AI在跨文化市场分析中的应用
    - 4.3.2 AI在跨文化客户服务中的应用
    - 4.3.3 AI在跨文化合规性分析中的应用
  - 4.4 案例分析
    - 4.4.1 亚马逊利用AI进行个性化推荐
    - 4.4.2 小米海外市场的智能选品策略

学习目标

知识目标:

学会如何利用时间序列分析模型进行热销产品的销售预测。

懂得如何通过机器学习和深度学习算法进行季节性因素的销售预测,并理解这些算法的工作原理。

了解如何利用 AI 技术提高季节性因素在销售预测中的准确性。

掌握 AI 在季节性产品库存管理中的应用,包括需求预测、库存调控和供应链优化。

能力目标:

了解构建个性化推荐系统的相关知识,包括用户特征提取、内容表示学习和推荐模型构建。

懂得如何利用 AI 技术进行跨境电商选品策略的优化与调整,包括市场趋势预测和竞品分析。

学会使用常用的 AI 竞品分析工具,以提高市场竞争力。

掌握跨文化适应性分析的方法,使用 AI 技术理解不同文化背景下的消费者行为和市场需求。

价值目标：

具备利用 AI 技术优化库存管理的价值观，认识到 AI 在提高企业运营效率、减少成本、提升客户满意度方面的重要作用。

具备利用 AI 技术进行跨境电商选品策略优化的价值观，认识到 AI 在提高市场竞争力、实现精准营销和个性化服务方面的重要作用。

导入案例

AI 助力智能选品和智能导购

选品处于电商的前端。一般而言，选品需要洞察用户的需求，需要用到海量的用户数据，分析产品的优劣势、客户画像及消费者预期等，最终找到"爆款"和产品的差异化定位等。

智能选品在跨境电商中应用广泛。例如，A 股上市公司吉宏股份，其跨境电商业务主要运用 AI 算法分析海外市场、描绘用户画像，并进行智能选品、精准定位客户群体。

面对需求越来越个性化、精细化的用户消费趋势，智能导购需要做的是针对用户提出的一条简单需求，提供一站式解决方案。在这个过程中，AI 扮演的角色更多的是基于多轮对话的理解和推理能力，通过搜索、筛选与匹配，更明确地知道用户想要的究竟是什么。结合 AI 算法分析用户行为、购物历史、浏览轨迹等数据，从而实现精准的商品个性化推荐。与此同时，在商家端，阿里巴巴打造了淘宝站内效果营销投放系统"万相台无界版"。淘宝天猫商家不再需要多产品操作、多账户及投放预算分配管理，通过该系统就可以实现一站式智能投放。在导购功能的衍生下，电商平台大多通过开放"虚拟试衣"算法，为用户提供线上实时选装、换装和查看试衣效果等功能。

百度优选 2023 年成交总额同比增长 594%，其中 AI 大模型促成两成交易。作为国内最早入局大模型的人工智能公司，百度在 AI 电商领域有两大切入点。其一，百度电商于 2023 年 5 月上线百度优选后，于"双十一"推出了百度优选智能导购，希望为用户解决在商品选购与决策过程中的体验和效率的问题。百度电商方面透露，2023 年百度优选的交易用户数和动销商家数分别增长 4 倍和 3 倍，AI 大模型参与促成的交易占总交易的 20%。其二，百度通过数字人来为商家降本增效，推出了业界首个 AI 全栈式数字人直播解决方案"慧播星"。百度电商表示，根据实际数据测算，数字人能够降低商家近 80% 的直播运营成本。

（资料来源：每日经济新闻，2024 年 3 月 13 日。）

4.1　AI 驱动的热销产品预测

4.1.1　时间序列分析预测模型

在 AI 领域，时间序列分析是一种强有力的工具，用于预测未来的趋势和模式。

对于热销产品预测而言，时间序列分析模型能够帮助企业理解产品销售数据的历史变化，从而预测未来的销售趋势。以下是几种常用的时间序列分析预测模型及其在热销产品预测中的应用。

1. 自回归积分滑动平均模型

自回归积分滑动平均（ARIMA）模型是一种在时间序列分析中广泛使用的统计模型。ARIMA 模型结合了自回归（Auto Regressive，AR）、差分（Integration，I）和移动平均（Moving Average，MA）三个组件来描述一个给定的时间序列数据，并可以用来预测未来值。ARIMA 模型适用于处理非平稳时间序列数据，通过差分操作和参数估计，可以捕捉数据的趋势和季节性。在热销产品预测中，ARIMA 模型可以用来预测季节性变化明显的产品销售，如节日礼品或季节性服饰的销量。

总之，ARIMA 模型的优点是可以处理非平稳时间序列数据，并能有效捕捉时间序列中的趋势和季节性变化，在许多实际应用中表现良好；而它的缺点是对于非常复杂的时间序列模式可能不够灵活，并且需要手动调整模型参数，这可能会比较耗时。

2. 长短期记忆网络

长短期记忆网络（Long-Short Term Memory，LSTM）是一种特殊的循环神经网络架构，于 1997 年提出。LSTM 通过引入记忆单元和三个门控机制（即遗忘门、输入门、输出门）来控制信息的流动，使其能够有效地学习和记住长期依赖关系。

LSTM 的核心是记忆单元，它负责存储信息。LSTM 的记忆单元还包括三个门控机制：遗忘门用于决定哪些信息从记忆单元中丢弃，输入门用于决定哪些新信息被存储到记忆单元中，输出门用于决定哪些信息作为输出传递给下一个时间步。

LSTM 的工作原理涉及遗忘门、输入门和输出门的协同作用。其优点是能够处理长期依赖关系，稳定梯度，适用于多种序列数据任务；而它的缺点是计算成本较高，需要较大的数据集来训练，并且模型结构较为复杂，训练时间较长。

在跨境电商热销产品的预测中，LSTM 可以利用历史销售数据、用户行为数据和市场动态等时间序列数据来预测未来的产品销售趋势。通过对这些数据的学习，LSTM 能够帮助电商平台和商家预测未来的热销产品，从而提前做好库存管理和营销策略规划，以提高运营效率。

3. 季节性自回归积分滑动平均模型

季节性自回归积分滑动平均（Seasonal Autoregressive Integrated Moving Average，SARIMA）模型是一种扩展的 ARIMA 模型，专门用于处理包含趋势和季节性特征的时间序列数据。SARIMA 模型不仅包含了 ARIMA 模型的所有组成部分（自回归、差分、移动平均），还加入了额外的季节性成分，以捕捉数据中的周期性模式。SARIMA 模型结合了自回归、差分和移动平均三个组件，并增加了季节性的自回归和移动平均部分。这些部分共同作用，以适应和预测具有季节性模式的时间序列数据。SARIMA 模型首先通过差分处理来使时间序列平稳化，然后利用自回归和移动平均部分来拟合数据的趋势和随机波动。此外，它还利用季节性自回归和移动平均来捕捉季节性变化。

在跨境电商热销产品的预测中，SARIMA 模型可以用于预测特定产品的销售趋势。跨境电商的销售数据往往受季节性因素的影响(如节假日、促销活动等)，而 SARIMA 模型非常适合处理这类数据。通过对历史销售数据进行建模，SARIMA 模型可以帮助电商平台和商家预测未来的销售高峰和低谷，从而指导库存管理、营销策略制定和供应链优化等决策。例如，通过对特定时间段内热销产品的购买趋势进行分析，SARIMA 模型可以帮助预测即将到来的节假日或促销活动期间哪些产品可能成为爆款，从而为企业决策提供有力的支持。

SARIMA 模型的优点是能够很好地处理具有明显趋势和季节性模式的时间序列数据；而它的缺点(与 ARIMA 模型的缺点相同)是对于非常复杂的时间序列模式可能不够灵活，并且需要手动调整模型参数，该模型同样可能会比较耗时。

时间序列分析预测模型在热销产品预测中扮演着重要角色，它通过提供数据驱动的洞察，帮助企业做出更明智的商业决策。随着数据量的增加和计算能力的提升，这些模型的应用范围和预测精度将得到进一步扩大和提高。

4.1.2　结合季节性因素的销售预测

AI 技术在结合季节性因素进行热销产品预测中发挥着重要作用。通过分析历史销售数据和市场趋势，AI 能够帮助企业预测未来的销售情况，优化库存管理，并制定有效的市场策略。在销售预测中，多元回归分析可以分析多个因素(如价格、市场推广、季节性因素等)对销售额的综合影响，从而提供更精确的预测结果。

季节性因素是影响销售预测的重要因素之一。通过对历史销售数据的季节性分析，企业可以识别季节性波动、长期趋势和周期性模式，从而更准确地进行销售预测。时间序列分析的常用方法包括移动平均法、指数平滑法和 ARIMA 模型等，这些方法能够帮助企业更好地理解历史数据，从而做出更加精确的销售预测。

基于 SARIMA 模型的新零售精准预测模型能够对新零售目标商品的主要指标数据进行数据处理及数据分析，并建立相应模型，为解决新零售行业的精准需求预测问题提供有意义的思路。此外，深度学习模型和深度自回归模型也被用于处理具有季节性和长期依赖性的数据，它们都能够对时间序列数据进行建模预测。

AI 技术不仅用于预测模型的建立，还用于数据预处理、特征工程、模型训练和结果验证等多个环节。通过这些技术的综合应用，企业能够实现对热销产品销售趋势的精准预测，从而在激烈的市场竞争中占据有利地位。

1. 利用 AI 技术提高结合季节性因素的销售预测的准确性

为了提高结合季节性因素的销售预测的准确性，可以采用以下几种 AI 技术和方法。

(1)时间序列分析模型。时间序列分析模型能够分析历史销售数据的时间序列特征，包括季节性波动。AI 技术可以自动识别和提取这些特征，并通过复杂的算法进行预测。

(2)机器学习预测模型。机器学习预测模型学习大量的历史销售数据中的特征和规律，适用于多变的市场环境，可以为企业提供更加准确的长期销售预测。

(3)深度学习预测模型。深度学习预测模型能够处理高维度、非线性、复杂的数据，适合捕捉季节性等复杂模式，可以为企业提供更加精确和全面的销售预测。

(4)SARIMA 模型。SARIMA 模型是 ARIMA 模型的扩展，专门用于处理具有季节性变化的数据，能够更准确地捕捉季节性模式对销售的影响。

(5)集成学习算法。集成学习算法，如随机森林和梯度提升机，结合了多个模型的预测结果，提高了预测的准确性和稳定性，有助于处理包含季节性因素的销售数据。

(6)循环神经网络和长短期记忆网络。这些深度学习模型特别适用于序列数据，能够捕捉数据的时间动态特征，有助于理解季节性模式。

(7)数据预处理和特征工程。在应用 AI 模型之前，确保数据质量和提取对预测结果影响最大的特征是两个非常重要的步骤，有助于提高模型对季节性因素的敏感度和预测准确性。

2．AI 在季节性产品库存管理中的应用

AI 在季节性产品库存管理中扮演着重要角色，它主要通过以下几个方面实现应用。

(1)需求预测。AI 系统可以集成机器学习和深度学习算法来自动分析历史销售数据、市场趋势、消费者行为等多元信息，从而更准确地预测季节性产品的未来库存需求。这些系统通过运用多维度和多周期动态预测模型，提高预测精度，降低库存成本和缺货风险。

(2)库存调控。AI 技术不仅可以用于预测，还可以在库存调控中发挥作用。通过实时监控库存状态、销售情况和供应链信息，AI 系统可以自动调整库存策略，确保库存水平的合理性和稳定性。例如，自动补货和智能调拨可以根据实时数据和预测模型动态调整库存，以应对季节性需求的变化。

(3)供应链优化。AI 系统可以预测到货时间和数量，从而提升供应链的运营效率，确保在季节性高峰期有足够的库存供应，同时在淡季避免库存过多。

(4)季节性趋势分析。AI 系统可以分析库存销售的季节性趋势和模式，帮助企业避免在旺季缺货，同时在淡季最大限度地减少库存过剩。此外，AI 系统还能根据不同的季节性趋势提供有针对性的预测分析和营销活动建议，从而提高收入并增强整体盈利能力。

通过这些应用，AI 技术和系统能够帮助企业更有效地管理季节性产品的库存，减少成本，提高客户满意度，并最终提升企业的竞争力。

4.1.3　个性化推荐系统的构建

个性化推荐系统是现代电商平台的核心技术之一，它通过分析用户的历史行为、兴趣、需求等多种因素，为用户提供个性化的服务，从而帮助用户更快速、更准确地找到所需的信息。在构建个性化推荐系统时，AI 技术发挥着至关重要的作用，特别是在热销产品预测中，AI 技术能够帮助企业预测哪些产品可能在未来成为热销产品，并据此优化库存管理和营销策略。

1. AI 技术在个性化推荐系统中的应用

AI 技术在个性化推荐系统中的应用主要体现在以下几个方面。

(1)用户特征提取：通过 AI 模型对用户行为、内容特征等数据进行特征提取，以便更好地了解用户需求。

(2)内容表示学习：通过 AI 模型对内容进行表示学习，以便更好地理解内容之间的关系。

(3)推荐模型构建：通过 AI 模型构建个性化推荐模型，以便更好地为用户推荐内容。

(4)协同过滤算法：基于用户历史行为和兴趣特征，寻找与目标用户相似的其他的物品，并将这些相似的物品推荐给目标用户。

(5)深度学习：利用深度神经网络等技术，从大量的用户数据中学习用户的兴趣特征和偏好信息，实现更精准的个性化推荐。

2. 个性化推荐系统的构建步骤

利用 AI 技术提取用户的历史行为数据以建立个性化推荐系统，这一过程涉及多个步骤，主要包括数据收集与处理、特征提取、模型训练和推荐生成。个性化推荐系统的构建步骤如图 4-1 所示。

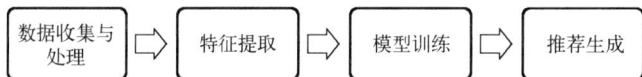

图 4-1　个性化推荐系统的构建步骤

(1)数据收集与处理。

这一步骤需要收集用户的历史行为数据，这些数据可能包括用户的浏览记录、点击行为、购买记录、搜索查询等。数据收集好后，进行清洗和预处理，以确保数据的质量和一致性。这通常包括确定数据需求、收集原始数据等操作。

(2)特征提取。

在数据预处理之后，进行特征提取，这是构建推荐系统的关键步骤。特征提取的目的是将用户行为数据转换为可以被机器学习模型理解和学习的形式。常用的特征包括用户的行为模式、兴趣偏好、互动频率等。这些特征有助于机器学习模型理解用户的个性化需求。

(3)模型训练。

这一步骤是指使用提取的特征训练推荐模型。推荐模型可以基于多种算法，如协同过滤、矩阵分解、基于内容的推荐和深度学习算法等。这些算法能够帮助模型学习用户和商品之间的复杂关系，并据此进行推荐。

(4)推荐生成。

模型训练完成后，可以根据用户的实时行为和历史数据生成个性化推荐。推荐系统会根据用户的最新行为动态调整推荐策略，以提供最合适的内容或产品。

在实际应用中，还需要考虑数据稀疏性和冷启动问题，并采取相应的策略进行解决，如使用矩阵分解技术处理稀疏数据，以及利用新用户的有限历史行为数据解决冷启动问题。

个性化推荐系统已经在各个领域得到了广泛的应用，包括电子商务、社交媒体、在线视频等。在电子商务平台上，个性化推荐系统可以根据用户的购买历史和浏览行为，推荐个性化的商品，提高用户购买转化率和销售额。在社交媒体平台上，个性化推荐系统可以根据用户的兴趣爱好，推荐用户感兴趣的内容和好友，提高用户留存率和活跃度。在视频网站上，个性化推荐系统可以根据用户的观看历史和喜好，推荐个性化的视频内容，提升用户的观看体验和满意度。

AI 技术在个性化推荐系统中的应用不仅提升了用户体验，还为企业带来了显著的经济效益，是当前和未来电商领域的关键技术之一。随着数据规模的增加和计算能力的提升，AI 技术在个性化推荐系统中的作用将变得更加重要，并将推动个性化服务向更深层次发展。

3. 深度学习在个性化推荐系统中的应用案例

深度学习在个性化推荐系统中的应用已经成为提升用户体验和提高系统性能的关键因素。

（1）YouTube 视频推荐系统。YouTube 利用深度学习技术分析用户的历史观看记录、搜索关键词和视频标签等信息，构建用户画像和视频画像，并运用深度神经网络模型实现个性化视频推荐。YouTube 视频推荐系统的工作原理如图 4-2 所示。

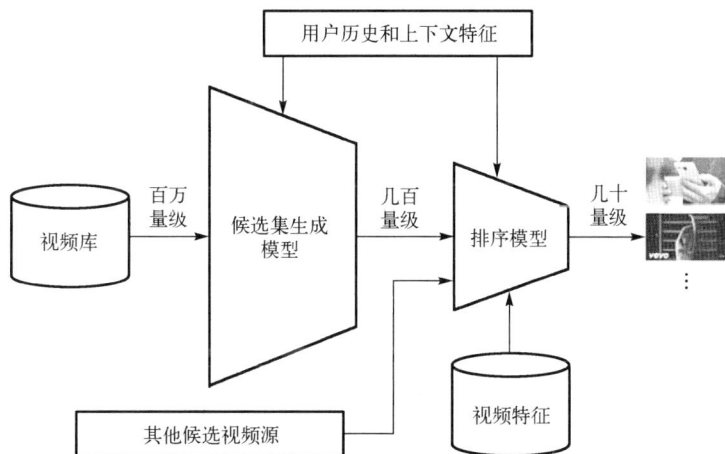

图 4-2　YouTube 视频推荐系统的工作原理

（2）亚马逊个性化推荐系统。亚马逊运用深度学习技术分析用户的购买历史、浏览行为和商品属性等信息，构建用户画像和商品画像，进而提供个性化的商品推荐。

（3）Netflix 电影推荐系统。Netflix 采用深度学习技术分析用户的观影历史、评分记录和电影属性等信息，构建用户画像和电影画像，进而提供个性化的电影推荐。

（4）Pinterest 商品推荐系统。Pinterest 使用卷积神经网络模型处理用户和商品的图像数据，学习视觉特征，并用这些特征来预测用户对商品的点击率。

（5）阿里巴巴购物行为推荐系统。阿里巴巴使用循环神经网络模型处理用户的购物行为序列，学习用户购物兴趣的时间变化，以预测用户未来的购物行为。

这些案例展示了深度学习在处理大规模用户数据、提取复杂特征和建模用户行为方面的优势，有效提升了推荐系统的个性化水平和用户满意度。随着技术的进步，深度学习在推荐系统中的应用将继续深化，并将为企业提供更加智能化的推荐服务。

4.2 选品策略的优化与调整

AI 技术在跨境电商选品策略中的应用主要体现在数据分析、市场趋势预测、竞品分析、利润计算和关键词优化等方面；AI 工具能够自动化处理大量数据，快速识别市场趋势，优化选品决策，并提高产品的市场竞争力。

AI 工具在跨境电商选品中的作用非常显著，它们不仅能够基于历史销售数据和实时搜索行为预测商品的未来销售趋势，为选品提供前瞻性的市场洞察，还能通过分析同类产品的热销款式、价格区间、评价反馈等关键信息，帮助商家找准自身产品定位，有效规避市场红海。此外，AI 工具还可以结合采购成本、运费、平台费用、税率等因素，精确计算预期利润率，确保选品决策既具有市场吸引力又能保证经济效益。最后，利用NLP（自然语言处理）技术，AI 还能为产品标题、描述及广告关键词提供搜索引擎优化建议，大幅提升商品在跨境电商平台上的曝光率与转化率。

AI 技术的应用已经帮助跨境电商企业实现了选品决策的自动化和智能化。例如，阿里巴巴推出的 AI Business 团队通过多模态识别、多语言文本生成等 AI 技术，开发了“自动化选品+卖点提炼+图片生成”的 AI 全链路广告创意素材生成解决方案，有效提升了广告制作效率和投资回报率。此外，跨境电商服务商还可以运用 AI 算法分析海外市场、描绘用户画像，并进行智能选品、精准定位客户群体，展现 AI 技术在跨境电商选品中的实际应用价值。

AI 技术在跨境电商选品策略的优化与调整方面起到了关键作用，它通过提供数据驱动的洞察和自动化工具，帮助商家提高选品的准确性和效率。随着 AI 技术的不断进步，未来跨境电商选品将更加依赖智能算法和工具，以适应快速变化的市场环境和消费者需求。

4.2.1 AI 市场趋势预测方法

运用 AI 技术在跨境电商选品策略中进行市场趋势预测的核心在于利用先进的数据分析和机器学习技术来处理和分析大量的市场数据。运用 AI 技术进行市场趋势预测的具体步骤主要包括以下几个方面。

1. 数据收集与整合

AI 系统首先收集各类市场数据，包括但不限于用户行为数据、购物历史记录、兴趣标签、社交媒体互动、搜索引擎关键词等。这些数据为 AI 提供了构建市场模型的基础。

2. 数据分析与建模

AI 系统通过数据挖掘技术和机器学习算法，分析消费者的购买行为和市场趋势。其中，数据挖掘中的 NLP 技术用于分析消费者评论和反馈，以了解消费者的需求和期望；机器学习中的深度学习等算法用于分析历史数据和当前市场情况，从而预测未来趋势。

3. 趋势预测与策略建议

AI 系统能够识别市场中的热点产品类别、消费者偏好的变化及潜在的市场机会。这些预测帮助跨境电商及时调整产品布局，优化库存管理，并制定相应的市场进入和扩张策略。

4. 持续优化与调整

市场是动态变化的，AI 系统会不断更新其预测模型，以适应市场的最新变化。这要求 AI 系统具有自我学习和适应的能力，以确保选品策略始终保持前瞻性和竞争力。

通过上述步骤，运用 AI 技术在跨境电商选品策略中进行市场趋势预测，能够帮助企业更精准地把握市场脉动，做出更合理的商业决策，从而在全球化市场中获得成功。

4.2.2　常用的 AI 竞品分析工具

在跨境电商领域，AI 工具被广泛应用于竞品分析，以帮助商家了解市场动态、优化产品策略和提升竞争力。常用的 AI 竞品分析工具包括以下几种。

1. similarweb

这是一款广谱分析工具，它可以帮助商家了解竞品的流量来源、市场营销策略的有效性及在线表现，从而识别市场趋势和客户行为。similarweb 主页如图 4-3 所示。

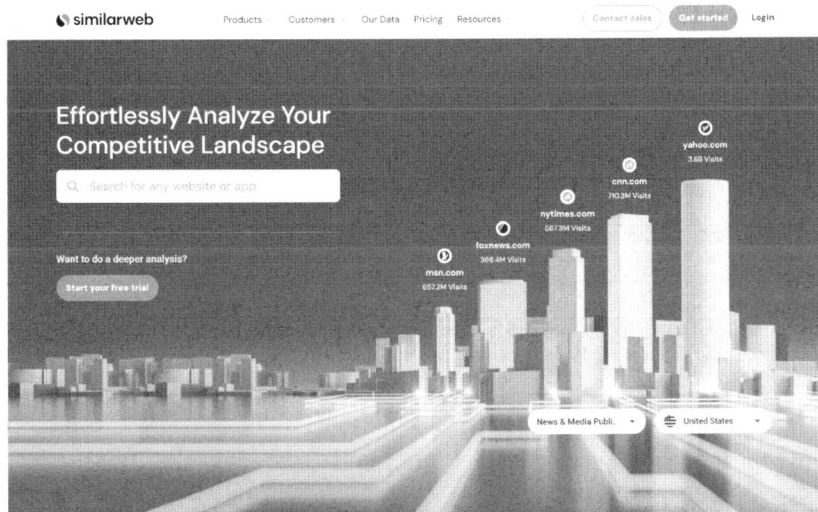

图 4-3　similarweb 主页

2. SEMRUSH

SEMRUSH 提供关键词搜索、网站审查、竞品分析和点击付费洞察等功能，帮助商家优化搜索引擎和广告策略。SEMRUSH 主页如图 4-4 所示。

图 4-4　SEMRUSH 主页

3. ahrefs

ahrefs 以其强大的反向链接分析和搜索引擎优化见解而知名，适合分析竞品搜索引擎优化策略和发现新的链接建设机会。ahrefs 主页如图 4-5 所示。

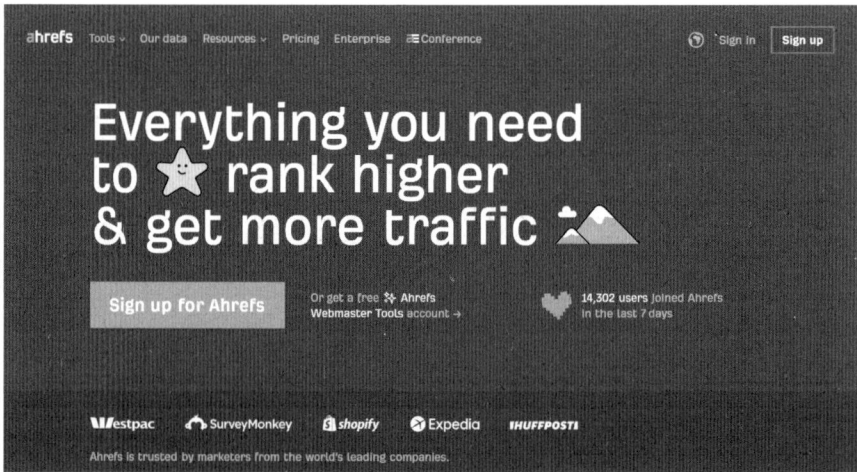

图 4-5　ahrefs 主页

4. algopix

algopix 利用 AI 分析技术提供产品的市场需求、竞争状况和潜在利润等关键数据，帮助商家做出选品决策。algopix 主页如图 4-6 所示。

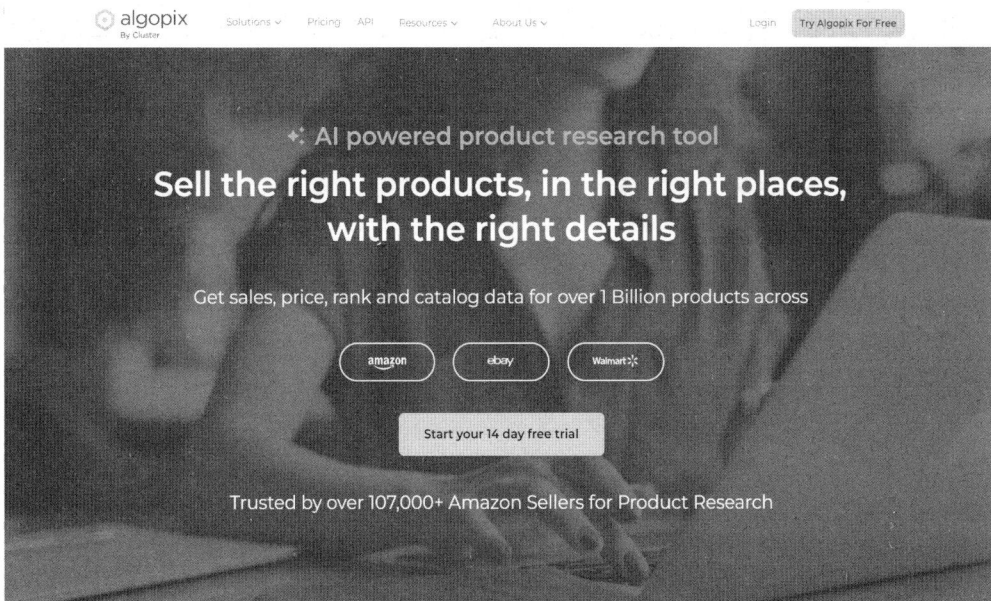

图 4-6　algopix 主页

5. Jasper

Jasper 利用生成式 AI 加快写作过程，提供内容生成模板，适用于创建营销内容。Jasper 主页如图 4-7 所示。

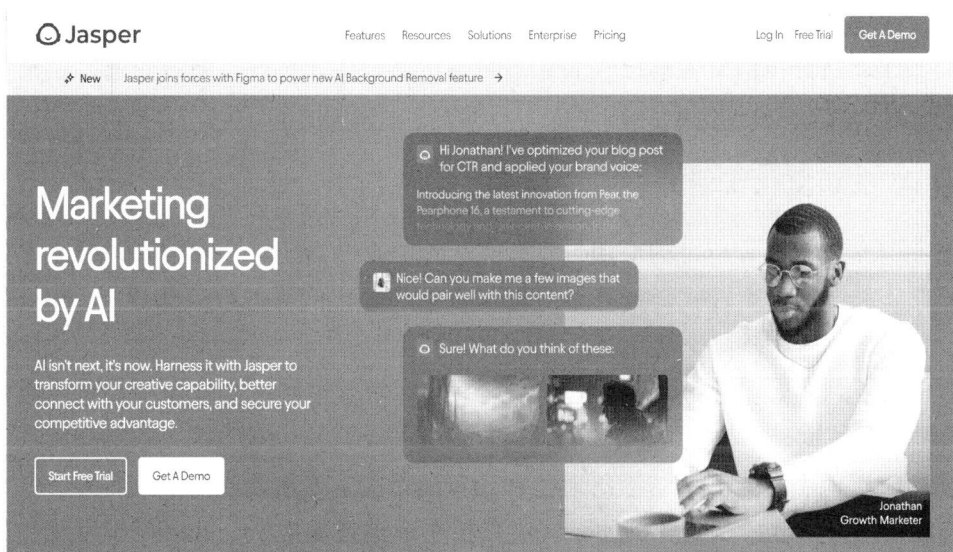

图 4-7　Jasper 主页

6. copy.ai

copy.ai 是一款基于 AI 技术的自动化写作工具，可以帮助卖家生成创意口号、产品详细描述等。copy.ai 主页如图 4-8 所示。

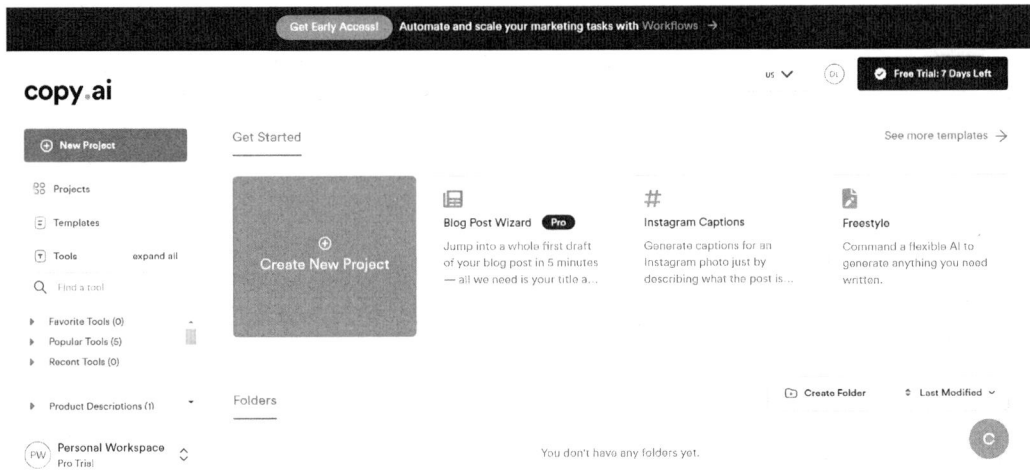

图 4-8   copy.ai 主页

这些工具结合了 NLP、数据分析、机器学习等 AI 技术，能够提供深入的市场洞察和竞争分析，帮助商家制定有效的市场策略。

4.3   跨文化适应性分析

在全球化的跨境电商市场中，AI 在跨文化适应性分析中扮演着至关重要的角色。AI，尤其是 NLP 和机器学习，使企业能够深入理解和适应不同文化背景下的消费者行为和市场需求。AI 通过分析消费者的语言表达、购买习惯和文化偏好，助力企业制定精准的本地化市场策略。

4.3.1   AI 在跨文化市场分析中的应用

AI 在跨文化市场分析中的应用，为跨境电商企业提供了深入洞察不同国家文化差异的强大工具。AI 通过生成式智能算法对市场数据和销售信息进行深度分析，使企业能够识别产品类别的全球销售排名和商品属性关键词排名。这一过程不仅涉及数据的抓取和分析，还包括对文化差异的理解和适应，这对于在全球市场中实现电商品类的精准布局至关重要。

AI 的应用使企业能够总结不同地区和国家的市场容量和增长率，从而为产品定位和市场进入策略提供数据支持。例如，通过分析全球销售数据，企业可以识别哪些产品在特定文化背景下更受欢迎，以及如何调整产品特性以满足当地消费者的期望。

此外，AI 在提高跨境电商企业的国际竞争力方面发挥着关键作用。它通过分析市场数据，帮助企业更有效地进行市场调研，洞察当地市场趋势，并据此制定战略决策。这种数据驱动的方法使企业能够快速响应市场变化，优化产品供应，从而在竞争激烈的全球市场中保持领先。

AI 在跨文化市场分析中的作用不仅限于数据收集和处理，它还能帮助企业深刻理解不同文化背景下的消费行为和偏好。通过利用 AI 对社交媒体、评论和趋势的分析，企业可以更好地理解不同地区消费者的价值观、购买动机和品牌偏好，从而制定更有针对性的营销策略。这种对文化差异的敏感性和适应性是企业在全球市场中取得成功的关键因素。借助 AI 技术，企业能够更灵活地调整市场策略，满足不同文化背景下消费者的需求，实现跨文化的市场适应性。

4.3.2　AI 在跨文化客户服务中的应用

在跨文化客户服务领域，AI 客服系统正成为跨境电商企业提升服务质量和效率的关键工具。这些系统通过提供全天候在线服务，确保全球客户无论何时何地都能获得即时反馈。AI 客服系统的核心优势在于其多语言处理能力，它们能够跨越语言障碍，与来自不同国家和地区的客户进行有效沟通。例如，利用先进的 NLP 技术，AI 客服机器人能够准确理解客户的查询并提供恰当的答复。此外，这些智能系统还能够根据客户的历史交互和偏好，提供个性化的产品推荐和服务，从而提升客户满意度和忠诚度。对于常规的查询和标准流程，如退换货请求，AI 客服机器人能够实现自动化处理，减少对人工客服的依赖，提高处理速度和效率。这种自动化不仅降低了企业的运营成本，也提升了客户的服务体验。

AI 客服系统还具备数据收集和分析的能力，它可以追踪和分析客户交互数据，为企业深入了解客户需求和偏好提供洞察。这些数据支持企业进行产品改进和服务优化，从而更好地满足跨文化市场的需求。为了增强品牌识别度，企业可以根据品牌特色和业务需求对 AI 客服系统进行个性化设置，包括定制语言风格、问答库等。这种定制化服务使 AI 客服系统能够更自然地融入企业的品牌形象和沟通策略。AI 在跨文化智能客服系统中的应用如图 4-9 所示。

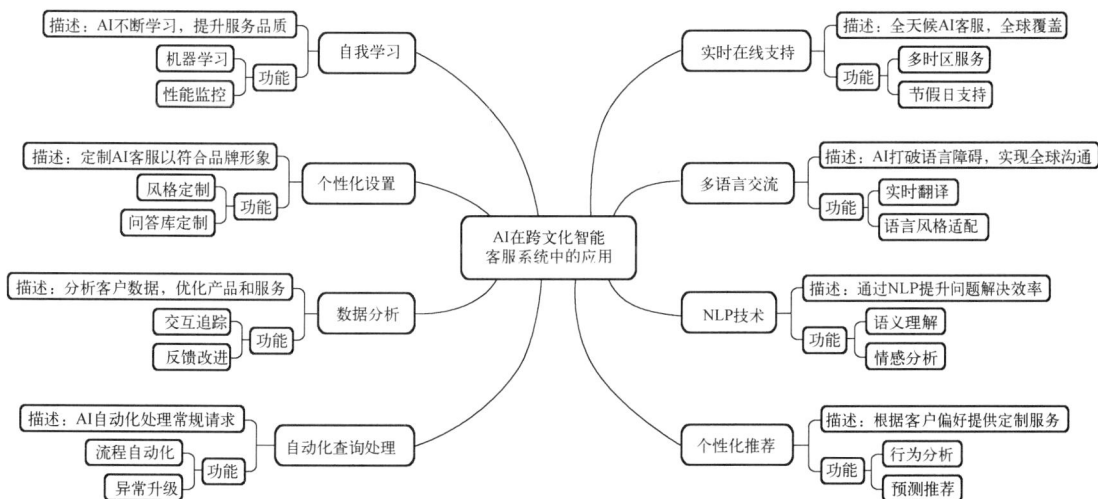

图 4-9　AI 在跨文化智能客服系统中的应用

AI客服系统具有自我学习能力，它能够根据与客户的互动不断优化回答策略和处理流程。这种持续的学习和优化确保了服务质量和效率的持续提升，使企业能够在不断变化的跨文化市场中保持竞争力。

4.3.3 AI在跨文化合规性分析中的应用

在全球化的商业环境中，跨境电商企业面临着复杂多变的法律和监管挑战。AI技术的应用在跨文化合规性分析中显得尤为重要，它能够帮助企业有效地应对这些挑战。AI工具通过实时捕捉国内外法律法规的变化，并自动与企业业务进行匹配，确保企业的操作符合最新的法律要求。此外，AI算法模型能够评估不同法规对跨境交易的影响，提供针对性的建议，从而降低企业的法律风险。

AI还通过大数据分析预测潜在的法规遵从问题，并提出相应的预防措施。这不仅能够帮助企业避免未来的合规风险，还能够在问题发生之前采取行动。在合同管理方面，AI能够自动识别和分析跨境贸易合同中的条款，确保这些条款符合各国的法律法规要求，从而减少合同违规的风险。

税务筹划是跨境电商中的另一个复杂领域，AI能够帮助企业在不同国家和地区提供合理的税务筹划方案，并生成合规的税务申报材料。这不仅能够提高税务申报的准确性，还能够帮助企业优化税务负担。此外，AI结合物联网和区块链技术，能够实现对跨境商品在供应链各环节的信息流、物流和资金流的实时跟踪和记录，确保所有操作都符合各国法律法规的要求。

4.4 案 例 分 析

4.4.1 亚马逊利用AI进行个性化推荐

亚马逊的个性化推荐系统是其电商平台的核心竞争力之一。该系统利用先进的AI技术，通过分析用户的历史行为数据、购买记录、搜索行为等，构建详细的用户行为数据库，并据此提供高度个性化的商品推荐。亚马逊的推荐算法包括协同过滤、基于内容的推荐及混合推荐等。这些算法能够捕捉用户的潜在需求，发现用户可能未曾意识到的兴趣点，从而提高推荐的准确性和有效性。

1. 亚马逊个性化推荐系统实现的技术

亚马逊个性化推荐系统技术如图4-10所示。

(1)协同过滤。这是构建个性化推荐时常用的算法，它通过分析用户之间或物品之间的相似性来进行推荐。

(2)矩阵分解。这种方法通过分解"用户—物品"评分矩阵来发现隐藏的因子，从而预测用户对未评分物品的喜好。

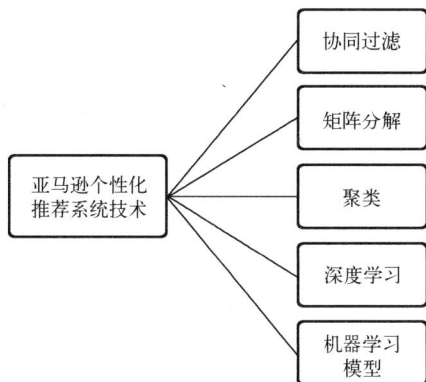

图 4-10　亚马逊个性化推荐系统技术

（3）聚类。通过将用户或物品分组到不同的集群中，聚类技术可以帮助识别共同的兴趣模式，从而进行推荐。

（4）深度学习。深度学习技术包括神经网络、卷积神经网络和循环神经网络等，这些技术能够处理复杂的非线性关系，并从中提取有用的特征来进行个性化推荐。

（5）机器学习模型。亚马逊的 Amazon Personalize 服务使用自定义的私有机器学习模型来实现大规模的个性化客户体验，这些模型可以训练、调整和部署，以提供个性化推荐、搜索结果和定制化直销服务。

这些技术的综合应用使亚马逊能够根据用户的历史行为数据和偏好信息，提供高度相关的个性化推荐，从而提高用户满意度和销售额。

2. AI 在亚马逊营销中的应用

（1）智能广告投放。

亚马逊的广告投放系统运用了 AI 技术，可以根据用户的购物历史、搜索行为和浏览习惯等信息，精准地投放广告。这种智能广告投放方式可以提高广告点击率和转化率，为企业带来更好的营销效果。

（2）智能定价策略。

AI 技术可以帮助亚马逊根据市场需求、竞争情况、消费者行为等因素，制定智能定价策略。这种定价策略可以动态调整价格，以最大化销售额和利润。

（3）智能库存管理。

通过运用 AI 技术，亚马逊实现了智能库存管理。例如，亚马逊可根据历史销售数据和市场需求预测，自动调整库存数量和存储位置，以降低库存成本和提高物流效率。

3. 利用大数据和 AI 进行精准营销的挑战与对策

（1）数据安全与隐私保护。

在利用大数据和 AI 进行精准营销的过程中，数据安全和隐私保护是关键挑战。亚马逊需要采取严格的数据保护措施，确保用户信息和隐私不被泄露，同时要遵守相关法律法规，确保合法合规经营。

（2）数据质量与准确性。

大数据的质量和准确性对精准营销的效果至关重要。然而，由于数据来源广泛、类型多样，可能存在数据质量不高、准确性不足等问题。因此，亚马逊需要建立完善的数据质量评估体系，提高数据准确性，同时要不断优化数据收集和处理流程，提高数据质量。

（3）技术投入与人才培养。

利用大数据和 AI 进行精准营销需要相应的技术投入和人才培养。亚马逊需要加大技术研发和创新投入，培养一支具备大数据分析和 AI 技术应用能力的人才队伍，同时可以通过与高校和研究机构合作，共同推动技术进步和人才培养。

利用大数据和 AI 进行精准营销是亚马逊取得成功的关键因素之一。通过深入挖掘大数据信息，并结合 AI 技术应用，亚马逊可以实现精准的目标客户定位、个性化推荐和定制化服务。然而，在利用这些技术的同时，也要关注数据安全与隐私保护、数据质量与准确性，以及技术投入与人才培养等问题。只有不断优化和完善营销策略，才能在竞争激烈的电子商务市场中保持领先地位。

4.4.2　小米海外市场的智能选品策略

小米在海外市场的智能选品策略是其国际化成功的关键因素之一。该策略侧重于深入研究目标市场的需求、文化特点和消费习惯，以确保产品能够满足当地消费者的期望并获得市场认可。小米通过与当地电商平台和零售商合作，拓展销售渠道，同时利用大数据分析来优化产品组合和市场定位。

在实际应用中，小米的智能选品策略体现在多个层面。首先，小米通过市场调研来识别潜在的需求缺口，并据此开发或引进符合当地市场特点的智能产品。其次，小米利用其强大的供应链管理能力，保证产品的快速上市和成本效益，这对于价格敏感的新兴市场尤为重要。最后，小米还通过本地化营销策略，如多语种产品说明和文化适应性设计，来增强产品的市场吸引力。

小米的智能选品策略不仅提高了其在海外市场的竞争力，还帮助公司建立了稳固的品牌形象。通过不断的市场测试和产品迭代，小米能够快速响应市场变化，推出创新性产品，满足消费者的多样化需求。

1. 小米海外市场文化的产品设计和营销策略

小米在不同国家的产品设计上采取了本土化策略，以适应当地消费者的文化偏好和使用习惯。例如，小米会考虑不同国家民众对颜色、图案的喜好，以及是否需要根据宗教信仰进行特别设计。此外，小米还会根据不同市场的网络标准和硬件要求，调整其产品的技术规格，确保产品能够无缝融入当地市场。

在营销策略上，小米注重与当地合作伙伴深化合作关系，共同开拓市场，实现互利共赢。小米通过社交媒体营销、线上销售等方式快速响应市场变化，提高品牌知名度和用户黏性。为了更好地与当地消费者沟通，小米采用本地化的语言和文化元素进行广告宣传，并举办符合当地文化的市场活动。

小米在面对不同国家和地区的法律法规、文化差异和消费习惯时，展现出高度的灵活性。小米会定期进行市场调研，以了解当地市场的最新动态，并据此调整其产品设计和营销策略。这种灵活性有助于小米在全球化的过程中减少文化冲突，提高产品的接受度和市场份额。

2. 小米通过数据分析优化产品组合

小米在国际市场上通过数据分析优化产品组合的策略涉及多个方面，包括市场调研、用户行为分析、销售数据监控和市场趋势预测等。这些分析帮助小米准确把握市场需求，调整产品定价，优化产品线组合，并精准控制库存水平，从而降低成本、提高利润。

小米大数据团队通过深入挖掘海量数据，掌握用户的消费习惯和需求偏好，为产品研发和全渠道营销提供决策依据。该团队利用先进的数据分析平台和算法技术，将数据转化为商业智能，支持精准决策。此外，小米还通过数据驱动的市场推广策略，实现广告投放的精准化，提高广告效果和转化率。

小米对数据安全和隐私保护也非常重视，如严格遵守相关法律法规，并采取安全措施保护用户数据等。同时，小米大数据团队积极寻求国际合作，与全球大数据领域的顶尖企业和机构建立合作关系，以提高技术水平和创新能力。

通过这些综合性的数据分析策略，小米能够在国际市场上有效地优化产品组合，以适应不同市场的需求，维持竞争优势，并实现可持续发展。

习　题

1. 单项选择题

(1) 在时间序列分析中，哪种模型适用于处理具有季节性变化的数据？（　　）

　　A．ARIMA　　　　B．LSTM　　　　C．SARIMA　　　　D．CNN

(2) 在热销产品预测中，哪种模型能够处理长期依赖关系？（　　）

　　A．ARIMA　　　　B．LSTM　　　　C．SARIMA　　　　D．Random Forest

(3) 以下哪个工具不是用于竞品分析的 AI 工具？（　　）

　　A．similarweb　　B．SEMRUSH　　C．algopix　　　　D．Google Analytics

(4) AI 在季节性产品库存管理中的应用不包括以下哪项？（　　）

　　A．需求预测　　B．库存调控　　C．供应链优化　　D．产品设计

(5) 在个性化推荐系统构建过程中，哪个步骤将用户行为数据转换为可以被机器学习模型理解和学习的形式？（　　）

　　A．数据收集与处理　　　　　　B．特征提取

　　C．模型训练　　　　　　　　　D．推荐生成

(6)在跨境电商选品策略中，AI 工具不能直接帮助商家完成哪项任务？（　　）

　　A．市场趋势预测　　　　　　　B．利润计算

　　C．关键词优化　　　　　　　　D．产品生产

(7)下列哪个选项不属于 AI 在跨境电商选品策略中的应用？（　　）

　　A．数据分析　　　　　　　　　B．市场趋势预测

　　C．产品设计　　　　　　　　　D．竞品分析

(8)在跨境电商领域，哪个工具可以帮助商家了解竞品的流量来源？（　　）

　　A．algopix　　　B．SEMRUSH　　　C．similarweb　　　D．ahrefs

(9)AI 在个性化推荐系统中的应用不包括以下哪项？（　　）

　　A．用户特征提取　　　　　　　B．内容表示学习

　　C．推荐模型构建　　　　　　　D．物流配送

(10)下列哪个工具可以提供产品的市场需求、竞争状况和潜在利润等关键数据？
（　　）

　　　A．BuiltWith　　　B．Wappalyzer　　　C．algopix　　　D．Shulex VOC

2．简答题

(1)简述 ARIMA 模型在热销产品预测中的作用。

(2)解释一下什么是 SARIMA 模型，并说明其在热销产品预测中的应用。

(3)列举两个用于竞品分析的 AI 工具，并简述它们的作用。

(4)简述 AI 技术在跨境电商选品策略中的作用。

第5章　跨语言沟通与客户服务自动化

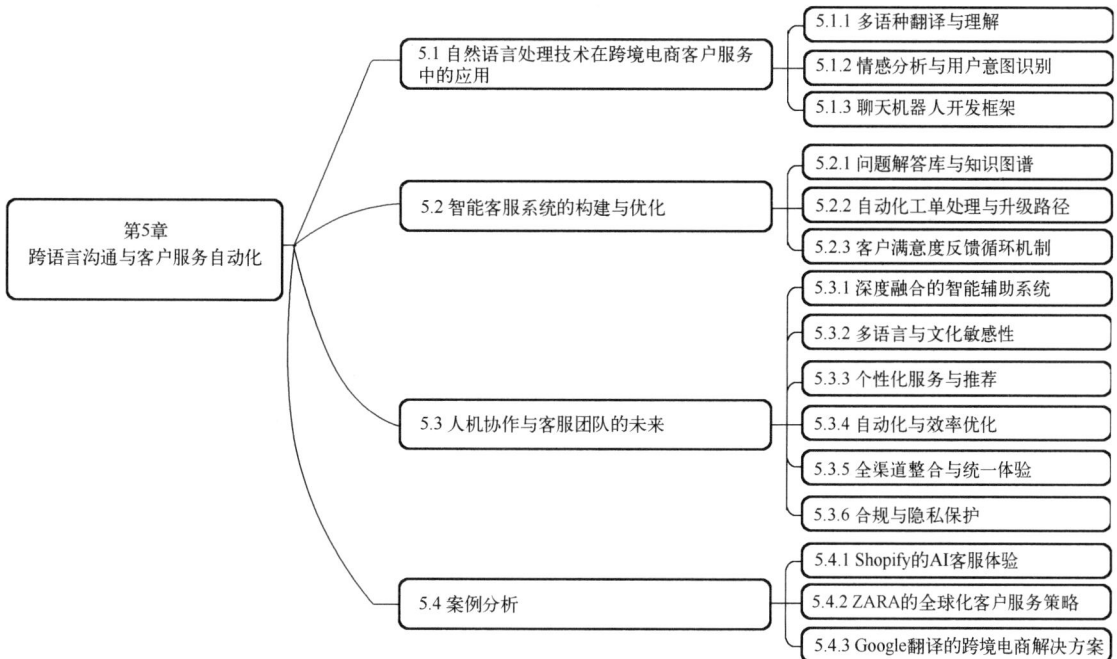

知识导图

- 第5章 跨语言沟通与客户服务自动化
  - 5.1 自然语言处理技术在跨境电商客户服务中的应用
    - 5.1.1 多语种翻译与理解
    - 5.1.2 情感分析与用户意图识别
    - 5.1.3 聊天机器人开发框架
  - 5.2 智能客服系统的构建与优化
    - 5.2.1 问题解答库与知识图谱
    - 5.2.2 自动化工单处理与升级路径
    - 5.2.3 客户满意度反馈循环机制
  - 5.3 人机协作与客服团队的未来
    - 5.3.1 深度融合的智能辅助系统
    - 5.3.2 多语言与文化敏感性
    - 5.3.3 个性化服务与推荐
    - 5.3.4 自动化与效率优化
    - 5.3.5 全渠道整合与统一体验
    - 5.3.6 合规与隐私保护
  - 5.4 案例分析
    - 5.4.1 Shopify的AI客服体验
    - 5.4.2 ZARA的全球化客户服务策略
    - 5.4.3 Google翻译的跨境电商解决方案

学习目标

知识目标：

了解自然语言处理（NLP）技术在跨境电商客户服务中的核心应用，包括多语种翻译与理解、情感分析、用户意图识别等。

掌握 NLP 技术如何通过高级翻译算法实现无缝的跨语言交流，提升客户沟通体验。

理解情感分析技术如何应用于电商客服系统中，感知并应对客户情绪，以及如何通过用户意图识别提升服务智能化水平。

了解聊天机器人开发框架如 Rasa、Dialogflow 的使用，及其在跨境电商客户服务中的作用。

能力目标：

掌握使用 NLP 技术进行实时、高质量的多语言沟通，包括商品描述、用户评价等的自动翻译。

学会运用情感分析模型识别客户反馈中的情绪，调整客户服务策略，提升客户满意度。

具备构建基于 NLP 的用户意图识别系统的能力，自动匹配服务或信息，减少人工介入，加速问题解决。

能够开发或应用聊天机器人，提供 24 小时的个性化服务，优化全球用户体验。

价值目标：

提升个人在跨境电商客户服务领域的专业技能，增强全球市场竞争力和客户忠诚度。

通过智能化、个性化的服务，提升客户体验，提高购买转化率，促进业务增长。

推动客服流程自动化，提升工作效率，减轻人工负担，优化资源配置。

促进技术与伦理并重的跨境电商生态发展，确保用户数据安全与技术应用的透明，增强行业责任感。

导入案例

跨海逐梦：皮皮的跨境之旅及皮皮与 AI 客服并肩破冰

皮皮是一名跨境电商行业的创业者，他梦想着将自己精心挑选的特色商品推向全球每个角落，让不同肤色、不同语言的消费者都能感受到这份来自远方的温暖。然而，梦想的航程并非一帆风顺，皮皮很快就遇到了第一块巨冰——跨语言沟通的挑战。

皮皮的店铺刚开张不久，就迎来了来自世界各地的访客：一位法国顾客对一款手工编织包表现出浓厚兴趣，却因语言障碍无法顺利询问细节；一位日本买家对发货时间有所顾虑，但皮皮却无法用日语即时给出确切答复……客服邮箱里积压的翻译需求、社交媒体上的多语种留言，让皮皮深感力不从心。他意识到，如果不能跨越这道语言的鸿沟，再好的商品也只能是橱窗里的陈列品。

正当皮皮苦恼之际，他发现了智能客服自动化与跨语言沟通技术的曙光。他开始构想，是否可以有一个系统，能像懂各国语言的私人助理一样，即时翻译客户的咨询信息，了解他们的情绪与需求，甚至在夜间自动处理订单，让自己能专注于商品与市场策略。皮皮的探索，引领他进入了自然语言处理、情感分析、用户意图识别与自动化工单处理的科技世界。他看到了希望的灯塔——一个能 24 小时无缝对接全球顾客、提升服务体验的智能客服系统。

于是，皮皮的故事，从一个小小的语言困扰，转舵驶向了技术创新的宽广海面，开启了一场关于如何运用 AI 力量，让跨境电商客服更加智能化、个性化的探索之旅。这不仅是皮皮面临的挑战，也是全球无数跨境电商创业者共同面临的课题。接下来的章节，将深入探讨如何利用跨语言沟通与客户服务自动化技术，打破壁垒，让皮皮的梦想，以及更多人的跨境电商之舟，扬帆远航，畅游无阻。

5.1　自然语言处理技术在跨境电商客户服务中的应用

自然语言处理（NLP）技术在跨境电商客户服务中的应用聚焦于提升沟通效率与服务质量，其在多语种环境下的表现尤为关键。NLP 技术在客户服务中的应用如图 5-1 所示。

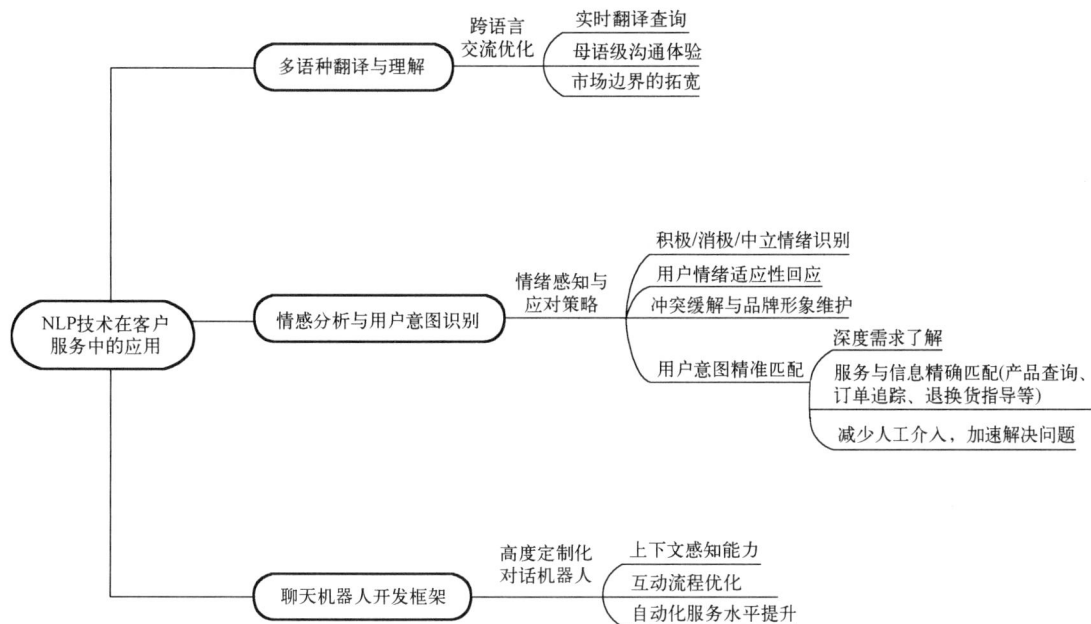

图 5-1　NLP 技术在客户服务中的应用

通过高级翻译算法，NLP 技术确保了跨语言交流的无障碍进行，即时将用户语言准确转换为另一种语言，使得无论用户使用何种语言，都能获得母语级沟通体验。这不仅拓宽了企业的市场边界，也极大提高了国际用户的满意度。

情感分析功能让电商客服系统能够感知并应对客户情绪。基于 NLP 技术的情感识别模型能够从客户输入的文字中识别积极、消极或中立情绪，使系统能够适时调整回应策略，如对不满的客户采取更加耐心和细致的解答方式，有效缓解潜在冲突，维护品牌形象。

用户意图识别是提升客服智能化水平的核心。NLP 技术通过深入理解用户提问背后的真正需求，精确匹配相应的服务或信息，如产品查询、订单追踪、退换货指导等，减少了人工介入，加快了解决问题的速度。在此基础上，利用先进的聊天机器人开发框架，企业能快速构建高度定制化、上下文感知的对话机器人，进一步优化互动流程，提升自动化服务水平。

智能客服机器人作为先进的人工智能应用，凭借 NLP 等技术，模拟人性化的交流体验，实现与用户的流畅互动。该系统不仅能够精准解析用户提问，还能深入洞察用户需求，通过高阶的语义理解技术，与庞大的知识数据库协同工作，为用户提供即时、精准的服务信息。面对多样化的咨询场景，从简单的查询到复杂的操作指导，如订单修改等，智能客服依托不断优化的算法和精细化的知识管理，适应并解决了众多非标准化需求问题。此外，该系统融入了情感智能，能细腻捕捉用户情绪波动，动态调整交流策略，确保在提供高效服务的同时，也给予用户必要的情感关怀与支持，展现了人工智能在提升客户服务体验方面的巨大潜力与价值。以用户提问为载体的智能客服状态机如图 5-2 所示。

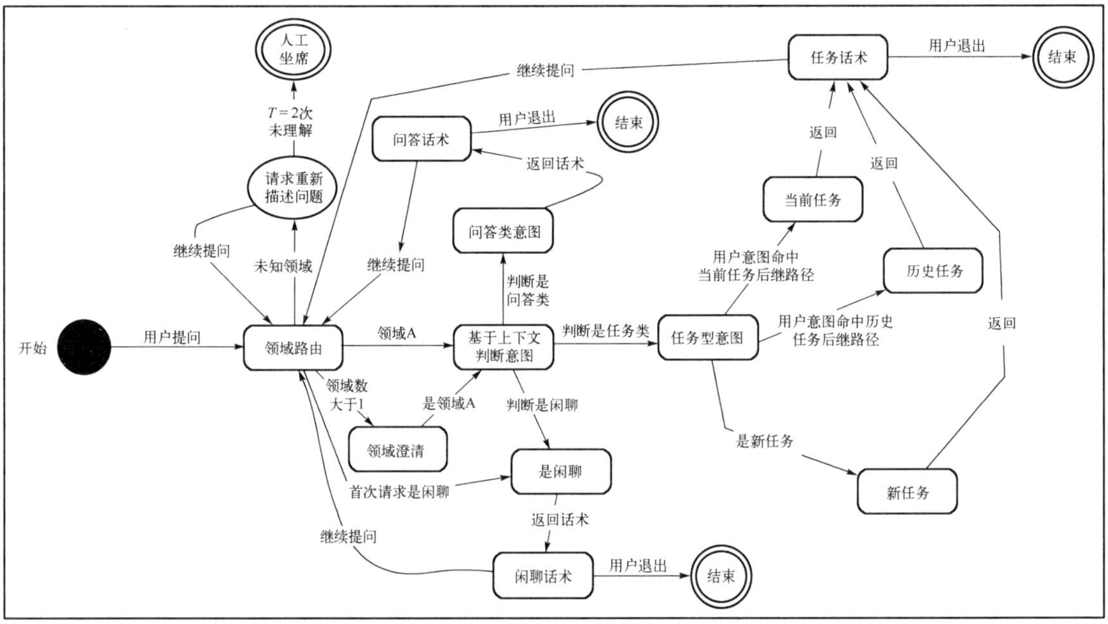

图 5-2   以用户提问为载体的智能客服状态机

NLP 技术通过多语种翻译与理解、情感分析与用户意图识别，结合高效的聊天机器人开发框架，为跨境电商用户服务提供了智能化、个性化的解决方案，帮助电商用户提升了在全球市场的竞争力和用户忠诚度。

5.1.1   多语种翻译与理解

在跨境电商领域，NLP 技术在多语种翻译与理解方面的应用是连接全球消费者与商家的关键桥梁。当前，这项技术正以前所未有的速度发展，极大地提升了跨国交易的便利性和效率。

目前，跨境电商平台普遍采用基于深度学习的机器翻译技术，如神经机器翻译（Nenural Machine Translation，NMT），来实现实时、高质量的多语言沟通。NMT 通过端到端的学习模型，能够捕捉更复杂的语言结构和上下文依赖，相比传统的基于规则或统计的翻译模型，提供的翻译结果更加流畅自然，更贴合商业场景的实际需求。例如，商品描述、用户评价、客户服务对话等内容的自动翻译，大大降低了语言障碍，使非英语国家的买家和卖家能够顺畅交流。

跨境电商平台还结合了术语管理和后编辑校对系统，以提升特定行业或商品类别的翻译准确性，确保专业术语的正确表达。这些系统能够不断学习和优化，根据用户反馈和上下文调整翻译策略，提升翻译质量和用户体验。

在技术方面，主要集中在增强翻译系统的适应性和个性化能力上。例如，自适应机器翻译（Adaptive Machine Translation，AMT）能够根据用户反馈、上下文信息甚至用户偏好，动态调整翻译风格和术语，提供更加贴近用户期待的翻译结果。同时，跨语言信息检索和多模态翻译技术（如图像与文本联合翻译）的发展，使用户不仅能获得文字信息的翻译，还能跨越语言障碍理解多媒体内容，如商品图片中的文字信息等。

未来，随着 AI 和大数据技术的持续演进，跨境电商中的 NLP 技术应用将更加注重以下几个方向。

1．上下文感知与个性化翻译

NLP 技术将能够更加智能地理解交互场景和用户特征，提供更加个性化和情境化的翻译服务，如根据不同地区的文化习惯调整翻译策略等。

2．低资源语言翻译

对于一些小语种或低资源语言，研究人员正探索如何利用零样本学习、迁移学习等技术提高翻译质量，使更多小众市场的潜力得以释放。

3．实时语音翻译与交互

随着语音识别和语音合成技术的进步，实时的语音翻译服务将成为可能，它将为用户提供无缝的跨语言语音交流体验，尤其是在直播购物、视频演示等场景中。

4．融合人工智能的综合客服解决方案

未来的客服系统将不仅仅局限于文本翻译，而是集成语音识别、情感分析、智能推荐等功能，形成一个全方位、高度智能化的多语言客服体系，进一步提升跨境贸易的服务质量和效率。

NLP 技术在跨境电商的多语种翻译与理解方面正发挥着越来越重要的作用，其持续的创新和发展预示着一个更加开放、包容且高效的全球贸易环境的到来。

5.1.2　情感分析与用户意图识别

在跨境电商这一全球互联的商业舞台上，NLP 技术在情感分析与用户意图识别方面的应用，已成为提升用户体验、优化运营策略与增强品牌竞争力的关键要素。

1．NLP 技术在情感分析方面的应用

在情感分析方面，跨境电商企业利用 NLP 技术监控并分析多语言用户反馈、产品评论及社交媒体内容，即时捕捉全球消费者的感受与态度。这不仅帮助商家快速响应负面评价，提升客户服务水平，还能通过情感趋势分析指导产品改进和营销策略的调整。例如，通过识别特定市场对产品的喜爱或不满，及时调整库存或推广计划。

2．情感分析技术的两大主流路径

情感分析技术分为两大主流路径：基于情感词典的传统方式与基于机器学习的现代

方式。前者首先对文本进行细致的预处理，如分词和去除无关词汇，随后借助成熟的情感词典进行分析。这些词典源自社交媒体、新闻、论坛等，蕴含丰富的情感倾向信息，也可根据特定语料定制化训练。分析时，系统逐词检查文本，依据词典中词语的情感极性与权重（正面词加分，负面词减分，否定词反转得分，程度副词按比例调整得分）进行量化评估，以此完成对文本情感色彩的判断。尽管算法原理直观，但准确性和效率均高度依赖于情感词典的质量与全面性。基于情感词典的文本分类框架流程如图 5-3 所示。

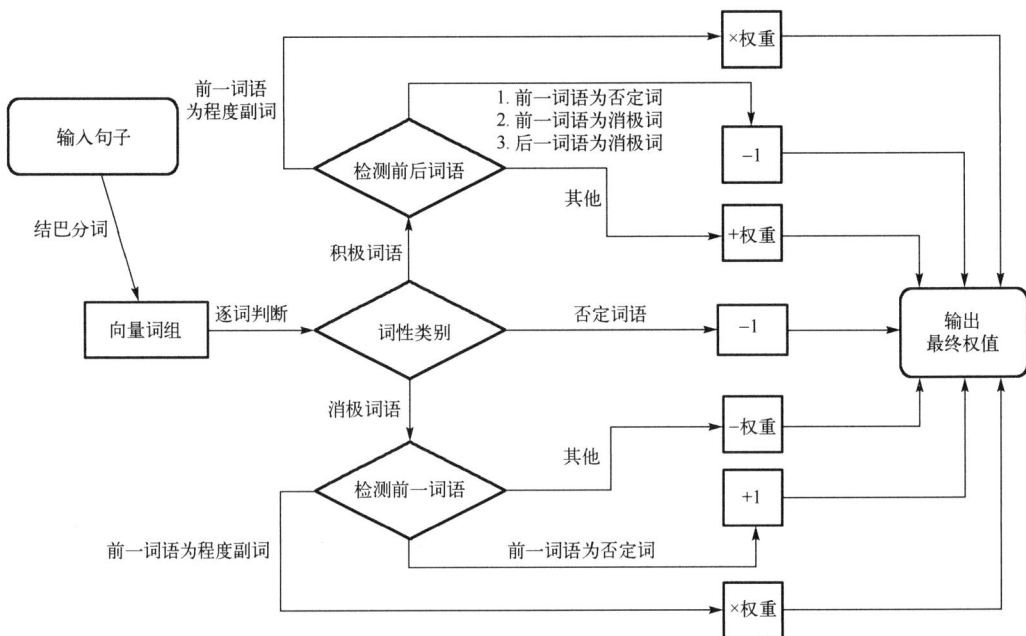

图 5-3　基于情感词典的文本分类框架流程

相比之下，基于机器学习的现代方法则更加灵活和强大。这类方法利用算法从带标签的数据集中自动学习情感模式，从而能够更好地适应不同领域和风格的文本。随着深度学习的发展，尤其是 NLP 技术的进步，神经网络架构已经能够直接从原始文本中提取深层次特征，而无须显式的特征设计。

3. NLP 技术在用户意图识别方面的应用

跨境电商企业在客户服务、搜索优化及个性化推荐等场景中，运用 NLP 技术解析用户查询和交互信息，精准识别购物意向、问题类型或服务需求。NLP 技术支持自动路由，能够将用户引导至最合适的解答或服务流程，提升解决问题的效率，同时为用户提供定制化商品推荐，提高购买转化率。

目前，基于深度学习的模型，如 BERT、Transformer 等，已成为情感分析与意图识别的标准工具。这些模型通过大规模多语言训练，能够理解语言的细微差别和文化特异性，提升跨国界的情感理解与意图捕捉能力。此外，技术也在向细粒度意图识别、跨渠道一致性分析及实时反馈优化的方向发展，以满足跨境电商快速变化的市场需求。

4．未来的发展趋势

（1）多模态分析。随着视觉、语音等多模态数据的整合，未来的 NLP 技术将能够综合分析图像中的表情、语音中的语气等，进而提供更为全面和准确的情感与意图解读，优化用户体验。

（2）个性化与情境感知。通过深度学习用户历史行为、地理位置等上下文信息，NLP 技术将能提供更加个性化、情境化的服务和产品推荐，以增强用户黏性。

（3）实时性与自动化。借助边缘计算和更高效的算法，NLP 技术将实现更低延迟的情感与意图识别，支持即时沟通与反馈，自动化处理更多复杂交互场景。

（4）伦理与隐私保护。随着 NLP 技术的深入应用，保护用户数据隐私、确保算法公平性与透明度，推动建立更加负责任和更值得信赖的跨境电商生态将成为技术发展的重要考量。

NLP 技术在跨境电商领域的情感分析与用户意图识别应用正逐步深化，不仅推动了客户服务的智能化，也为品牌在全球市场的精细化运营提供了强有力的支持，其未来发展前景广阔，将持续塑造跨境电商的新格局。

5.1.3　聊天机器人开发框架

在跨境电商领域，NLP 技术支撑的聊天机器人已成为优化客户服务、促进销售转化的重要工具。这些聊天机器人不仅能跨越语言障碍，还能够提供 7×24 小时的个性化支持，显著提升全球用户的购物体验。

目前，跨境电商企业倾向于采用成熟且灵活的聊天机器人开发框架，这些框架支持多语言处理，内置 NLP 模块，能够快速构建具备基础问答、商品查询、订单跟踪、售后服务等功能的聊天机器人。通过集成深度学习模型，聊天机器人能更好地理解用户意图，提供更加人性化的交互体验。鉴于跨境电商的国际化特性，聊天机器人需具备强大的多语言理解与翻译能力。企业可利用 NLP 技术进行实时翻译，确保与全球客户的无障碍沟通，同时针对特定地区和文化的语言习惯加以优化，提高回答的准确性和文化适应性。

基于聊天机器人技术的运用主要包括意图识别与情感分析，以及个性化推荐方面。

在意图识别与情感分析方面，现代聊天机器人不仅能识别用户的基本查询意图，还能通过 NLP 技术深入理解情感和语境，做出更贴心的回应。例如，针对情绪消极的用户，聊天机器人会采取更温和、耐心的交流策略，以安抚用户的情绪并解决问题。在个性化推荐方面，结合用户的行为数据和 NLP 驱动的语义理解，聊天机器人能够提供个性化商品推荐服务，以提高购买转化率。通过分析用户偏好、历史交互，聊天机器人能够更加精准地预测并满足用户的需求。

基于意图识别的聊天机器人是从用户发起对话开始的，用户的输入信息首先进入高级的语义解析模块，该模块集成意图识别技术，能深入理解用户意图并精准提取关键信息。这一过程不仅能辨识用户明确表达的需求，还能洞察用户潜在的、未明确表述的意愿。随后，解析出的意图与实体通过一个高效的信息处理中心，匹配出最佳回应策略。该中心运用机器学习算法，参考庞大的背景知识库，结合用户历史交互记录，进行动态对话管理，确保交流的连贯性与个性化。接下来，对话生成引擎利用 NLP 技术，构造出不仅贴合语境且富含人情味的回复。此阶段，系统可能触发外部服务调用，如查询天气、检索信息等，以丰富回应内容。最后，经自然语言生成的回复由输出接口送达用户，完成一轮交互。此循环往复的过程不断优化用户体验，体现了基于高度意图识别能力的聊天机器人在促进自然、流畅的人际交流方面的巨大潜力。基于意图识别的聊天机器人的核心工作流程如图 5-4 所示。

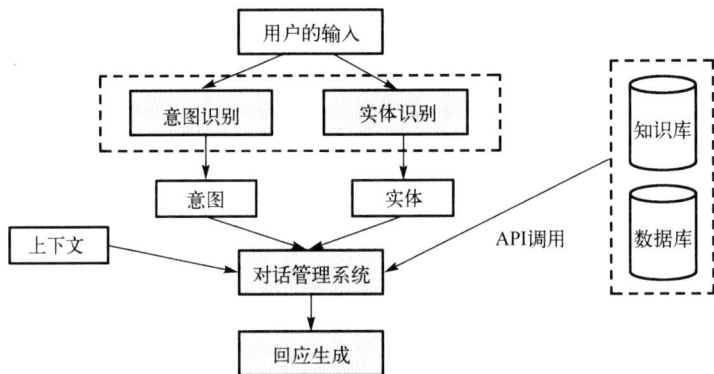

图 5-4　基于意图识别的聊天机器人的核心工作流程

　　未来，聊天机器人将更加深入地融入用户个人情境，利用增强型 NLP 模型理解更复杂的情感与需求，提供超个性化服务。这包括基于用户当前情境(如位置、时间、天气)的动态推荐。聊天机器人将无缝集成于各种平台(如网站、App、社交媒体等)，并利用语音识别和 NLP 技术，实现全渠道无感交互，无论用户选择哪种交流方式都能获得一致的体验。同时，利用持续学习机制，聊天机器人将不断从交互中学习，自我优化回应策略和功能，减少人工干预，结合 AI 伦理与隐私保护原则，确保技术的健康发展。

　　NLP 技术在跨境电商聊天机器人开发框架中的应用正处于快速发展期，正逐步推进从基础问答向深度个性化、全渠道交互的转变，旨在为全球用户提供更加智能、便捷的购物辅助。

案例故事

速卖通借助 NLP 技术赋能全球沟通桥梁

　　在跨境电商巨头速卖通的平台上，有一家名为"东方雅韵"的店铺，专营中国传统服饰。某日，一位法国顾客对一款汉服表达了浓厚兴趣，却因语言障碍无法准确询问关于尺码和材质的具体信息。这时，速卖通的智能客服系统借助 NLP 技术大显身手：首先，系统无缝将顾客的法语查询即时转换成中文，确保"东方雅韵"店主能理解；其次，通过情感分析，系统识别出顾客的购买意愿强烈，因此在转译时特别强调了顾客的急迫性；最后，利用用户意图识别，系统不仅准确匹配了顾客的查询需求，还主动推送了汉服保养指南，为顾客提供了额外价值。整个过程，从翻译到个性化服务，都在瞬间完成，为顾客带来了流畅的跨国购物体验。

思考题：

1. 如何在跨境电商平台上进一步优化 NLP 技术以适应不同地域的文化敏感性？

2. 如何平衡 NLP 自动化服务与人工干预在保证效率的同时保留人情味？

3. 未来，NLP 技术如何与新兴技术(如 AR/VR、区块链)结合，创造沉浸式的跨境购物体验？

5.2 智能客服系统的构建与优化

智能客服系统在跨境电商领域扮演着至关重要的角色，它基于先进的 AIGC 技术，极大地提升了服务效率与顾客体验。智能客服系统的构建与优化如图 5-5 所示。

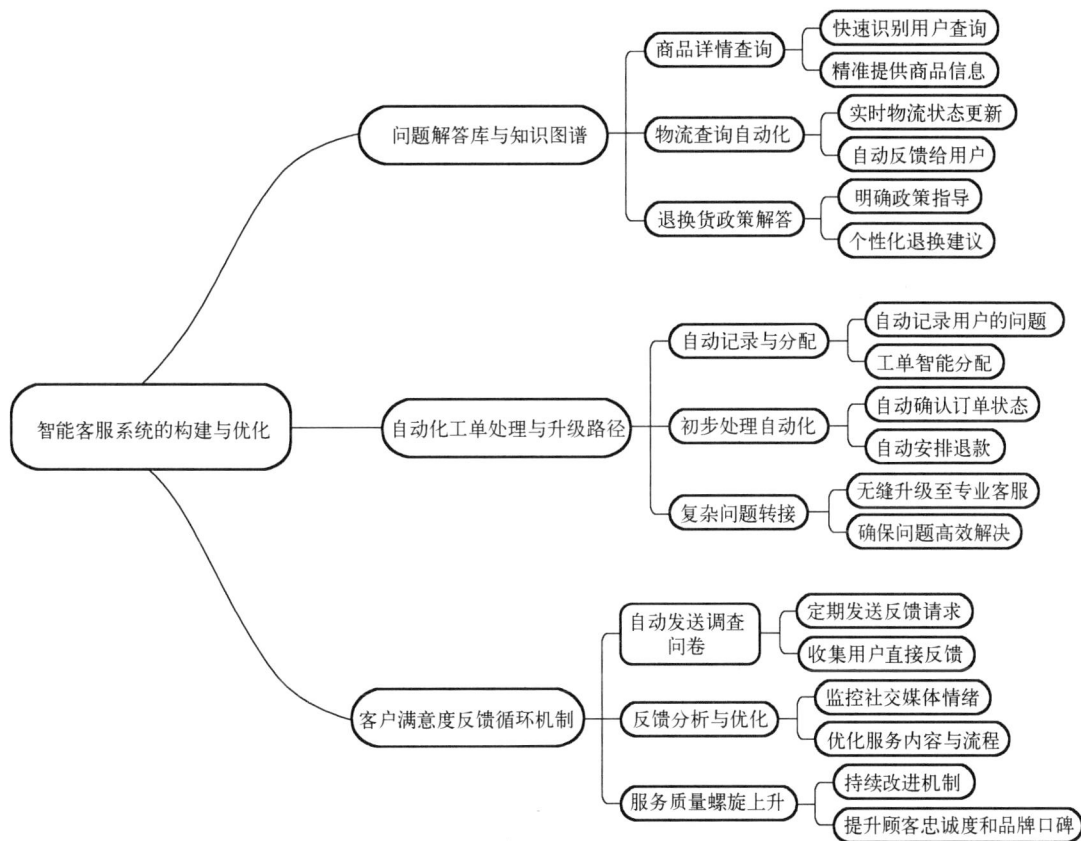

图 5-5 智能客服系统的构建与优化

首先，通过构建庞大的问题解答库与知识图谱，系统能够迅速识别并解答用户关于商品详情、物流查询、退换货政策等常见问题，确保信息的准确性和时效性。这种基于深度学习的自动回复不仅覆盖多语言，还能根据用户提问的上下文调整答案，实现个性化服务。

其次，自动化工单处理功能优化了客户服务流程。系统自动记录用户的问题，分配工单，并根据预设规则进行初步处理，如自动确认订单状态、安排退款等，减轻人工客服负担。对于复杂问题，智能客服系统能无缝升级路径，转接至专业客服，确保问题得到有效解决，提升处理效率。

最后，智能客服系统内置的客户满意度反馈循环机制至关重要。通过自动发送调查问卷、分析用户反馈及社交媒体情绪，系统实时监测服务效果，收集用户意见，以持续优化服务内容与流程。这种闭环反馈机制促使客服质量螺旋上升，提升顾客忠诚度和品牌口碑。

智能客服系统凭借其高效的问题解答、自动化工作流管理与持续的反馈改进，在跨境电商领域构建起一套全方位、智能化的客户服务生态系统，为全球用户提供无国界的优质服务体验。

5.2.1 问题解答库与知识图谱

在跨境电商领域，NLP 技术与问题解答库、知识图谱的结合，为用户提供了高效、精准的信息获取渠道，显著提高了购物体验。

跨境电商企业构建了庞大的多语言问题解答数据库，智能客服系统通过 NLP 技术可对用户查询进行分析，快速匹配相关答案。这些问题解答库涵盖了产品信息、物流查询、退换货政策、关税说明等常见问题，确保用户能在第一时间获取所需信息，减轻了客服的压力，加快了响应速度。

知识图谱是一种结构化的语义知识库，它能够通过实体、属性和关系来表达现实世界中的知识。构建知识图谱是一个复杂的过程，涉及数据的收集、整合、处理和知识表示等多个步骤。图 5-6 展示了知识图谱的建构过程。

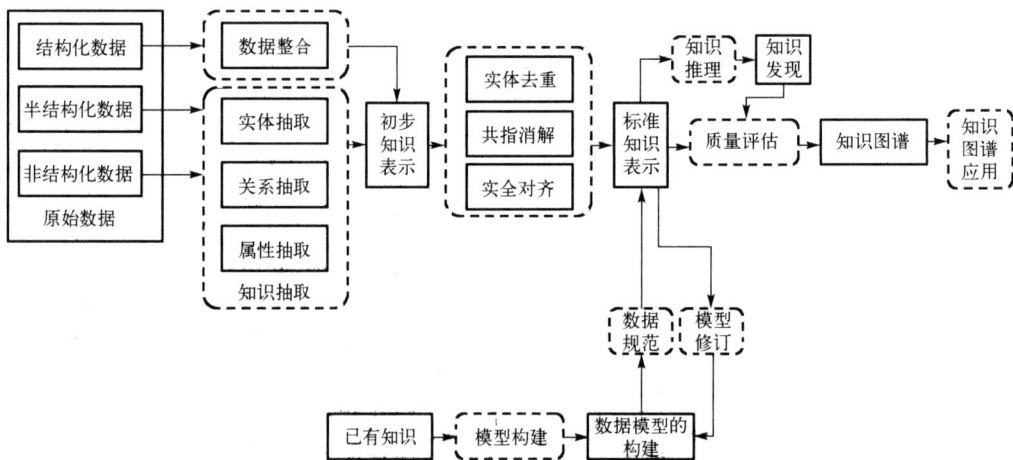

图 5-6 知识图谱的构建过程

① 数据收集。首先，需要收集原始数据，这些数据可以是结构化数据（如数据库中的数据）、半结构化数据（如 XML、JSON 格式的数据）或非结构化数据（如文本、图像等）。

② 数据整合。将收集到的不同类型的数据进行整合，以便后续处理。这一步骤可能涉及到数据清洗、数据转换和数据融合等操作。

③ 知识抽取。从整合后的数据中抽取出实体、关系和属性。这一步骤包括实体抽取、关系抽取和属性抽取等。

④ 初步知识表示。将抽取出的实体、关系和属性进行初步的知识表示，形成初步的知识结构。

⑤ 实体消歧。在实体抽取过程中，可能会遇到同名实体的问题，需要通过实体消歧来确定实体的唯一性。

⑥ 共指消解。解决文本中同一实体的不同表述问题，确保知识图谱中的实体一致性。

⑦ 实体对齐。将不同数据源中的相同实体进行对齐，确保知识图谱的完整性。

⑧ 标准知识表示。将初步知识表示转化为标准化的知识表示，方便知识的统一管理和应用。

⑨ 知识推理与发现。通过知识推理技术，发现新的知识或关系，丰富知识图谱的内容。

⑩ 质量评估。对知识图谱的质量进行评估，确保知识的准确性和可靠性。

⑪ 数据规范与模型修订。根据质量评估的结果，对数据进行规范处理，对模型进行修订，以提高知识图谱的质量。

⑫ 模型构建。利用已有的知识和数据模型，构建知识图谱的模型。

⑬ 数据模型。将构建好的模型转化为数据模型，为知识图谱的存储和查询提供基础。

⑭ 知识图谱应用。将构建好的知识图谱应用于各种场景，如智能搜索、推荐系统、NLP 等。

在整个构建过程中，可能需要多次迭代，不断优化知识抽取、实体对齐等步骤，以提高知识图谱的质量和实用性。

利用 NLP 技术从海量数据中抽取实体、关系和事件而构建的学术和商品知识图谱，成为跨境电商平台的强大后盾。这些知识图谱不仅帮助用户通过自然语言查询获取详细的商品属性、品牌故事、用户评价等信息，还支持复杂查询，如"适合敏感肌肤的防晒霜推荐"，提升了搜索体验的智能化水平。

当前，NLP 技术在跨境电商问题解答与知识图谱建设中的应用主要依托于深度学习模型，如 BERT、Transformer 等，这些模型擅长捕捉上下文语境，提高了问题理解的准确度。同时，NLP 技术正逐步向细粒度理解、跨语言统一知识图谱构建迈进，旨在攻克不同语言环境下的信息壁垒，实现更广泛的全球化服务。

未来的 NLP 技术将不仅仅局限于文本，还会整合图像、语音等多模态数据，提供更加丰富、直观的解答体验，如通过图像识别技术辅助用户查找相似商品。知识图谱将实现动态更新，实时反映市场变化、用户反馈及新产品信息，结合强化学习等技术，使系统能自我优化，不断提升解答的时效性和准确性。通过深度分析用户行为和偏好，NLP技术驱动的知识图谱将为每位用户提供个性化的产品推荐、问题解答，从而提升用户体验和满意度。

NLP技术在跨境电商问题解答库与知识图谱的构建中，正逐步深化其影响力，通过持续的技术创新，未来将实现更加智能化、个性化的全球购物体验，同时也将面临数据安全和伦理规范的新挑战。

5.2.2　自动化工单处理与升级路径

NLP技术在跨境电商领域的自动化工单处理与升级路径应用，极大地优化了客户服务流程，提高了问题解决的效率与质量。

跨境电商平台利用NLP技术自动分析客户提交的工单内容，通过关键词识别、句法分析和上下文理解，快速判断工单类型（如退货、支付问题、物流查询等），并自动进行初步响应或直接执行标准化处理流程，如确认订单状态、发起退款等。这不仅减轻了人工客服的工作量，还缩短了问题处理的周期，提升了客户满意度。

对于复杂或需人工介入的问题，NLP系统能够准确判断并自动将工单升级至专门团队或高级客服代表。在这个过程中，系统会依据问题的性质、紧急程度及客户历史交互信息，智能分配最合适的处理人员，确保后续服务高效且专业。

目前，NLP技术在自动化工单处理中采用了诸如深度学习模型、自然语言分类算法等，结合大量标注数据进行训练，以实现高精度的自动分类与初步处理。NLP技术还融合了情感分析技术，以便识别客户情绪，对紧急或负面情绪的工单给予优先处理。同时，NLP技术在不断优化升级路径逻辑，确保问题升级的准确性和高效性。

未来，NLP技术将更加深入地融入机器学习和人工智能，提升对复杂、模糊语言的理解能力，使自动化工单处理更加智能和精准，甚至能预测并预防潜在问题的发生。随着跨境电商的全球化发展，NLP技术将加强多语言处理能力，更好地适应不同文化背景下的表达习惯，确保全球客户都能得到同等高效、贴心的服务。该系统将更加注重闭环反馈，利用客户反馈和处理结果持续优化模型，实现自我学习与进化，提高工单处理的准确率和客户满意度。随着对语音识别、图像识别等技术的融合，NLP技术将支持更多元化的交互方式，如语音工单创建与处理，为客户提供更加便捷的服务通道。

NLP技术在跨境电商的工单处理与升级路径中正发挥着越来越重要的作用，其不断进步的技术能力和不断拓展的应用范围，预示着未来跨境电商客户服务将更加高效、个性化和智能化。

5.2.3 客户满意度反馈循环机制

在跨境电商领域，NLP 技术在构建客户满意度反馈循环机制中扮演了关键角色，它不仅帮助了平台高效收集与分析客户反馈，还促进了服务的持续优化和个性化提升。

跨境电商平台利用 NLP 技术自动监测和收集来自电子邮件、社交媒体、在线评价等多个渠道的客户反馈。通过关键词提取、情感分析等手段，系统能快速识别反馈的情感倾向(满意、不满意)、提及的产品或服务特点，甚至隐含的客户需求。收集到的数据被输入复杂的 NLP 模型进行深入分析，如主题建模、意见挖掘等，以发现客户满意度的驱动因素和痛点。这些洞察帮助企业快速响应市场变化，调整产品策略或优化服务流程。跨境电商客户反馈处理流程思维导图如图 5-7 所示。

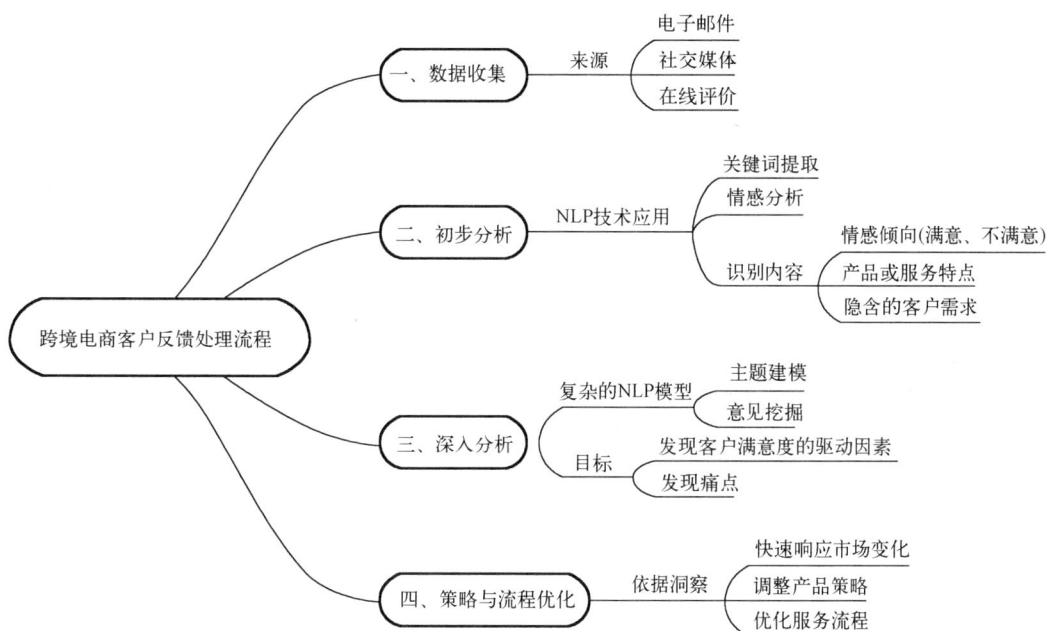

图 5-7　跨境电商客户反馈处理流程思维导图

基于 NLP 的智能系统能够根据反馈内容自动生成个性化的回复，提升客户感知。同时，系统自动触发改进措施，如针对频繁投诉的问题优化常见问题解答、调整物流供应商等，形成闭环的改进机制。

当前，NLP 技术已广泛采用深度学习模型，如 BERT、Transformer 等，提高了文本理解和分类的准确性。情感分析技术也趋于成熟，能够更细腻地识别混合情感和文化差异带来的表达变化。同时，NLP 技术正逐步集成更多元的数据来源和交互方式，如语音、图像，以构建更全面的客户视角。

随着对话式 AI 的发展，未来的 NLP 系统将能通过更自然、更富有同情心的对话收集反馈，提升客户参与度和反馈质量，并能够利用机器学习模型预测客户满意度趋势和潜在的不满意事件，使企业能够前瞻性地采取行动，避免问题发生。通过整合文本、语音、图像等多模态数据，企业将为客户提供更丰富的反馈渠道，同时提升分析的全面性和准确性。在追求智能化的同时，企业将更加重视 AI 技术使用的透明度、公平性及数据隐私保护，确保客户满意度反馈循环机制符合伦理标准。

NLP 技术在跨境电商客户满意度反馈循环机制中的应用，正推动着服务体验的智能化和个性化。随着技术的不断演进，未来跨境电商的服务模式将更加高效，响应将更迅速，更能深度贴合全球消费者的需求。

案例故事

亚马逊的智能客服系统优化实践

在跨境电商的客户服务领域，自然语言处理技术正发挥着至关重要的作用，特别是对于像亚马逊这样的大型平台。亚马逊采用的智能客服系统集成了一系列尖端技术，如神经机器翻译技术、情感分析技术和用户意图识别技术等，以提供无缝的、个性化的全球服务体验。

利用神经机器翻译技术，亚马逊客服系统能够实时、准确地将用户的查询从一种语言翻译成另一种语言。无论用户使用哪种语言，都能享受到母语般的服务体验。这不仅拓宽了亚马逊的全球市场，也极大提升了国际用户的满意度。

情感分析技术使亚马逊能通过用户反馈迅速感知用户情绪并应对潜在问题。系统内的模型能够识别出文字中的情感倾向，让智能客服可以根据用户的情绪调整互动方式，如对不满的用户采取耐心细致的解答策略，从而有效缓解矛盾，维护品牌形象。

亚马逊利用用户意图识别技术，通过深入理解用户需求，快速匹配服务或信息，减少人工干预，加速解决问题。通过 Rasa、Dialogflow、Microsoft Bot Framework 等先进的聊天机器人开发框架，亚马逊开发出高度定制化、支持上下文感知的对话机器人，优化互动，使自动化服务再上一个台阶。

在亚马逊，客服系统中的闭环反馈循环机制同样关键，它自动收集用户反馈，监测服务效果，持续优化内容和流程，从而确保服务持续进步，提高用户忠诚度。

亚马逊通过这些技术，不仅提高了问题解答效率，优化了工作流程，而且利用用户反馈不断改进，构建了全面、智能化的客服生态系统，为全球用户提供了优质体验。

思考题：

1. 如何在智能客服系统中平衡自动化与人工介入，以提供既高效又人性化的服务？

2. 如何持续优化多语种翻译质量，从而确保文化敏感性与行业术语准确性，特别是在小语种环境下？

3. 如何集成用户历史数据与 NLP 技术，以预测性地提供个性化服务，提前解决潜在问题，提高客户满意度？

5.3　人机协作与客服团队的未来

基于 AI 的人机协作与客服团队在跨境电商领域的未来发展趋势显示,客户服务将变得更加智能化、个性化与高效化。随着技术的飞速进步,其主要发展方向包括以下几个方面。

5.3.1　深度融合的智能辅助系统

AI 将不再仅限于基本的自动回复和问题分类,而是通过深度学习和 NLP 技术,更深入地理解客户语境、情感和需求,提供更加人性化的交互体验。AI 助手将成为客服团队不可或缺的伙伴,实时提供智能建议,协助解决复杂问题,甚至预测客户行为,提前干预以提升客户满意度。

5.3.2　多语言与文化敏感性

跨境电商面对的是全球市场,因此智能客服系统将更加注重多语言支持和文化适应性,利用 NLP 技术处理多种语言的细微差别,同时融入文化理解模块,以确保沟通的准确性,消除文化隔阂。

5.3.3　个性化服务与推荐

借助大数据和机器学习,AI 将能够分析客户的历史交互、购买行为和偏好,进而提供个性化的购物建议和定制化服务方案,增加客户黏性,提升转化率和复购率。这种个性化不仅体现在产品推荐上,也会渗透到客户服务的每个接触点,包括售后关怀、问题解决策略等。

5.3.4　自动化与效率优化

随着自动化流程的深化,AI 将承担更多重复性、低效的任务,如订单跟踪、物流查询、退款处理等,使客服团队有精力专注于价值更高的服务,如复杂问题解决和客户关系建设等。同时,AI 将优化工作流程,智能调度资源,确保快速响应客户需求。

5.3.5　全渠道整合与统一体验

AI 技术将推动跨境电商客服系统跨越平台界限,实现社交媒体、邮件、即时通信、电话等多种渠道的无缝整合。无论客户通过哪种渠道接触,都能享受一致且连贯的服务体验。这要求 AI 系统具有高度的灵活性和集成能力,确保信息的实时同步和上下文理解。

5.3.6　合规与隐私保护

在加强服务智能化的同时,跨境电商企业将更加重视 AI 应用的合规性与客户的隐私保护。AI系统将内置严格的数据管理和安全机制，确保所有操作符合国际隐私法规，获得客户的信任。

基于AI的人机协作与客服团队将在跨境电商领域持续进化，将通过深度技术集成、个性化服务优化、全渠道体验统一及严格的合规管理，推动行业向更加智能化、高效化和人性化的客户服务模式迈进。

5.4 案 例 分 析

5.4.1 Shopify 的 AI 客服体验

Shopify 是领先的电商平台之一，其 AI 客服运用主要体现在集成的智能应用和服务上，如通过与第三方 App 市场的 AI 聊天机器人集成，来提升用户体验。这些工具利用 NLP 技术快速响应客户咨询，提供订单查询、产品信息请求等基础服务，有效减轻了商家在客服管理方面的负担，尤其是在非营业时间和面对大量查询时，保持了高效的服务连续性。

尽管 Shopify 平台本身并未直接推出标榜为"AI客服"的内置服务，但其鼓励并支持商家利用平台上提供的各种工具和技术接口，自行构建或接入先进的客服解决方案。例如，使用 Shopify Flow 可以自动化处理订单、库存管理等后台任务，而 Shopify App Store 中的多个客服插件，如 Tidio Live Chat、Gorgias 等，集成了 AI 功能，能够提供自动回复、智能路由、用户行为分析等服务，强化了客服环节的智能化。

在技术实现方面，AI 客服技术的实现依托于深度学习模型的核心驱动力，通过多维度技术融合来模拟并优化人机交互体验。其技术架构深植于对用户意图的精准识别，运用先进的 NLP 技术，不仅能够高效解析用户的多样化指令，还能深入挖掘隐含信息，确保交流的上下文连贯与意图明确。在此基础上，通过持续学习机制，AI 客服能够动态吸纳并分析商家与客户的海量交互数据，不断提炼对话策略与服务模式，实现回答准确性的自我优化和对话流程的智能化升级。

个性化响应是 AI 客服的另一大亮点，系统通过深入研究每位用户的独特交互历史与行为模式，不仅能学习并记忆用户偏好，还能预测性地定制服务方案，提供贴合个体需求的精准建议与帮助。这种能力的实现，归功于算法对大数据的高效分析及行为分析技术的深度集成，让每次互动都更加贴心与高效。

综上所述，AI 客服技术通过深度学习驱动的智能解析、持续优化的学习循环及高度个性化的交互设计，正逐步重塑客户服务的边界，引领着未来智能化服务的新趋势。AI 客服技术实现如图 5-8 所示。

在运用效果上，Shopify 平台上的 AI 客服实践显著提升了用户的服务体验感，缩短了响应时间，提升了用户满意度和转化率。商家通过运用这些智能化工具，不仅能够提升客服效率，还能通过数据分析深入了解用户需求，制定更有效的营销和用户服务策略，最终推动业务增长。随着技术的不断进步，Shopify 生态中的 AI 客服应用预计会更加丰富，能够促进商家建立更深层次的自动化和个性化服务能力。

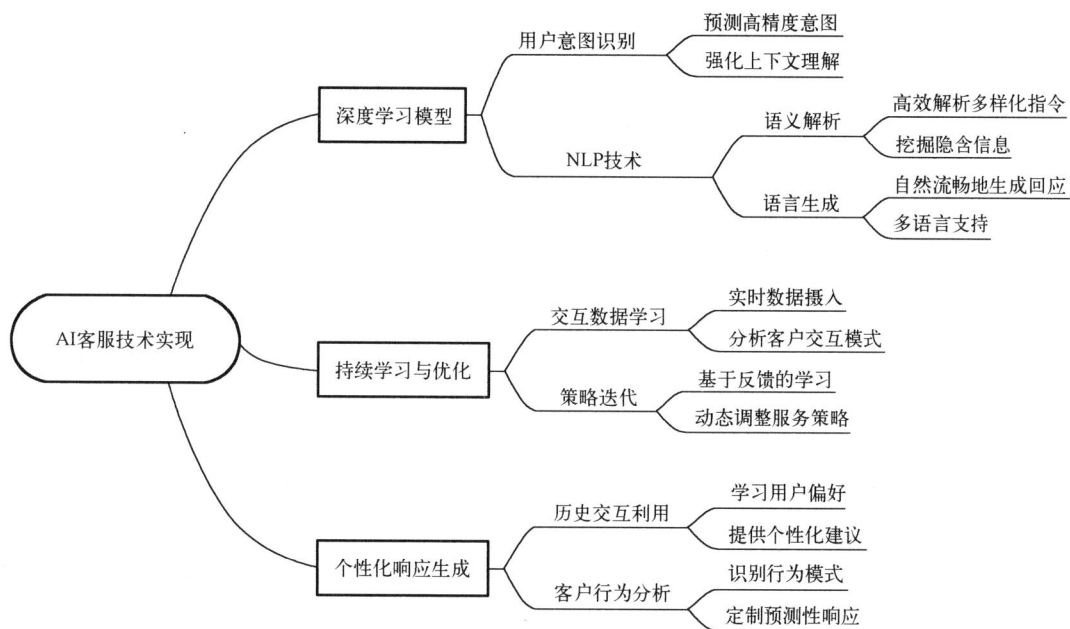

图 5-8　AI 客服技术实现

5.4.2　ZARA 的全球化客户服务策略

ZARA 是全球知名的快时尚品牌，其基于 AI 的全球化客户服务策略着重于提升客户体验和运营效率。ZARA 运用 AI 技术，特别是引入 AR 技术到零售体验中，不仅增强了购物趣味性，也增加了零售销量。例如，在 2022 年 4 月，ZARA 于全球 120 家旗舰店推出为期两周的 AR 体验活动，并上线 ZARA AR 应用程序，客户通过手机扫描特定 AR 标识即可观看模特展示商品。

在供应链管理上，ZARA 利用大数据和 AI 分析销售数据，快速响应市场需求，调整生产和库存，实现从设计到上架的快速周转，这是其"互联网+"策略的一部分，可确保全球店铺能灵活适应各地区消费者偏好。此外，ZARA 的全球运筹营运策略，结合了西班牙和葡萄牙的低成本生产资源与邻近欧洲的地理优势，以及高度自动化的供应链设施，如 20 个染色和剪裁中心，进一步提升了物流效率。

在技术实现上，ZARA 投资了一体化的供应链管理系统，尽管承担了较高的运作成本，但通过集成的设计、数据采集与铺货流程，实现了"以客户为中心"的运营模式。AI 系统在后台支持快速决策，如动态库存管理、个性化推荐等。这些举措都是提升全球客户满意度的关键。

在运用效果上，这些 AI 驱动的策略帮助 ZARA 维持了其在全球市场的竞争优势，加快了产品创新速度，同时通过个性化和互动性的购物体验增强了客户黏性。虽然具体成效如转化率提升和客户反馈的量化数据未公开，但从其持续的全球扩张和数字化转型努力来看，基于 AI 的客户服务策略对提升 ZARA 的全球化运营效率和客户满意度起到了积极作用。

5.4.3　Google 翻译的跨境电商解决方案

Google 翻译作为全球领先的机器翻译工具，为跨境电商提供了强大的语言支持解决方案。目前，其运用广泛，涉及产品描述翻译、客户服务沟通、多语言市场推广等多个环节。跨境电商企业将 Google 翻译应用程序编程接口集成到自身平台，实现了商品信息的即时多语言转换（覆盖超过 100 种语言），确保全球用户能无障碍阅读商品详情。此外，通过语音输入和翻译记录管理等功能，商家能高效处理国际客户的咨询，加快响应速度，提升客户满意度。

在技术实现上，Google 翻译依托神经机器翻译系统，运用深度学习模型，如 Transformer，以大规模多语言语料库为基础进行训练，达到高度准确和自然的翻译效果。其不断优化的算法能够理解上下文，保留原文风格，甚至在无网络环境下也能使用离线翻译功能。针对特定领域，如时尚、电子产品等，持续的定制化训练进一步提高了翻译的专业度。

在运用效果方面，Google 翻译显著降低了跨境电商的语言门槛，提升了跨国交易的效率。有了 Google 翻译的助力，商家能够快速进入新市场，扩大全球业务覆盖范围，同时减少因语言障碍导致的误解和退换货问题，提升交易成功率和客户体验。随着 AI 翻译技术的进步，Google 翻译正在不断进化，为跨境电商打造更加智能化、个性化的语言服务生态，助力企业在全球化进程中稳健前行。

习　题

1．单项选择题

(1)在跨境电商客户服务中，自然语言处理（NLP）技术主要用于哪方面的提升？（　　）

  A．物流速度   B．商品质量

  C．沟通效率与服务质量   D．价格竞争

(2)哪项技术能够帮助聊天机器人根据用户情绪调整交流策略？（　　）

  A．情感分析   B．用户意图识别

  C．多语种翻译   D．个性化推荐

(3)下列哪项不是智能客服系统优化客户服务流程的功能？

  A．自动化工单处理   B．实时语音翻译

C．客户满意度反馈循环　　　　　　　D．问题解答库构建

(4) NLP 技术的未来发展方向不包括以下哪项？（　　）

　　A．上下文感知与个性化翻译　　　　B．低资源语言翻译

　　C．实时语音翻译　　　　　　　　　D．单一文本处理

(5) AI 客服系统如何提升问题解答的个性化服务？（　　）

　　A．静态答案库　　　　　　　　　　B．基于规则的自动回复

　　C．深度学习自动回复+上下文调整　D．人工逐一回复

(6) NLP 技术在跨境电商客户服务中的首要应用是提升什么？（　　）

　　A．产品质量　　　　　　　　　　　B．物流速度

　　C．沟通效率与服务质量　　　　　　D．价格竞争

(7) 跨境电商客服系统如何确保多语言交流的无障碍进行？（　　）

　　A．手动翻译　　　　　　　　　　　B．规则翻译软件

　　C．基于深度学习的机器翻译　　　　D．统计翻译

(8) 情感分析在客户服务中的作用是什么？（　　）

　　A．翻译外语　　　　　　　　　　　B．分析用户意图

　　C．识别用户情绪　　　　　　　　　D．自动回复

(9) 以下哪个不属于聊天机器人开发框架？（　　）

　　A．Rasa　　　　　　　　　　　　　B．Dialogflow

　　C．Microsoft Bot Framework　　　　D．Google 翻译

(10) NLP 技术如何帮助跨境电商优化客户服务流程？（　　）

　　A．增加人工客服　　　　　　　　　B．降低客户满意度

　　C．降低响应速度　　　　　　　　　D．自动化工单处理

(11) 问题解答库与知识图谱如何提升服务效率？（　　）

　　A．更慢地回复　　　　　　　　　　B．给出错误信息

　　C．减少人工介入，加快响应速度　　D．降低准确性

(12) NLP 技术未来在客服系统中将怎样发展？（　　）

　　A．仅限文本交流　　　　　　　　　B．单一化服务

　　C．个性化、多模态交互　　　　　　D．降低效率

(13) NLP 技术如何克服语言障碍？（　　）

　　A．翻译所有语言　　　　　　　　　B．仅英语交流

　　C．实时翻译与文化适应性　　　　　D．不翻译

(14) 情感分析如何帮助企业调整客服策略？（　　）

　　A．无视用户情绪　　　　　　　　　B．识别并应对情绪

　　C．固定策略　　　　　　　　　　　D．无变化

(15) 用户意图识别如何提升客服智能化？（　　）

    A．忽略用户需求   B．确定用户意图

    C．无个性化服务   D．人工解决所有问题

2．简答题

(1)请简述 NLP 技术在跨境电商客户服务中的主要应用领域。

(2)如何理解聊天机器人在跨境电商客户服务中的作用？

(3)描述智能客服系统如何通过问题解答库与知识图谱提升服务效率。

(4)请列举 NLP 技术在跨境电商客户服务中未来可能的发展方向。

(5)解释自动化工单处理如何优化跨境电商客户服务流程。

第6章 内容营销与社会化媒体优化

📖 知识导图

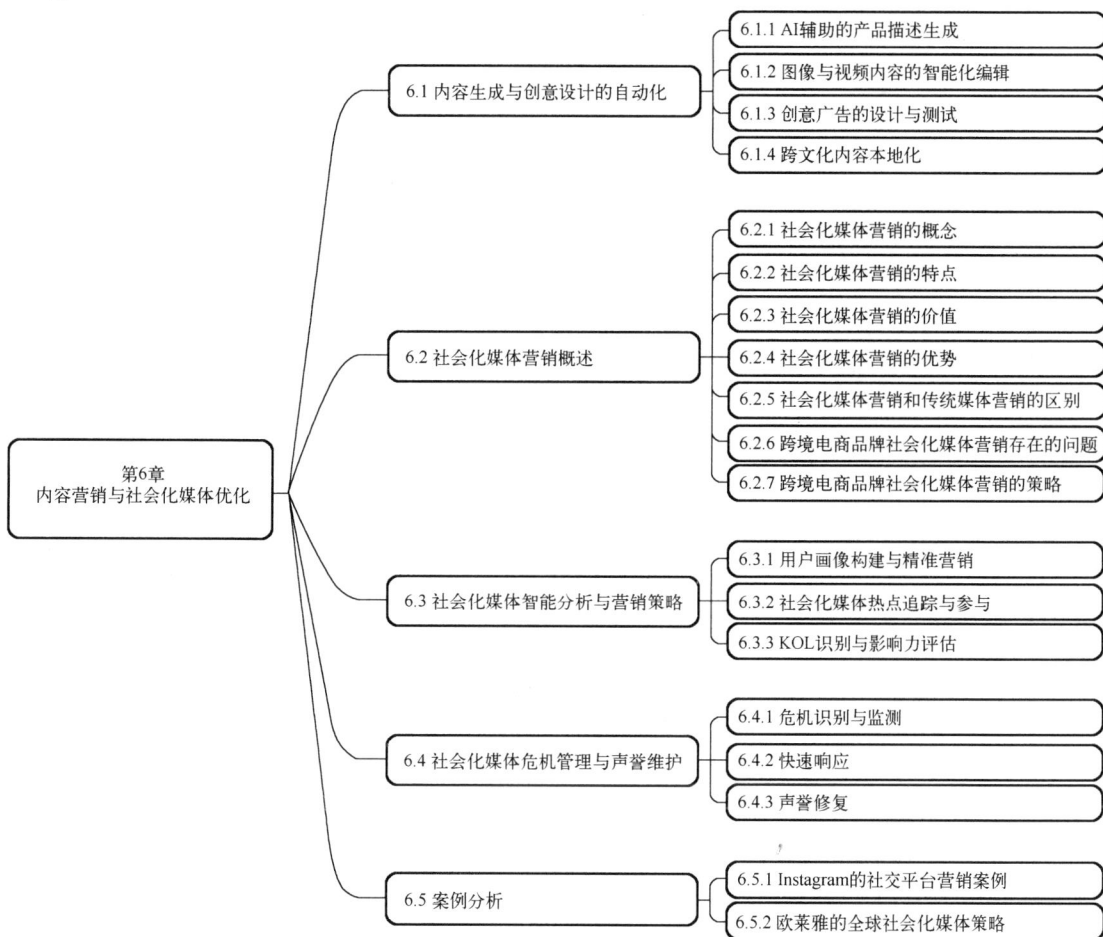

		6.1.1 AI辅助的产品描述生成
	6.1 内容生成与创意设计的自动化	6.1.2 图像与视频内容的智能化编辑
		6.1.3 创意广告的设计与测试
		6.1.4 跨文化内容本地化

6.2 社会化媒体营销概述
- 6.2.1 社会化媒体营销的概念
- 6.2.2 社会化媒体营销的特点
- 6.2.3 社会化媒体营销的价值
- 6.2.4 社会化媒体营销的优势
- 6.2.5 社会化媒体营销和传统媒体营销的区别
- 6.2.6 跨境电商品牌社会化媒体营销存在的问题
- 6.2.7 跨境电商品牌社会化媒体营销的策略

第6章 内容营销与社会化媒体优化

6.3 社会化媒体智能分析与营销策略
- 6.3.1 用户画像构建与精准营销
- 6.3.2 社会化媒体热点追踪与参与
- 6.3.3 KOL识别与影响力评估

6.4 社会化媒体危机管理与声誉维护
- 6.4.1 危机识别与监测
- 6.4.2 快速响应
- 6.4.3 声誉修复

6.5 案例分析
- 6.5.1 Instagram的社交平台营销案例
- 6.5.2 欧莱雅的全球社会化媒体策略

学习目标

知识目标:

学会 AI 在内容营销和创意设计中的基本应用和原理。

掌握 AI 辅助产品描述生成、图像与视频内容编辑、创意广告设计的技术基础。

理解社交媒体智能分析工具和方法,包括用户画像构建、热点追踪、KOL(关键意见领袖)识别与影响力评估。

了解社交媒体危机管理和声誉维护的策略，以及跨文化内容本地化的重要性和方法。

能力目标：

掌握运用 AI 工具自动生成吸引人的产品描述的能力，提高内容营销的效率和效果。

学会使用 AI 技术进行图像和视频内容的编辑，以适应不同市场的需求。

掌握设计和测试创意广告的能力，利用 AI 技术分析用户反馈，优化广告策略。

学会应用社交媒体智能分析工具，制定精准的营销策略，提升品牌影响力。

掌握识别和评估 KOL 影响力的能力，建立有效的社交媒体合作网络。

学会制定和实施社交媒体危机管理计划，维护品牌形象和声誉。

掌握进行跨文化内容本地化的能力，以适应不同文化背景的消费者需求。

价值目标：

理解 AI 技术在内容营销和社会化媒体营销中的深刻价值，认识到其对提升品牌竞争力的贡献。

培养跨文化交流和本地化内容创作的意识，了解尊重和适应不同文化的重要性。

掌握社交媒体的社会责任和伦理意识，了解在数字时代维护品牌形象的重要性。

具备批判性思维和创新能力，能够评估和选择最合适的 AI 工具和策略，以应对不断变化的社交媒体环境。

导入案例

Globalhikers 的 AI 战略：探险装备的国际扩张

Globalhikers 是一家新兴的跨境电商平台，专注于为全球户外探险爱好者提供高质量的装备。创始人李娜有着将高品质的探险装备推广至世界各地的愿景。她希望无论语言和文化背景如何，每位探险者都能感受到 Globalhikers 装备的可靠性和舒适性。

Globalhikers 在国际市场上一经推出，便引起了广泛关注。一位来自澳大利亚的攀岩爱好者对一款新型攀岩鞋表现出浓厚兴趣，但由于语言障碍，难以完全理解产品细节；同时，一位来自德国的徒步旅行者对产品的耐用性充满好奇，却因语言问题无法获得满意的解答。李娜的客服邮箱和社交媒体平台充斥着多语言的咨询和留言，因语言和文化差异导致的问题日益凸显。

面对这些挑战，李娜开始探索如何利用 AI 技术来解决语言和文化障碍。她设想开发一个系统，该系统不仅能即时生成多语言的产品描述，还能根据不同文化背景调整语言风格和内容。李娜的探索引领她进入了 AI 写作、SEO 优化和文化适应性分析的领域，她看到了研制出能够使产品描述跨越语言和文化障碍，直接触达全球消费者的 AI 助手的可能性。

李娜决定采用 AI 辅助的产品描述生成技术。通过与 AI 技术提供商合作，Globalhikers 开发了一个智能系统，该系统能够根据目标市场的文化特点和语言习惯自动调整产品描述。这个系统不仅提高了产品描述的质量和吸引力，还显著提升了 SEO 效果，使得

Globalhikers 的产品在搜索引擎中的排名大幅提升。

Globalhikers 的案例展示了 AI 技术在跨境电商内容创作中的应用潜力。通过 AI 辅助的产品描述生成技术，Globalhikers 成功打破了语言和文化的壁垒，使其产品能够更有效地触达全球消费者。这不仅是李娜的挑战，也是所有跨境电商创业者共同面临的课题。接下来的章节将深入探讨如何利用 AI 技术优化内容营销和社会化媒体策略，帮助跨境电商企业在全球市场中取得成功。

6.1 内容生成与创意设计的自动化

在数字化浪潮的推动下，跨境电商已成为全球贸易的新引擎。随着市场的不断扩大，企业面临着前所未有的机遇与挑战。如何在多元文化的语境下，创造出既符合本土审美又具有国际吸引力的内容，成为跨境电商成功的关键。

在全球化的今天，内容是电商企业与消费者沟通的桥梁。它不仅传递产品信息，更承载着品牌的价值和文化。然而，人工创建吸引人、符合搜索引擎优化（SEO）标准，并且能够跨文化传递的内容，是一项既耗时又复杂的任务。AI 技术的介入，为这一难题提供了完美的解决方案。本节将主要介绍 AI 在自动化内容生成和创意设计中的应用，并揭示这些技术如何帮助企业在国际市场上提升品牌影响力和用户参与度。

6.1.1 AI 辅助的产品描述生成

在跨境电商的激烈竞争中，产品描述的质量直接决定了消费者的购买决策。一个精准而有吸引力的产品描述能够清晰地传达商品的独特价值，从而在消费者的心中留下深刻印象。AI 辅助的产品描述生成工具正以其高效和智能的特点，帮助企业在国际市场上迅速脱颖而出，如图 6-1 所示。

首先，理解产品描述的重要性是关键。产品描述不仅是消费者了解商品的第一窗口，更是建立消费者信任和兴趣的基石。在跨境电商领域，这一需求变得更加复杂，因为描述需要跨越语言和文化的障碍，要适应不同国家和地区的消费者习惯。

其次，AI 工具的分析能力为产品描述的生成提供了强大的支持。AI 工具可以快速识别产品的关键特性和卖点，包括技术规格、使用材料、设计理念等，确保描述准确且有吸引力。通过大数据分析，AI 工具能够洞察市场趋势和消费者偏好，使产品描述与市场需求同步。此外，AI 工具还能分析消费者的在线行为，了解他们的购买动机和决策过程，从而生成更具吸引力的描述。

再次，AI 工具在 SEO 领域的应用同样重要。SEO 是一系列技术和策略的集合，目的是提升网站或网页在搜索引擎结果页面(SERP)上的排名。通过优化网站内容、结构和技术等方面，SEO 能够有效地吸引更多的自然流量。AI 工具在 SEO 优化方面展现出显著的能力。它们能够识别并嵌入关键词，从而提高产品页面在搜索引擎中的排名，进而吸引更多的潜在消费者。此外，AI 工具还能根据不同地区的文化差异调整产品描述中的语言风格和表达方式，确保产品描述在不同市场中都能与消费者产生共鸣，从而提高营销效果。

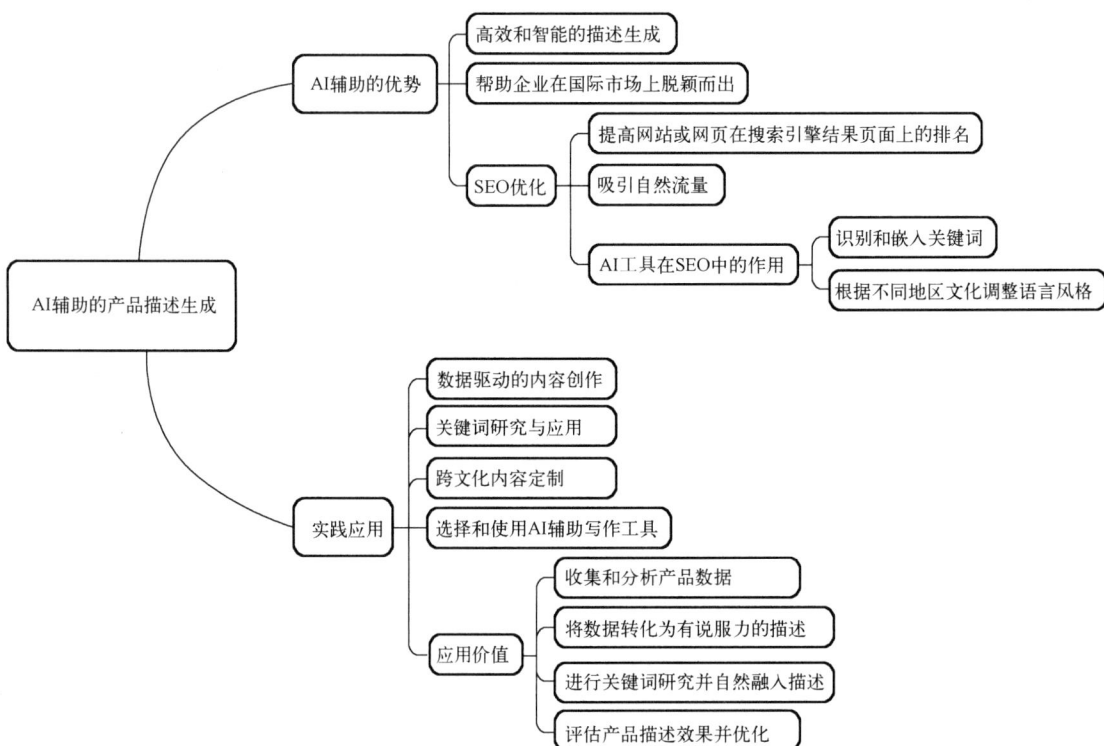

图 6-1　AI 辅助的产品描述生成

最后，在实践应用方面，电商企业要学习如何利用 AI 工具进行数据驱动的内容创作，包括如何收集和分析产品数据，以及如何将这些数据转化为有说服力的描述。关键词研究与应用也是需要掌握的技能，这涉及如何进行关键词研究，并将关键词自然地融入产品描述中，以提高搜索可见性。此外，还应学习如何利用 AI 工具识别不同文化的特点，定制符合当地文化习惯的产品描述，并根据反馈进行持续优化，以提升内容的吸引力和转化率。

6.1.2　图像与视频内容的智能化编辑

在跨境电商的多彩世界中，图像和视频不仅是展示产品的工具，更是跨越语言障碍与全球消费者建立联系的桥梁。高质量的视觉内容能够快速吸引消费者的注意力，传递品牌故事，而 AI 技术的融入，使这一过程更加高效和精准。

1. AI 技术在视觉内容创作中的角色

一方面，AI 技术可以进行色彩调整和场景识别，优化图像和视频的视觉效果，使其更加符合目标市场的美学标准。通过智能分析，AI 能够识别图像中的主要元素，并提出增强建议，如调整亮度、对比度和饱和度，以提升视觉冲击力。

另一方面，AI 在内容优化方面的能力不容小觑。它能够根据市场趋势和消费者偏好，自动生成符合潮流的图像和视频模板，帮助企业快速产出创意内容。此外，AI 还能够识别并适应不同文化背景的市场需求，为不同地区的消费者提供定制化的视觉体验。

2．AI 工具和方法介绍

AI 技术在视觉内容创作中的一些常用工具如图 6-2 所示。下面具体介绍其中几种。

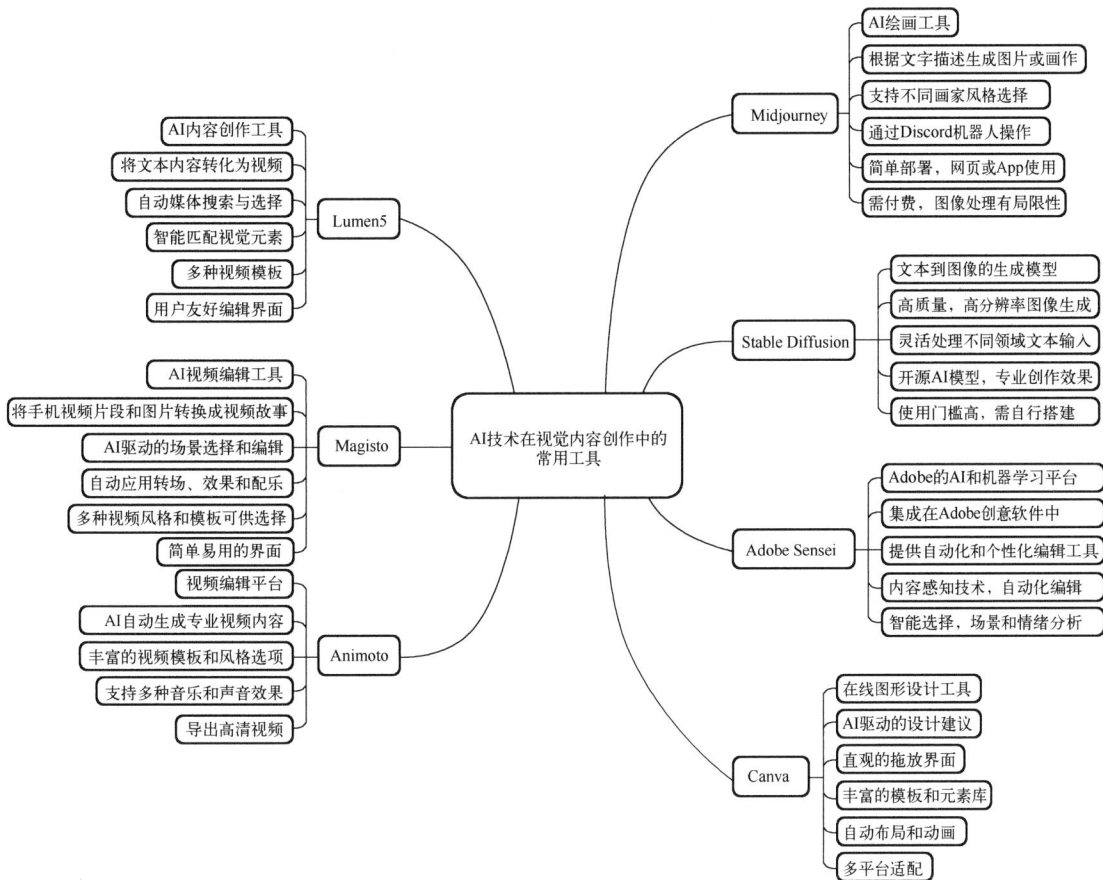

图 6-2　AI 技术在视觉内容创作中的一些常用工具

（1）Midjourney。

Midjourney 是由 Midjourney 研究实验室开发的 AI 绘画工具。它根据用户输入的文字描述，能快速生成符合要求的图片或画作，大大提高创作效率。Midjourney 操作界面如图 6-3 所示。Midjourney 可以选择不同画家的艺术风格，如达·芬奇、达利和毕加索等，还能识别特定镜头或摄影术语，使生成的图像更加丰富多彩。

用户通过 Discord 机器人指令进行操作，可以创作出很多的图像作品。例如，输入相应命令，就能生成如图 6-4 所示的作品。

Midjourney 只需进行简单的部署和配置，直接通过网页或 App 即可生成图像，不受环境限制。它简单易用，对于使用者而言，不需要任何技术功底，创作体验随意轻松。

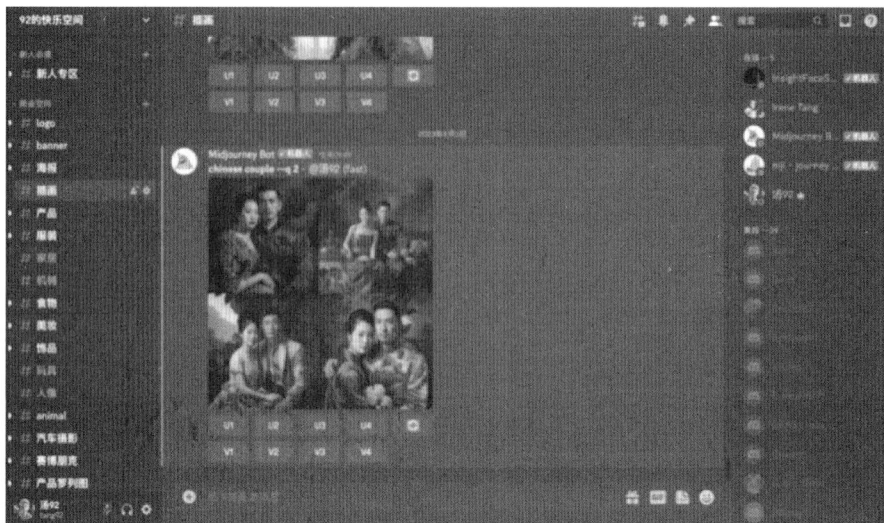

图 6-3　Midjourney 操作界面

图 6-4　Midjourney 生成图像

但 Midjourney 目前需付费使用，并且从现有的版本来看，Midjourney 在处理某些复杂细节方面尚存局限性。例如，在电商、家居领域使用 Midjourney 产生概念图之后，设计师往往需要借助 Adobe Photoshop 及 Stable Diffusion 配合处理，才能达到最佳效果。

（2）Stable Diffusion。

Stable Diffusion 是一种强大的从文本到图像的生成模型。Stable Diffusion 操作界面如图 6-5 所示。它利用潜在扩散模型（Latent Diffusion Model，LDM）、OpenCLIP 编码器、超分辨率放大器等技术，根据任意输入的文本生成高质量、高分辨率、高逼真的图像。

①Stable Diffusion 具有以下优点。

一是高质量。Stable Diffusion 模型可以生成高分辨率、高质量、多样化的图像，这些图像与真实图像几乎难以区分。

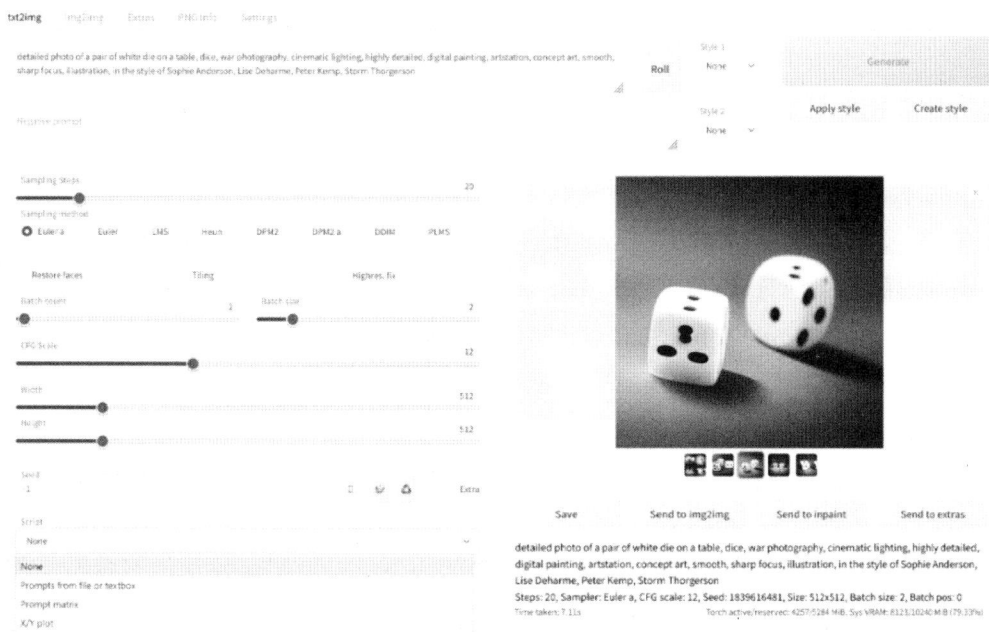

图 6-5　Stable Diffusion 操作界面

二是高灵活性。Stable Diffusion 可以处理任意领域和主题的文本输入，并生成与之相符的多样化和富有创意的图像。

三是高稳定性。Stable Diffusion 模型能避免出现常见的图像生成问题，如模糊、伪影、重复、不自然等。

Stable Diffusion 是一个开源的 AI 模型和代码库，能够实现各种风格的图像生成，创作效果较为专业，主要应用于艺术创作、辅助设计及教育娱乐等。

然而，Stable Diffusion 使用门槛较高，需要使用者具有一定的技术功底，能够根据个人需求进行模块拼接和微调。同时，由于 Stable Diffusion 是开源工具，需要购置较高性能的图形处理器，所以自行搭建的成本也较高。

②Stable Diffusion 和 Midjourney 都是基于 AI 技术的图像生成器，但它们之间也存在一些差异。

一是在技术方面，Stable Diffusion 是基于潜在扩散模型的深度学习模型，而 Midjourney 则是基于生成对抗网络的模型。

二是在访问方式上，Stable Diffusion 是开源的，使用者可以在自己的计算机上下载并运行，而 Midjourney 则需要通过网络连接访问，并且目前只能通过 Discord 平台使用。

三是在付费模式方面，Stable Diffusion 可以在自己的硬件上免费运行，而 Midjourney 则需要每月至少支付 10 美元才能生成有限数量的图像。

四是 Stable Diffusion 作为一个功能强大的工具，有着相对复杂的设置流程和较高的学习曲线，而 Midjourney 则强调易用性和直观性，即使没有深入技术背景的创意工作者，也能够快速上手。

总之，Stable Diffusion 和 Midjourney 均有各自的优点，用户可以根据自己的需求和技能水平选择合适的产品。

（3）Adobe Sensei。

Adobe Sensei 平台集成了多种 AI 功能，如自动标记、内容感知填充和智能锐化，可用于提升图像和视频的专业品质。Adobe Sensei 是 Adobe 的 AI 和机器学习平台，它集成在 Adobe 的多个创意软件中，如 Photoshop、Premiere Pro、After Effects 等，为用户提供智能化的编辑功能。Adobe Sensei 通过学习和模仿设计专家的行为，提供自动化和个性化的工具，帮助用户提高工作效率和创作质量。

Adobe Sensei 的具体功能如下。

其一，内容感知技术。Sensei 能够识别图像和视频内容，提供内容感知的编辑建议，如自动标记、内容感知填充和裁剪。

其二，自动化编辑。通过 Sensei 的 AI 算法，用户可以实现自动化的编辑任务，如自动色彩校正、音频清理和表情跟踪。

其三，智能选择。Sensei 的智能选择工具可以快速选择图像中的特定对象或区域，简化编辑流程。

其四，场景和情绪分析。在视频编辑中，Sensei 可以分析场景内容和情绪，帮助用户快速找到所需片段。

Adobe Sensei 在视频内容编辑中的应用如下。

其一，内容感知填充。在 Premiere Pro 中，使用 Sensei 的 Content-Aware Fill 功能，可以智能地识别并自动移除视频中不需要的物体或干扰元素，使视频内容更加专业。

其二，智能音频清理。利用 Sensei 的音频清理功能，自动去除背景噪音或调整音量，提升视频音质。

其三，自动色彩调整。在 After Effects 中，Sensei 可以自动匹配和调整色彩，确保视频片段之间的色彩连贯性。

其四，表情选择和跟踪。使用 Sensei 的面部识别技术，可以快速选择视频中的人物表情，并进行跟踪和动画制作。

其五，场景和情绪分析。在 Premiere Pro 中，Sensei 可以帮助用户通过场景和情绪分析快速找到视频的特定部分。

其六，自动化剪辑。Sensei 的自动剪辑功能可以分析视频内容，自动创建剪辑。

（4）Canva。

Canva 是一款多功能的在线图形设计工具。它通过为用户提供 AI 驱动的设计建议，帮助用户快速创建适合不同社交媒体平台的图像和视频内容。在功能方面，它不仅支持图像设计，还提供视频编辑功能。它的用户界面直观易用，适合初学者和专业人士。

①Canva 的核心特点如下。

一是直观的拖放界面。Canva 的界面设计简单直观，用户可以通过拖放元素来创建视频，无须复杂的操作。

二是丰富的模板和元素库。Canva 提供多种视频模板和设计元素，如文字、图标、图片和视频片段，用户可以根据需要进行选择和定制。

三是自动布局和动画。Canva 的 AI 技术可以帮助用户自动布局元素和添加动画效果，简化设计过程。

四是多平台适配。Canva 支持多种视频尺寸和格式，适合不同的社交媒体平台和展示需求。

②Canva 的使用技巧如下。

其一，选择合适的模板。Canva 提供了多种预设的视频模板，适合不同的用途和风格，可以选择一个合适的模板作为视频设计的起点。

其二，上传自己的媒体素材。用户可以上传自己的图片、视频片段和音乐，将它们整合到设计中，但要确保素材的版权合法，避免侵权问题。

其三，利用 AI 设计建议。Canva 的 AI 设计建议功能可以帮助用户快速选择合适的颜色、字体和布局，提升设计效率和质量。

其四，调整元素动画和转场。Canva 允许用户为每个元素添加动画效果，如淡入淡出、移动和缩放。同时，还可以为视频片段添加转场效果，增加视觉吸引力。

其五，编辑文字和图标。Canva 提供了丰富的文字样式和图标库。用户可以根据需要调整文字的字体、大小、颜色和效果，使它们与视频内容相匹配。

其六，调整视频长度和帧率。Canva 允许用户调整视频的长度和帧率，确保视频符合用户的需求和社交媒体平台的要求。

其七，预览和导出。在完成设计后，预览视频，确保所有元素和动画效果符合预期，然后选择适当的视频格式和分辨率进行导出。

其八，分享和反馈。将视频分享到社交媒体或通过电子邮件发送给朋友和同事，收集他们的反馈，以便进一步优化设计。

③Canva 在视频内容编辑中的具体应用如下。

其一，选择模板。登录 Canva 网站或应用，选择一个适合需求的视频模板。

其二，上传素材。将视频片段、图片和文字等素材上传到 Canva。Canva 支持多种文件格式，包括 MP4、JPG、PNG 等。

其三，编辑内容。拖放视频片段到时间轴上，调整顺序和时间，添加文字、图标或其他图形元素。Canva 的 AI 设计建议会帮助用户选择最佳布局。然后调整色彩和滤镜，使用 AI 色彩匹配功能为视频添加统一的视觉风格。

其四，动画和转场。Canva 提供多种动画效果和转场效果，用户可以根据需要为视频片段添加动画，以增强视觉吸引力。

其五，音乐和声音。选择 Canva 内置的音乐库或上传自己的音乐，为视频添加背景音乐。AI 建议功能可以帮助用户选择与视频内容相匹配的音乐。

其六，导出和分享。编辑完成后，预览视频，确保一切符合预期后导出，然后根据需要分享到社交媒体或通过电子邮件发送。

（5）Animoto。

Animoto 是一个视频编辑平台，它通过 AI 技术帮助用户将视频片段、图片和音乐结合起来，自动生成专业的视频内容。用户可以轻松选择素材，定制视频长度和风格，而 Animoto 的 AI 会处理其余的编辑工作，确保最终视频具有流畅性和视觉吸引力。这款工具适合希望轻松制作社交媒体视频、营销视频或商业演示的用户。

Animoto 的核心特点如下。

一是 AI 自动视频编辑，简化创作过程。

二是丰富的视频模板和风格选项。

三是支持多种音乐和声音效果。

四是导出高清视频，适用于各种平台和设备。

（6）Magisto。

Magisto 是一款利用 AI 技术进行视频编辑的工具，它可以将用户的手机视频片段和图片转换成专业的视频故事。Magisto 通过 AI 技术分析视频内容，自动选择最佳场景，同时应用转场效果和色彩分级、配乐，制作出高质量的视频。这款工具非常适合需要快速制作广告、营销视频或社交媒体内容的用户。

Animoto 的核心特点如下。

一是 AI 驱动的场景选择和编辑。

二是自动应用转场、效果和配乐。

三是多种视频风格和模板可供选择。

四是简单易用的界面，适合所有水平的用户。

（7）Lumen5。

Lumen5 是一款创新的 AI 内容创作工具，专注于将文本内容转化为视觉上吸引人的视频。它通过分析用户输入的文本，自动搜索相关的媒体资产（如图片、视频片段和音乐），并结合这些元素创建视频内容。Lumen5 的 AI 技术简化了视频制作流程，特别适合需要快速制作社交媒体视频摘要或产品介绍的用户。

Lumen5 的核心特点如下。

一是自动媒体搜索与选择。

二是根据文本内容智能匹配视觉元素。

三是多种视频模板适应不同主题和风格。

四是用户友好的编辑界面，支持进一步的定制和调整。

6.1.3　创意广告的设计与测试

在数字营销的世界中，创意广告是连接品牌与消费者、传递价值主张的重要桥梁。随着 AI 技术的飞速发展，它已成为创意广告设计与测试的强大助力。尤其在跨境电商领域，AI 的应用不仅提升了广告内容的创意性和个性化水平，还极大地提升了广告投放的精准性和效果转化率。

1．AI 在创意广告设计中的应用

AI 在创意广告设计中的应用主要体现在以下几个方面。

（1）个性化内容生成：AI 通过分析消费者数据，定制个性化的广告内容，以满足不同消费者的特定需求和偏好。

（2）情感分析：AI 能够识别和调整广告中的情感元素，确保广告与目标受众的情感产生共鸣。

（3）A/B 测试：AI 能自动化地进行 A/B 测试，比较不同广告版本的效果，帮助选取最佳广告策略。

（4）市场趋势预测：AI 分析工具能够预测市场趋势和消费者行为，为广告创意提供方向。

（5）自动化投放和优化：AI 工具能够自动管理广告投放，根据实时数据调整广告策略，优化广告效果。

2．AI 技术赋能跨境电商行业

AI 技术为跨境电商广告设计和多维度测试赋能。

（1）跨文化广告定制：AI 帮助分析不同文化背景下的消费者行为，定制跨文化的广告内容，增强广告的全球适应性。

（2）多语言广告生成：利用 AI 翻译和本地化工具，快速生成支持多语言的广告，扩大国际市场。

（3）ROI（Return on Investment，投资回报率）分析和报告：AI 提供详细的广告投放报告和 ROI 分析，帮助企业评估广告效果并做出数据驱动的决策。

（4）智能客服和反馈收集：结合 AI 客服系统，收集消费者对广告的反馈，进一步优化广告策略。

（5）持续学习和优化：AI 系统通过机器学习不断优化广告设计和投放策略，提高广告的相关性和吸引力。

3．几款 AI 工具的介绍

（1）Canva Design AI。Canva 是一个用户友好的在线设计工具，其 Design AI 功能提供设计建议，包括颜色搭配、字体选择和布局调整。Canva 还支持视频编辑和动画制作，非常适合快速制作社交媒体广告和营销视频。

（2）Moovly。Moovly 是一个 AI 驱动的视频制作平台，允许用户通过简单的拖放操作创建动画视频。它特别适合将数据和信息转化为动态图形，适用于制作数据驱动的广告和解释视频。

（3）Virtuous。Virtuous 是一个营销自动化平台，利用 AI 技术帮助企业在多个渠道上创建、管理和优化广告活动。它通过分析用户行为和反馈，自动调整广告投放策略，提高广告的相关性和效果。

（4）Acrolinx。Acrolinx 是一个内容分析工具，利用 AI 技术分析文本内容，提供内容优化建议。它确保广告文案的质量和一致性，帮助品牌在不同语言和文化背景下传达清晰的信息。

（5）Deepart。Deepart 是一个 AI 驱动的艺术风格转换工具，可以将普通照片转换成具有特定艺术风格的照片。该工具可以创造独特的广告视觉效果，吸引消费者的注意力。

（6）Clarifai。Clarifai 是一个视觉识别平台，利用 AI 技术识别和分析图像与视频中的对象、场景和活动。它可以帮助设计师和营销人员更好地理解广告的视觉元素，并优化广告内容，以提高吸引力。

（7）Tobii Tech。Tobii Tech 是一家眼动追踪与眼动控制技术研发商，它提供眼动追踪技术，可以分析用户观看广告时的注意力分布。这种技术有助于优化广告设计，确保关键信息能够吸引目标受众。

以上创意广告设计中的 AI 工具如图 6-6 所示。

4. 几款 AI 工具的具体应用

（1）Adobe Sensei 的智能编辑功能。

内容感知技术：Adobe Sensei 利用其内容感知技术，能够自动识别和标记图像中的不同元素，如天空、草地等，使编辑者可以更精确地选择和编辑特定区域。

智能选区：在 Photoshop 中，Sensei 可以自动标记照片中的对象，如人脸，并识别出眉毛、嘴唇和眼睛等部位，帮助设计师在调整面部特征时使这些特征保持自然和协调。

自动化编辑：Sensei 能够将一些固定、重复性的操作自动化，简化创意过程中的繁琐步骤，让设计师能够专注于更高层次的创意工作。

场景和情绪分析：在视频编辑中，Sensei 可以分析视频内容的场景，并智能推荐相应的特效，提升视频的视觉效果和情感表达。

文本和图像生成：Sensei 还能够对文档进行语义理解并智能生成摘要，帮助设计师快速把握文本内容的核心，从而设计出更有针对性的广告文案。

个性化内容生成：通过分析用户数据，Sensei 能够生成个性化的广告内容，满足不同消费者群体的特定需求和偏好。

A/B 测试：Sensei 的 AI 技术可以自动进行 A/B 测试，比较不同广告版本的表现，帮助选取最佳广告策略。

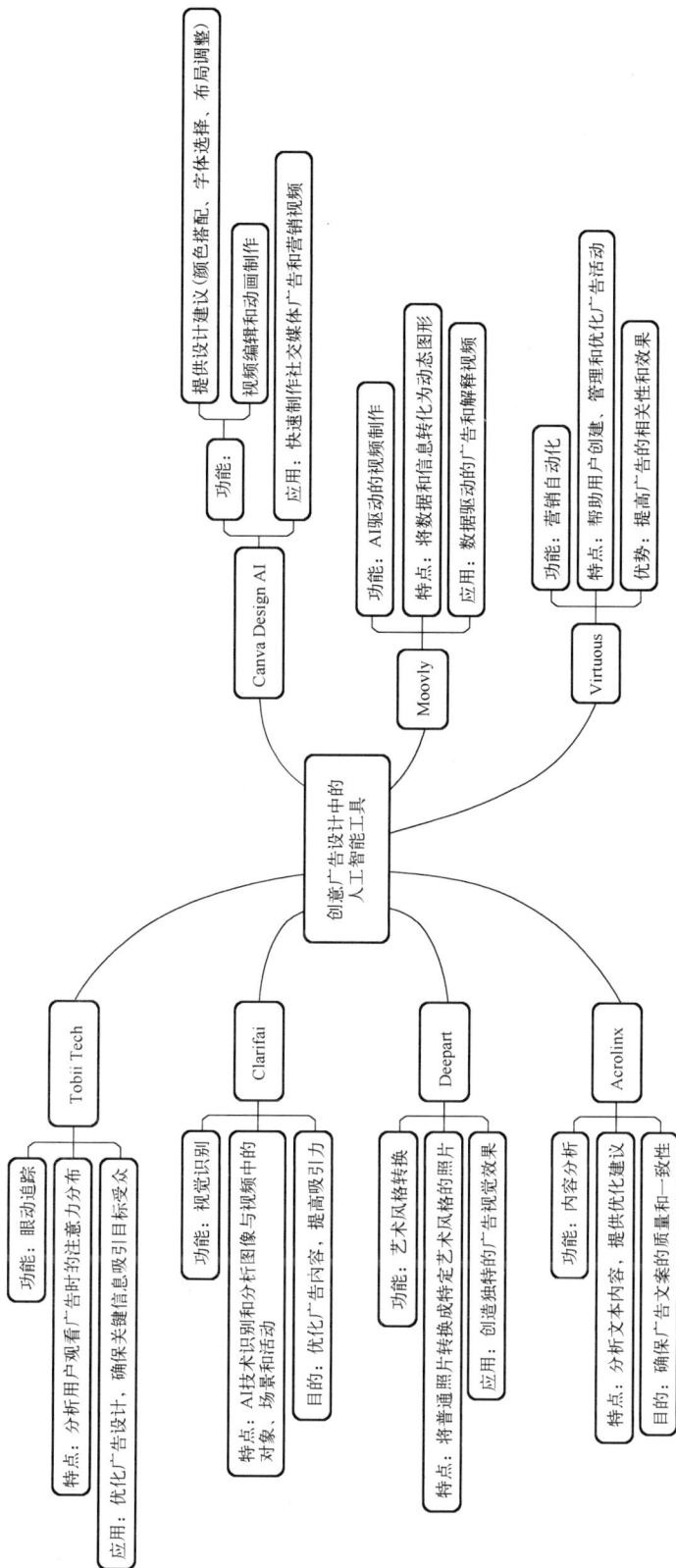

图 6-6　创意广告设计中的 AI 工具

（2）Moovly 的 AI 视频制作。

Moovly 是一个基于云的数字内容创作平台，它通过用户友好的界面和强大的功能，使创建动画视频、信息图表和其他多媒体内容变得简单快捷。Moovly 的 AI 视频制作平台在数据驱动广告中具有以下优势和应用场景。

①Moovly 的优势包括如下几方面。

一是易于使用：Moovly 提供了一个直观的拖放界面，用户无须具备专业视频编辑技能即可快速上手。

二是数据可视化：Moovly 能够将复杂的数据和统计信息转换成易于理解的视觉图形和动画，使信息传递更为直观。

三是自动化内容生成：Moovly 的 AI 技术可以自动从数据源生成内容，减少手动输入数据的时间和错误。

四是有丰富的模板和元素库：Moovly 提供丰富的模板和设计元素，用户可以根据需要选择合适的样式和布局。

五是可个性化定制：用户可以根据自己的品牌和信息需求，对模板进行个性化定制。

六是多平台兼容性：Moovly 生成的视频内容可以适应不同的社交媒体平台、网站和移动设备的需求。

七是协作功能：Moovly 支持团队协作，多个用户可以同时在线编辑和审阅项目。

八是成本效益高：相较于传统的视频制作方式，Moovly 提供了一个成本效益更高的解决方案。

②Moovly 的应用场景有如下几类。

一是解释视频：Moovly 可以用来创建解释产品或服务工作原理的视频，通过数据和图表清晰地展示信息。

二是数据报告：企业可以使用 Moovly 快速生成季度或年度的数据报告视频，向股东和投资者展示业绩。

三是营销活动：在营销活动中，Moovly 可以用来制作吸引人的广告视频，展示产品特点和用户评价。

四是教育培训：教育培训机构可以利用 Moovly 创建教育内容，如课程概述、学习成果展示等。

五是社交媒体：Moovly 生成的视频可以用于社交媒体平台，吸引关注并提高用户参与度。

六是活动和会议：在公司活动或行业会议中，Moovly 可以用来制作活动概述、演讲摘要或关键数据点的展示。

七是个性化营销：通过 Moovly，企业可以为不同的客户群体定制个性化的视频内容，提升营销的针对性和效果。

八是危机沟通：在需要快速传达信息或回应市场变化时，Moovly 可以迅速制作并发布视频声明。

（3）Runway Gen-2。

Runway Gen-2 是一个创新的 AI 视频制作平台，它通过先进的 AI 技术，提供了一种全新的视频创作和编辑体验。

Runway Gen-2 的优势有如下几点。

一是易于操作：Runway Gen-2 提供了一个直观的拖放界面，用户无须具有深厚的视频编辑经验即可迅速掌握基本操作。

二是智能数据可视化：Runway Gen-2 能够将复杂的数据和统计信息转化为易于理解的视觉图形和动画，使信息传递更加直观和生动。

三是自动化内容创作：Runway Gen-2 的 AI 技术能够自动从数据源提取内容，减少手动输入数据的时间和可能出现的错误。

四是创意模板和元素库：提供丰富的视频模板和设计元素，用户可以根据自己的需求选择合适的样式和布局。

五是个性化视频定制：用户可以根据自己的品牌特色和信息传达需求，对模板进行个性化调整和定制。

六是多平台视频适配：Runway Gen-2 生成的视频内容能够适配不同的社交媒体平台、网站和移动设备，确保广泛传播。

七是团队协作功能：Runway Gen-2 支持团队协作，多个用户可以同时在线编辑和审阅视频项目，提高工作效率。

八是经济效益显著：与传统视频制作方式相比，Runway Gen-2 提供了一个更具成本效益的解决方案，帮助用户节省时间和预算。

Runway Gen-2 的应用场景有如下几种。

一是电影制作：在电影制作中，Runway Gen-2 可以用来快速生成预告片和特效场景。

二是广告创意：为广告行业提供创意视频制作，快速实现广告概念的视觉化。

三是社交媒体：制作适合社交媒体传播的短视频内容，吸引观众注意力。

四是教育培训：制作教育视频，如在线课程、教学演示和模拟实验。

五是企业宣传：帮助企业制作宣传视频，展示企业文化和产品特点。

六是个人创作：为个人创作者提供视频制作工具，实现个人创意和故事讲述。

七是事件直播：在直播活动中，实时编辑和增强直播视频内容。

八是虚拟现实：结合 VR 技术，制作沉浸式视频体验，拓展视频制作边界。

6.1.4　跨文化内容本地化

跨境电商的成功很大程度上取决于其内容能否跨越文化障碍，与全球消费者产生共鸣。AI 技术在跨文化内容本地化中的应用，使品牌能够更有效地与不同文化背景的消费者沟通。

1. 文化适应性分析

AI工具可以通过分析不同文化的特点和偏好，帮助企业调整策略内容。这包括对语言、色彩、图像和符号的文化含义进行分析，确保内容在不同市场中具有适宜性和吸引力。

2. 本地化内容生成

AI技术能够辅助企业生成或翻译适合特定文化背景的内容。这不仅包括语言翻译，还包括对文化元素的适当融入，以及符合当地审美的设计调整。

3. 市场趋势预测

AI可以帮助企业预测不同市场的变化趋势，从而提前准备和调整营销策略。通过分析社会化媒体数据和消费者行为，AI工具能够揭示潜在的市场机会和消费者需求。

6.2　社会化媒体营销概述

6.2.1　社会化媒体营销的概念

什么叫社会化媒体营销？社会化媒体营销就是通过第三方的网络平台，如微博、微信、抖音、小红书、大众点评等，与网络媒体共同向公众传递品牌的信息，发布品牌的活动和品牌的新闻。社会化媒体营销的功能有三：一是扩大销售，二是协调公关，三是维护客户关系。维护客户关系也是一种新的市场营销渠道。常见的社会化媒体营销工具包括网站、论坛、微信、微博、图片与短视频等，以及利用自媒体系统或者构建用于在线咨询和交易支付的媒体平台。所谓的社会化媒体营销，就是在既定的范围内体现出企业与消费者的交流沟通这个互联网特征，并且以交流沟通为最终的指导方向，同时遵循公开、规范、科学的原则，所进行的一系列商业性的营销活动。

社会化媒体营销的主要内容包括以下三方面。

(1)在社会化媒体平台上创造有价值的新闻，吸引消费者参与互动讨论，利用消费者之间自发性的病毒传播形成广泛传播。

(2)利用各种社会化媒体平台，多渠道投放有趣、有吸引力的内容进行品牌宣传，扩大品牌知名度。

(3)利用社会化媒体平台开展客户关系维护，尊重消费者，利用与消费者之间的平等性，体现"以人为本"的营销理念。

6.2.2　社会化媒体营销的特点

社会化媒体营销的特点如图6-7所示。

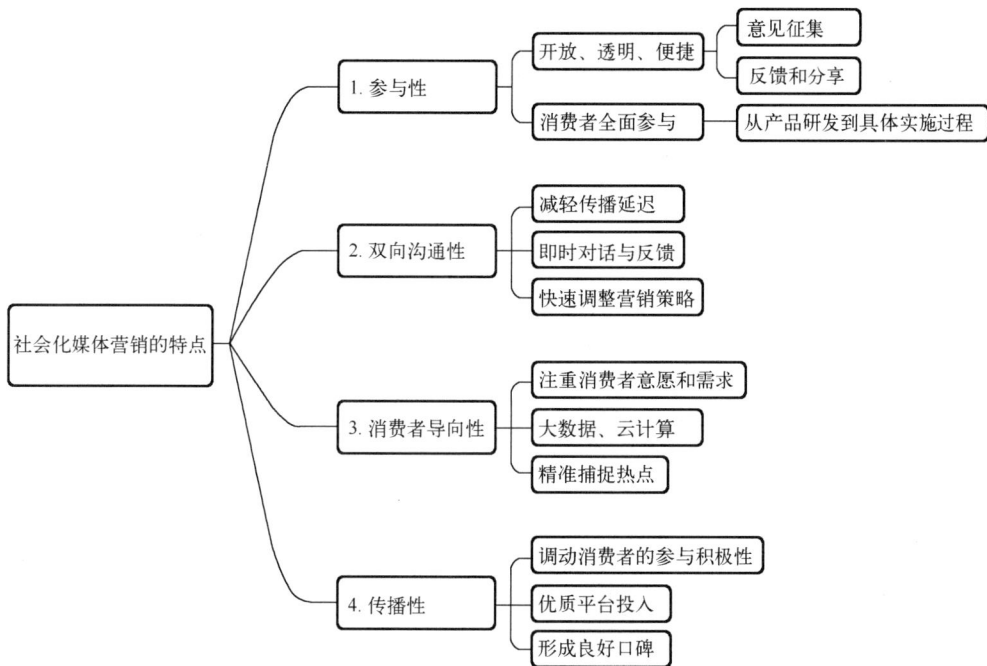

图 6-7　社会化媒体营销的特点

1. 参与性

社会化媒体营销的概念明确说明它是以社会化媒体为载体而形成的新营销方式。因此，社会化媒体营销也被互联网时代赋予了开放、透明、便捷的特点，消费者能够全面观察并完整地参与企业的营销过程。从产品研发的意见征集，到具体实施过程中的反馈和分享，消费者在营销过程中都扮演了重要的角色。

2. 双向沟通性

传统的营销路径，一般来讲是由企业作为信息传播方、消费者作为信息接收方的，呈现出单向性的特点。通常来讲，营销是企业将内容传递给消费者，因此时效性会受到一些客观因素的影响。相较于前者，在社会化媒体营销中消费者能够通过媒介与企业进行即时对话，对产品或服务进行反馈，企业也能在第一时间给予反应，在最短的时间内调整自己的营销策略。这种双向沟通既能减轻主体间的传播延迟，又能即时沟通并快速调整。

3. 消费者导向性

脸书（Facebook）、推特（Twitter）是社会化媒体平台的"风向标"。随着互联网技术愈加成熟，该领域内的媒体类型愈加丰富。在市场经济发展的长河中，营销理论逐渐发展成熟，消费者一方的意愿和需求是否得到满足开始成为衡量一家企业成功与否的指标之一。在互联网时代，通过大数据、云计算等新兴科技手段，企业可以借助社会化媒体平台，精准地捕捉热点和消费者需求，有针对性地调整营销策略。

4．传播性

社会化媒体在很大程度上调动了消费者的参与积极性。这种新兴的媒体传播方式将引领一波新的潮流，因此企业在进行社会化媒体营销时要关注传播性所起的作用，加大在优质平台上的投入，通过其形成良好的口碑效应，提高消费者体验。

6.2.3　社会化媒体营销的价值

社会化媒体营销能够增加企业与消费者之间的互动交流，既能扩大企业营销信息传播覆盖面，又能鼓励消费者自我生成内容及表达个人需求和价值观。总体而言，它对企业价值巨大。

1．社会化媒体营销有利于增加企业的经济收益

经济收益反映了企业的财务绩效，而财务绩效可以用销售收入、成本和资产回报率等一系列和企业财务直接相关的指标来衡量。相比传统的电视广告等营销渠道，社会化媒体营销具有低成本的显著特征，它能以较低的成本，达到广泛传播的效果，性价比较高。此外，社会化媒体营销还能改变消费者对产品和对企业的态度，增强消费者的购买意愿。

2．社会化媒体营销有利于企业与消费者建立良好关系

保持与消费者的良好关系是企业可持续发展的核心。企业开展公共关系营销等活动，都是为了与消费者建立长期的良好关系。社会化媒体作为一种最受消费者喜爱的营销媒介，能够帮助消费者表达个人需求，及时反馈意见和建议，为消费者与企业互动提供十分便捷的平台。社会化媒体是消费者分享信息与价值、形成品牌社群的理想平台。品牌社群具有重要的战略意义，社群内消费者的交流比企业与消费者的沟通更为有效。

3．社会化媒体营销有利于积累品牌资产

好的品牌不是一蹴而就的，而是企业长期经营打造的，因此品牌的塑造是一个长期的、动态的过程。社会化媒体为消费者和企业互动提供了开放式、跨时空的平台，使不同利益相关者(如消费者和员工)的合作变为现实。企业的不同利益相关者可以通过虚拟社区参与品牌的价值共创过程，这有助于品牌资产的积累。

6.2.4　社会化媒体营销的优势

在社会化媒体营销的过程中，企业不仅可以进行营销及销售管理，还可以通过社会化媒体平台处理和维护公共关系和客户关系。借助社会化媒体平台的高度开放性和社区性，企业可以一对一、一对多或多对多地与消费者展开互动，及时创造出能够充分吸引消费者参与的有传播价值的营销内容。营销内容可以用图片、视频或者直播等方式呈现，激发消费者参与互动与转发的热情，吸引消费者广泛参与。消费者的自发参与使社会化媒体营销能够以较低成本获得较高的营销效果。

相对于传统媒体营销，社会化媒体营销具有以下优势。

1. 传播方式更平行

传统媒体营销以企业为主导，其传播方式是自上而下的单向传播，企业和消费者是主导和被主导的关系，消费者只能被动地接收企业所传达的信息。而在社会化媒体营销中，营销的社交属性得以加强，企业和消费者之间的沟通是一种双向的沟通，两者之间是平行的关系。

2. 传播速度更快

传统的营销方式需要进行大量的筹备、铺垫，消费者只有在特定的情形下才会接收到这些信息，企业接收到这些内容的反馈也相对滞后。而随着社会化媒体营销的不断兴起，企业可以随时随地在这些社会化媒体平台上更新产品信息、促销活动等内容。消费者则能够更便捷地从这些平台上获得品牌及产品的相关信息，并在这些平台上分享自己的使用感受和心得。而企业也可以实时获取消费者的反馈，与之进行有效互动。社会化媒体营销使企业营销的速度变得更快。中国企业海外社交媒体传播力指数（2023 年 12 月）如表 6-1 所示。

表 6-1　中国企业海外社交媒体传播力指数（2023 年 12 月）

排序	综合传播力指数前十	脸书传播力指数前十	X（原推特）传播力指数前十	Instagram 传播力指数前十	LinkedIn 传播力指数前十
1	华为	青岛啤酒	茅台	SHEIN	华为
2	北京字节	北京字节	昆仑万维	北京字节	蔚来
3	茅台	真我	华为	真我	比亚迪
4	小米	茅台	小米	美的	北京字节
5	大疆创新	美的	一加手机	大疆创新	吉利汽车
6	名爵汽车	华为	OPPO	名创优品	海康威视
7	真我	上海电气	隆基光伏	海信	大疆创新
8	一加手机	名创优品	百度	Cider	中兴
9	OPPO	隆基光伏	北京字节	Insta360	联想
10	美的	小米	联想	花知晓	知乎

3. 营销成本更低

在传统媒体营销中，企业从广告的筹备、文案撰写、素材制作、广告拍摄到媒体端的呈现，都需要投入大量的人力、物力、财力，成本较高。随着互联网技术的高速发展和社会化媒体平台的快速崛起，企业可以利用平台大数据服务精准地定位消费者的喜好，从而进行有针对性的定向营销，省去了传统媒体营销中大量资金、设备、人员等方面的耗用，降低了营销成本。

4. 传播范围更广泛

在传统媒体营销中，传播都是以一种"广播"的形式从中心向四周传递的。而在社会化媒体营销中，得益于多方的参与互动，传播是交错纵横又相互联系的。无论是企业还是消费者，一旦其发布的信息引发其他消费者的共鸣，他人就可能自发进行转发传播，从而使信息在更加广泛的范围传播。

6.2.5 社会化媒体营销和传统媒体营销的区别

社会化媒体营销在具备了传统媒体营销的大部分优势的同时，更具有传统媒体营销不具备的优势。在传播过程中，传统媒体营销是一种垂直化的、自上而下的沟通，这种沟通具有滞后性，企业必须提前选定消费者，并且提前制作好传播内容，而消费者只能被动接收。这表明在传统媒体营销过程中，企业往往占据了主动地位，消费者只能被动接收企业的营销内容，并且这种传播方式是自上而下单向传播的，具有一定的限制性。

而在社会化媒体营销中，社交属性得以加强，这种社交属性具备了自发性、社区性。随着社会化媒体成为仅次于移动新闻客户端的用户获取资讯的第二大渠道，社会化媒体营销正式进入了主流营销行列。此外，随着越来越多的用户从 PC 端转移到移动端，这种社交属性更加令人瞩目。在社会化媒体营销传播的过程中，消费者和企业之间的沟通是一种双向的沟通，这种双向的沟通具有零散化的特点，不是以往传统媒体营销的那种刻意的沟通。两者最大的区别是，传统媒体营销的信息仅限于在企业和消费者之间自上而下的沟通，而在社会化媒体营销中，这种沟通是水平化的、平等化的，并且不限于企业与消费者之间，更多地发生在消费者与消费者之间。因此，社会化媒体营销和传统媒体营销最根本的区别就在于是否能够双向沟通。

社会化媒体营销和传统媒体营销并不是相互排斥、前者取代后者的关系，而是一种相互融合的关系。将传统媒体营销同社会化媒体营销互补结合，将为企业带来更有效的营销效果。在两者结合的企业营销模式下，社会化媒体营销可以利用传统媒体营销来解决规模投放问题，使社会化媒体营销从线上走向线下，使营销活动更具影响力。

社会化媒体营销与传统媒体营销的区别，如表 6-2 所示。

表 6-2　社会化媒体营销与传统媒体营销的区别

对比项	社会化媒体营销	传统媒体营销
传播方式	直接、公开、双向、水平	间接、垂直、单向
传播对象	人一人的多维人际关系	企业一人
传播效果	快速、及时、高效	较慢、滞后
传播成本	较低	高
传播风险	高	低

6.2.6 跨境电商品牌社会化媒体营销存在的问题

1. 缺乏精细化营销系统设计

众所周知，近年来我国与周边国家形成了完整的产品营销产业链条，这种连带性的国家发展战略并非针对简单的产品买卖，而是重在品牌的推广与营销。很多企业虽然看中了跨境电商的"风口"，却没有对其深入研究，只是追求一时的热度，忽略了营销过程的系统性，而且没有根据品牌结构体系进行设计，导致产品与品牌之间缺少关联性。随着各大企业和厂商不断涌入这个行业，市场的竞争愈加激烈，缺少系统设计的营销模式会使消费者对品牌逐渐失去信心，转而追求低价产品。这种情况在一定程度上会引发市场竞争者牺牲质量而进行价格战，严重影响市场的良性发展。

2. 线上与线下营销没能形成统一性

随着跨境电商的火热，线上出现了很多线下没有的品牌，很多企业在竞争中刻意塑造自家品牌的高端形象。在初期发展阶段，消费者可能会对跨境购物比较盲目，也无法分辨线上品牌的优劣，但是随之而来的是线下体验和服务配套无法跟上，这样忽略线下的发展模式存在着巨大隐患。逐渐地，消费者有了自己的判断，消费者忠诚度可能直线下降。另外，部分产品线上线下的价格和品质不同，也让品牌形象严重受损。

3. 社会化媒体营销的内容过于粗犷

社会化媒体进行的跨境电商营销在很大程度上要依靠网络的信息传播渠道，也就是产品内容的转发、互动，因此跨境电商企业最为看重的也是网络信息的内容和质量。营销内容在很大程度上需要营销团队和美工团队相互配合，但是很多企业并没有注意研究消费者的购物心理，单纯追求精美的画面和信息传播数量，内容上的"千篇一律"造成了消费者审美疲劳，随着时间的推移再也无法吸引更多消费者的眼球。营销内容不是网络段子，而是营销过程中需要重点关注的要素。企业要更多地挖掘潜在消费者的真实需求，将品牌优势与市场需求相结合才能满足消费者的需求。

6.2.7　跨境电商品牌社会化媒体营销的策略

1. 建设精细化、社会化媒体营销系统

社交网络为跨境电商企业提供了一个广阔的平台，企业需要在自己品牌系统的基础上不断探析消费群体的需求和心理变化，然后依据这些数据和分析结果不断细化市场，并根据不同地区、不同文化和品牌优势，整合当前的社会化媒体营销方案，加强对消费者的需求分析，加强产品的差异化营销管理。在新鲜事物的冲击下，消费者前期的消费行为必然会有冲动消费的成分，当冲动消费逐渐转变为理性消费后，精细化，社会化媒体营销系统将会起到重要作用，让消费者与品牌/产品形成一个合理的闭环体系，进而提高消费者忠诚度，为企业的发展奠定坚实的基础。

2. 注重品牌价值的传播一致性

品牌的特点就是向外界传递一个信号，即传递产品自身具有的特点。品牌的价值是企业在多年的发展中树立的形象。在现代商业社会中，品牌不仅包括了产品自身的价值，还包括了服务内容和服务质量的价值，因此企业在打造品牌价值的时候需要注重多个环节的体验感。企业在进行品牌传播过程中要体现价值的一致性。很多时候消费者是品牌价值在传播过程中的重要"中间介质"。假设消费者并不了解产品，但是在使用产品或接受服务过程中有了良好的体验，那么消费者自然会转变成信息传播者。同理，消费者体验感不好也会将消极信息进行传播。因此，跨境电商在品牌社会化媒体营销中，必须注重品牌价值的传播一致性，不能弄虚作假，更不能颠覆自身的品牌价值与宣传口号，要将品牌价值贯穿售前、售中和售后的各个环节。目前，中国的产品因为物美价廉的优势已经在国际市场上取得良好的口碑。随着我国跨境电商的相关政策不断完善，我国将开拓更加广阔的市场，仅凭低廉的价格作为竞争优势已经远远不能适应变化莫测的国际市场要求。为了满足海外进出口条件的要求，跨境电商企业在进行产品研发之时要提高自己的产品质量标准，同国际质量要求接轨，实现我国本土品牌的国际化，发挥品牌效应，让中国的品牌能够融入国外的市场，赢得国内外消费者的好评，从根本上推动我国电商的国际化发展。

3. 构建多元化跨境电商营销内容

很多电商营销从业人员都会注意到一个问题，那就是某个品牌或者某个产品都有一个"热度期"，过了这个时期，可能消费者的追求度就会逐渐降低。让品牌保持热度的最重要的方法就是采用"多元化"的营销模式。社会化媒体依托网络及软件，这有别于传统媒体。社会化媒体本身具有内容创新渠道，因此给了企业更多的营销空间。企业在前期发展中要注重产品价值与品牌价值的双重引导和打造，在后期发展中则要考虑到创新多元化的发展路径，对营销内容不断翻新和丰富，结合产品本身的使用技巧进行营销，让产品在消费者心里保持新鲜感。与此同时，企业还要注重价值导向的思想灌输，让消费者可以通过不同的画面联想到产品，以此促进跨境电商营销的多元化发展。

4. 优化产品定价策略

跨境电商在进行定价时的重点在于产品的实际成本需要、市场的总体价格区间和消费者对于同一种产品能够接受的心理价格预期这三方面的有机结合，以确保产品的销售额提升，带来更多的收益。优化产品定价策略应充分考虑以下两点。

（1）以时间为基准。

以时间为基准，分析在不同的时间节点价格的变化，依据产品实际成本的上下浮动调整产品的实际价格。如果政府或者合作商提供优惠支持，则可以适当地降低产品的价格；当出口政策不利于出口、销售量降低时，则可以适当地提高产品的实际定价。我国的进出口贸易因为自身的性质，在很大程度上会受到国内外政策的影响，而这关系到销售额及产品的定价。

（2）结合产品的成本进行定价。

跨境电商产品的成本在很大程度上决定了其市场价格，这个成本包括原材料的价格、人工劳动力成本和产品运输价格等。成本随市场实际情况上下波动。在进行跨境电商产品定价时要根据以上参数，结合企业实际情况和实时市场动态进行灵活的定价。

5. 升级产品的售后服务

因为缺少实体，在进行跨境在线交易的时候，消费者往往会有售后服务不到位的担忧。一旦出现产品的质量问题，消费者在要求维修以及进行维权方面存在一定的困难与不便，而且因为需要跨越国境，产品返厂维修、维权的成本过高，这些问题都制约着我国跨境电商的现实发展。为了提高跨境电商的销售量及实现跨境电商事业的进一步发展，企业势必要升级产品的售后服务。具体可以采取的措施，首先是建立海外售后服务站点。在跨境电商集中办事处所在的地区建立起可以为当地消费者提供售后服务的站点，重点集中处理消费者遇到的问题，消除消费者对购买产品可能会产生的售后问题的担忧。其次是为消费者提供包括运费险服务在内的售后服务。跨境电商进行产品售后服务困难的最主要原因是产品需要经过漫长的运输才能到达目的地，提供运费险服务可以有效地降低运输成本，解决消费者维权最困难的问题之一。

6. 优化出口通关，构建信息共享平台

当前我国的关税规定还存在发展滞后、规则不完善的问题，这些问题严重制约了我国跨境电商的进一步发展，阻碍了跨境电商进一步开拓国际市场。缺乏完整的流程支撑给跨境电商的出口发展带来了不便，这就需要国家政策的配合，跨境电商企业自身也需要总结一套适合自己的完备的通关税率处理应对方案，科学合理地形成信息共享平台。我国目前已经相继在多个城市和地区建立了跨境电商试点地区，包括上海、广州、杭州、重庆等城市，并且在这些试点地区结合地方跨境电商的实际情况制定了与之相适应的创新性出口通关税收方法和完整的退税流程。海关及相关的政府部门需要帮助企业集中进行报关或者采用电子报关的方式提高工作效率，简化跨境电商的出口税收相关手续办理流程，方便跨境电商获得相关的法律文书，在提高政府税收部门的工作效率的同时，还可以降低人力、物力成本。此外，还需要进行互联网信息共享，将跨境电商的出口、通关、退税等信息及时共享并公示在互联网信息平台上，实现物流企业、跨境电商、第三方监管平台的信息互通。

6.3 社会化媒体智能分析与营销策略

在当今的数字营销领域，社会化媒体平台已成为品牌与消费者互动的核心场所。AI技术的应用在社会化媒体分析和营销策略中扮演着至关重要的角色，它不仅能够提升营销活动的精准度，还能强化品牌与消费者之间的连接。

6.3.1 用户画像构建与精准营销

用户画像是基于用户的行为数据、兴趣偏好、人口统计信息等构建的详细描述。AI工具通过分析用户在社会化媒体上的行为，如点赞、评论、分享和关注，帮助企业识别用户群体并予以分类。这些信息对于构建精准的用户画像至关重要，它们使企业能够设计和实施针对性的营销活动，提供个性化的内容和推广，从而实现精准营销。在数字营销领域中，用户画像的构建是实现精准营销的关键步骤。用户画像通过整合用户的行为数据、兴趣偏好、人口统计信息等多维度数据，为企业提供了深入理解目标受众需求的视角。构建用户画像的步骤如图 6-8 所示。

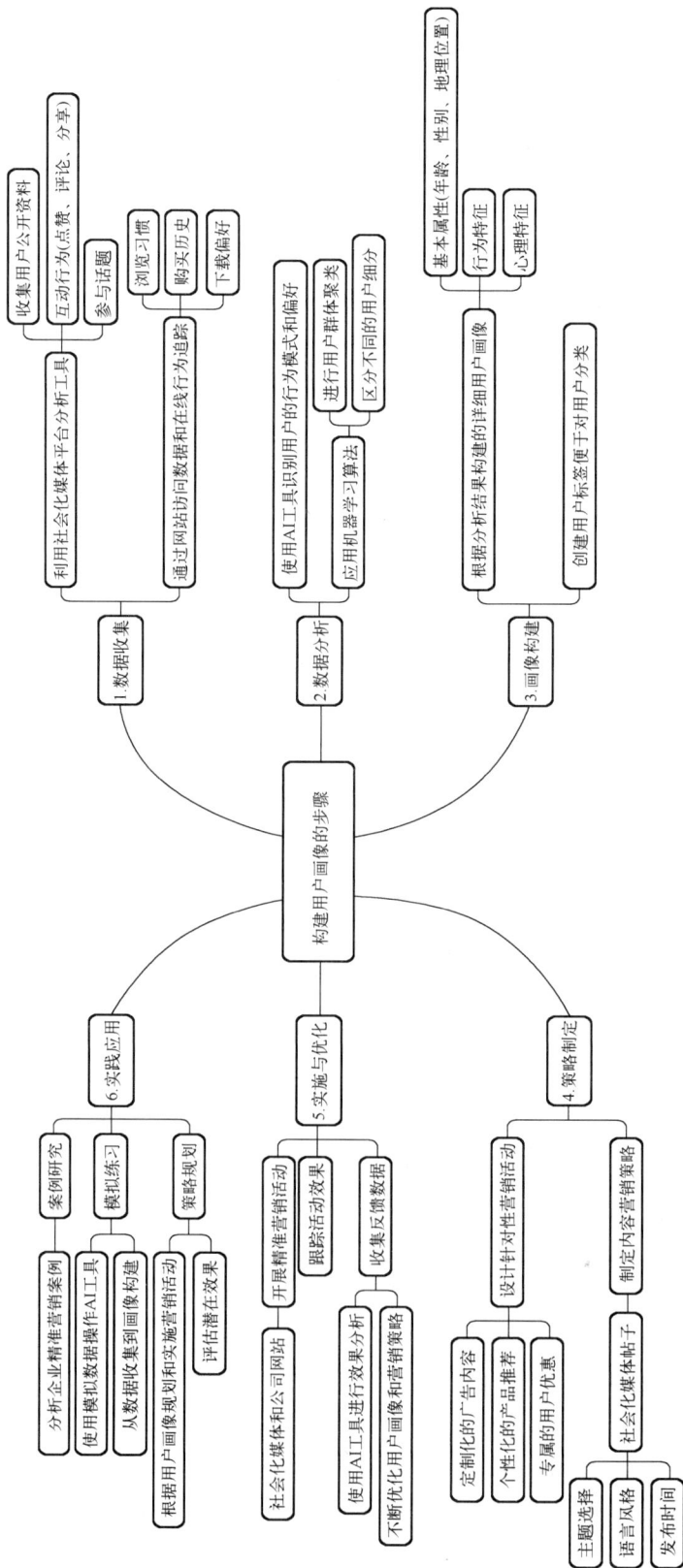

图 6-8　构建用户画像的步骤

1. 数据收集

利用社会化媒体平台的分析工具收集用户数据,包括用户的公开资料、互动行为(如点赞、评论、分享)和参与话题。

通过网站访问数据和在线行为追踪,收集用户的浏览习惯、购买历史和下载偏好。

2. 数据分析

使用 AI 工具对收集到的数据进行分析,识别用户的行为模式和偏好。

应用机器学习算法对用户群体进行聚类,区分不同的用户细分。

3. 画像构建

根据分析结果,构建详细的用户画像,包括用户的基本属性(如年龄、性别、地理位置)、行为特征和心理特征。

创建用户标签,如"科技爱好者""健康生活追求者"等,以便对用户进行分类。

4. 策略制定

基于用户画像,设计针对性的营销活动,如定制化的广告内容、个性化的产品推荐和专属的用户优惠。

制定内容营销策略,包括社会化媒体帖子的主题选择、语言风格和发布时间。

5. 实施与优化

在社会化媒体和公司网站上开展精准营销活动,跟踪活动效果。

收集反馈数据,使用 AI 工具进行效果分析,不断优化用户画像和营销策略。

6. 实践应用

通过分析企业精准营销案例,并使用 AI 工具开展模拟练习。

根据用户画像规划,制定营销策略,并评估实施的效果。

6.3.2 社会化媒体热点追踪与参与

在数字营销的动态环境中,抓住社会化媒体热点是吸引用户注意力和提升品牌影响力的宝贵机会。社会化媒体热点,即在社交平台上迅速获得大量关注和讨论的话题或事件,往往能够引发公众的广泛讨论和参与。企业若能及时捕捉并参与这些热点,不仅能够提高品牌的可见性,还能够强化与用户的互动。

AI 技术在追踪社会化媒体热点方面发挥着重要作用。通过运用自然语言处理和机器学习算法,AI 工具能够实时监控社会化媒体平台,分析用户讨论的内容,识别出当前的热点话题。同时,这些工具还可以分析关键词、标签、提及量和用户互动行为,从而帮助企业快速发现和追踪热门趋势。

一旦识别出热点,企业可以通过多种方式参与其中。AI 工具可以帮助企业快速生成与热点相关的内容,如图文、视频或直播,以便及时吸引用户的注意力。此外,AI 工具还可以分析用户对热点话题的反应和情感倾向,帮助企业调整内容策略,以更好地与用户沟通和互动。

6.3.3 KOL 识别与影响力评估

在社会化媒体营销中，关键意见领袖(Key Opinion Leader, KOL)扮演着至关重要的角色。KOL 通常在特定领域内拥有较大的影响力，能够显著影响其追随者的消费决策。AI 工具的应用，使识别和评估 KOL 的影响力变得更加高效和精确。

KOL 识别。要识别 KOL 就要通过社会化媒体分析工具收集数据，这些数据包括但不限于粉丝数量、互动行为(如点赞、评论、分享)、内容质量和覆盖范围。AI 工具能够自动化这一过程，通过算法分析大量数据，快速识别出在特定领域内具有较高影响力的 KOL。

影响力评估。评估 KOL 的影响力是一个复杂的过程，涉及多个指标的综合考量。以下是一些关键指标。

(1)粉丝数量与质量。粉丝数量是衡量 KOL 影响力的基础指标，但粉丝的质量同样重要。AI 工具可以通过分析粉丝的活跃度、参与度和忠诚度来评估粉丝质量。

(2)内容质量与创新性。KOL 发布的内容质量直接影响其影响力。AI 工具可以评估内容的原创性、信息价值和创意水平。

(3)互动率。KOL 与其粉丝之间的互动频率和质量是衡量影响力的另一个重要指标。AI 工具可以通过分析评论、点赞和分享等互动数据来评估 KOL 的互动率。

(4)转化率。对于品牌而言，KOL 推广活动的最终目标是实现实际的销售或其他目标。AI 工具可以通过跟踪推广活动前后的销售数据来评估转化率。

6.4 社会化媒体危机管理与声誉维护

在全球化的商业环境中，社会化媒体平台已成为品牌与消费者互动的重要场所。然而，这也意味着品牌面临着日益增长的危机风险，任何负面事件都可能迅速在社会媒体上蔓延，对品牌形象造成严重损害。因此，有效的社会化媒体危机管理和声誉维护策略对于跨境电商至关重要。

6.4.1 危机识别与监测

AI 技术在危机管理中的第一个应用是实时监测和识别潜在的危机。通过自然语言处理和机器学习，AI 工具能够分析社会化媒体上的大量数据，识别出与品牌相关的负面评论、投诉或争议。这些工具能够实时跟踪和评估公众情绪，为企业提供早期预警，以便企业及时采取行动。

6.4.2 快速响应

在危机发生时，迅速而恰当地响应是关键。AI 可以辅助企业制定快速响应策略。通过分析历史数据和最佳实践，AI 工具能够提供定制化的响应建议，包括自动生成回应模板、推荐沟通渠道和时间，以及提供危机沟通的指导原则。

6.4.3　声誉修复

危机过后，AI 技术可以帮助企业评估危机对品牌声誉的影响，并制订长期的修复计划。这可能涉及分析消费者反馈、调整产品或服务、改进客户服务流程，或通过积极的社会化媒体活动来重建品牌形象。

6.5　案　例　分　析

6.5.1　Instagram 的社交平台营销案例

Instagram 作为热门的社会化媒体平台，助力企业塑造品牌形象、推广产品。成功的营销策略包括利用视觉内容、积极互动、创意营销和数据分析。企业需结合品牌特性和受众，灵活运用策略，提升效果。在数字化时代，社会化媒体已成为企业连接用户、传播品牌形象和推广产品的重要渠道之一。Instagram 作为全球热门的社会化媒体平台，其用户活跃度和影响力日益提升，成为吸引客户和增加品牌曝光率的理想之选。

1. 利用视觉内容塑造独特品牌形象

利用视觉内容塑造独特品牌形象是 Instagram 营销战略中至关重要的一环。在这个视觉化内容的社交平台上，引人瞩目的图片和视频成为品牌与用户连接、传递信息和激发情感的最佳途径。成功的品牌会根据平台特点和用户喜好，精心打造高质量、引人入胜的视觉内容，以展现产品的独特之处，并通过生动的叙事手法吸引用户的关注和互动。举例来说，运动品牌耐克以激励人心的视频和运动员的精彩瞬间，向粉丝展示品牌形象和产品性能，成功地吸引了大量的关注，增强了粉丝互动，塑造了积极向上的品牌形象。这种视觉内容不仅能向用户传递产品信息，更能够在情感上打动目标受众，让他们与品牌建立起更为紧密的联系。因此，视觉内容的精心打造和传播是塑造独特品牌形象、推广产品和吸引用户的重要方式。

2. 与用户互动建立社区

积极的社交互动是吸引用户的重要组成部分。企业在 Instagram 上应该与用户积极互动，如回复评论、点赞粉丝的内容，并且可以通过举办各种在线活动和互动挑战来吸引更多的用户参与。通过这种方式，企业可以建立起一个忠实的粉丝社区，加强品牌与用户之间的情感联系，提高用户的品牌忠诚度。例如，可以结合用户生成内容的方式，邀请用户参与品牌活动，分享他们与产品相关的照片或视频，通过分享和转发不断扩大品牌影响力。星巴克就是一个成功利用用户生成内容的案例，它鼓励用户分享自己在星巴克店内享用咖啡的照片，并将这些用户生成内容整合到品牌官方主页上，以提高用户参与度和品牌曝光度。

3. 创意内容营销吸引用户参与

创意内容营销也是企业在 Instagram 上吸引用户的关键。在这里，用户期望找到有趣、独特的内容，因此企业需要通过创新和引人注目的话题来吸引用户的关注。可以采用故事性的内容、幽默的表现手法，以及与用户生活息息相关的内容来实现这一目标。通过在内容中融入各种有趣的元素，品牌能够增强用户的参与感，从而建立更加深入的用户互动。举例来说，红牛在适应极限运动和体现活力充沛的广告内容上做得特别好，向粉丝展示了无尽的创意和无畏的精神，从而成功吸引了大量忠实粉丝。而 GoPro 则通过用户在社会化媒体上分享的刺激视频加强了用户参与感，让用户成为内容的创作者和传播者，从而进一步促进了用户与品牌的情感共鸣。通过创造性的内容营销，企业可以突破传统的广告形式，一方面，吸引用户，加深用户对品牌的认知；另一方面，为用户提供更加丰富的互动体验。

4. 利用数据分析不断优化

数据分析是 Instagram 营销策略中不可或缺的要素。企业需要通过数据分析工具来了解用户的喜好和行为习惯，并不断调整和优化内容与互动策略。这样的分析有助于企业更好地了解用户的需求，提供更加切实可行的内容和互动形式。同时，数据分析也可以帮助企业更好地评估营销策略的效果并进行调整，以取得最佳的广告投入回报率。

Instagram 作为一个以视觉内容为主导的社会化媒体平台，让企业可以通过精心设计的独特视觉内容、积极的社交互动和创意的内容营销来吸引用户，塑造品牌形象，提升产品曝光率和推广效果。然而，成功的社会化媒体营销策略不仅仅局限于这些，还需要企业不断尝试和创新，结合自身的品牌特性和目标受众，灵活使用不同的策略和手段，不断探索和优化，以达到最佳的营销效果。总之，通过学习和掌握这些成功的 Instagram 营销策略，企业能更好地了解与思考如何借助社会化媒体来吸引用户，提升品牌影响力，在实现商业目标的同时为用户创造更优质的体验。

案例一

耐克与 Instagram 网红合作

耐克是全球最大的运动品牌之一，其在 Instagram 上的粉丝数已经超过了 1.2 亿人。为了进一步提升品牌知名度和影响力，耐克开始与 Instagram 上的网红合作。耐克选择了一些在运动领域有影响力的网红，让他们穿着耐克的产品进行拍照和视频分享。这些网红的粉丝数都非常庞大，他们的分享很快就引起了大量的关注和点赞。通过这种方式，耐克成功地将自己的产品推广到了更多的人群中。

露露乐蒙与 Instagram 网红合作

　　露露乐蒙(Lululemon)是一家专门生产运动服饰的品牌，其在 Instagram 上的粉丝数超过了 1 亿人。为了吸引更多的年轻消费者，露露乐蒙开始与 Instagram 上的网红合作，如图 6-9 所示。露露乐蒙选择了一些在健身领域有影响力的网红，让他们穿着露露乐蒙的产品进行健身，并拍摄运动照片与视频分享。这些网红的粉丝数都非常庞大，他们的分享很快就引起了大量的关注和点赞。通过这种方式，露露乐蒙成功地将自己的产品推广给了更多的年轻消费者。

图 6-9　露露乐蒙与 Instagram 网红合作

雅诗兰黛与 Instagram 网红合作

　　雅诗兰黛(ESTĒE LAUDER)是一家全球知名的化妆品品牌，其在 Instagram 上的粉丝数超过了 1.5 亿人。为了吸引更多的年轻消费者，雅诗兰黛开始与 Instagram 上的网红合作。雅诗兰黛选择了一些在美妆领域有影响力的网红，让他们使用雅诗兰黛的产品化妆，并拍摄美妆照片与视频分享。这些网红的粉丝数都非常庞大，他们的分享很快就引起了大量的关注和点赞。通过这种方式，雅诗兰黛成功地将自己的产品推广给了更多的消费者。

可口可乐与 Instagram 网红合作

可口可乐是全球最大的饮料品牌之一，其在 Instagram 上的粉丝数已经超过了 2.5 亿人。为了吸引更多的年轻消费者，可口可乐开始与 Instagram 上的网红合作。可口可乐选择了一些在时尚和潮流领域有影响力的网红，让他们拿着可口可乐的产品进行拍照和视频分享。这些网红的粉丝数都非常庞大，他们的分享很快就引起了大量的关注和点赞。通过这种方式，可口可乐成功地将自己的产品推广给了更多的年轻消费者。

6.5.2 欧莱雅的全球社会化媒体策略

欧莱雅（L'Oréal）是全球美妆行业的领导者，其全球社会化媒体策略充分展示了 AI 技术在提升品牌影响力和消费者参与度方面的巨大潜力。欧莱雅利用 AI 技术进行个性化推荐、虚拟试妆和社会化媒体分析，以增强消费者的购物体验。例如，欧莱雅通过运用 AR 技术允许消费者在社会化媒体上试妆，这种互动体验不仅提高了消费者的参与度，也增加了产品的购买转化率。此外，欧莱雅还利用 AI 技术分析社会化媒体上的消费者反馈和趋势，以指导其产品开发和营销策略。通过这些策略，欧莱雅成功地将社会化媒体转化为一个强大的品牌推广和销售渠道。

1. 欧莱雅社会化媒体营销现状

(1)绑定明星借势营销。明星的加盟不仅给欧莱雅品牌带来了星光，还带来了可变现的流量与口碑。例如，欧莱雅选择了王源作为欧莱雅首个"00后"品牌大使，其年轻健康的形象给欧莱雅品牌注入了新鲜的活力。欧莱雅官宣王源为品牌大使的单条微博，转发量就突破了千万次，相关的阅读量也轻松过亿次。

(2)绑定热门 IP 实现跨界营销。欧莱雅邀请国博生活进行合作，通过国博生活授权，欧莱雅推出了一套五大美人口红产品，以杨玉环、西施、赵飞燕、李清照、王昭君这五位极具中国古典特色的美人为形象，推出了限量款礼盒。礼盒一经推出就售罄。

欧莱雅还邀请当红女星张天爱化身古典美女推出限量色号的口红，在淘宝上又通过 AR 技术使文物上的美女生动起来，吸引了许多淘宝买家观看。欧莱雅通过和国博生活的合作，不仅使消费者再一次了解了国宝藏品的故事，同时也提升了欧莱雅的品牌形象，使这个外资品牌变得更接地气，更具中国气息。

2. 欧莱雅社会化媒体营销存在的问题

(1)品牌与消费者相互感知维度问题。

欧莱雅在社会化媒体营销上仍然有进步的空间。消费者洞察体系的作用在于帮助品牌更了解消费者对其产品与营销效果的讨论，但对于复杂的社会化媒体来说还是远远不够的。例如，欧莱雅收购整合羽西长达 16 年之久，却依然存在品牌与消费者相互感知的问题。在竞争激烈的市场中，想要打破原有的大众品牌定位跃升至"中国第一本土高档美妆品牌"的定位绝非易事。

（2）建立联系并交互沟通维度问题。

能够做到双向沟通，甚至是多向沟通是社会化媒体的特性之一。这种优越的特性要求运用社会化媒体的企业建立起一个这样的平台，用以维护与消费者之间的沟通关系。沟通的关键不是官方的、刻板的通知，而是要像一个活生生的人一样与消费者进行交流。虽然现在大部分的企业都开通了社会化媒体平台与消费者沟通，但并不是每个品牌与消费者的双向沟通都很顺畅。

（3）体验与分享维度问题。

欧莱雅品牌名气大、产品品类多（见图 6-10）、推广多，让它容易成为恶评的靶子。因此，欧莱雅需要注重消费者的购物体验并建立良好的沟通渠道，提高消费者分享的美誉度。目前，欧莱雅品牌在体验与分享维度上仍存在虚假广告破坏消费者购物体验、舆情监测有待完善、消费者分享好感度有待提高等问题。

图 6-10　欧莱雅的产品品类

3. 欧莱雅社会化媒体营销策略的优化建议

（1）实现品牌与消费者相互感知。

通过消费者某些看似无意义的行为，分析其行为背后的动机，并将有用的信息提炼成可以被满足的需求。这就需要企业感知消费者及其行为。只要消费者在平台上留下类似在线下获得服务的感受、使用产品的感受等信息，品牌都可以搜集到这些相关的数据并利用起来。社会化媒体平台正是搜集消费者信息的绝佳场所。通过热词反查、文本挖掘、用户搜索与浏览留下的数据信息可以清晰获知消费者的账户信息、自然信息、社会信息、特征偏好、业务信息等，再经过更多维度的筛选，就可以将用户画像构建出来。

(2)加深消费者认知。

利用不同调性的社会化媒体平台对于企业与消费者的沟通尤为重要。例如，可以利用核心社会化媒体加深与消费者之间的交流，再利用衍生社会化媒体更垂直、更单向地向年轻一代介绍自己；还可以区分线上线下的营销策略。年轻人喜欢通过电商购买，中年消费者习惯先到专柜试用再购买，欧莱雅应该在构建清晰用户画像后，针对不同端口的消费者制定不同的营销策略。

(3)激发"粉丝"的兴趣形成互动。

过去企业所理解的"粉丝"经济很简单，就是明星代言、"粉丝"掏钱。但企业没有发现，"粉丝"长期作为"韭菜"被割后其购买心理就会变得复杂。企业需要对"粉丝"经济放低期待，把明星作为一个流量入口和信息出口即可。根据消费路径去设置行之有效的营销策略，才是对待"粉丝"经济"疲软"的正确态度。

(4)品牌放权与人格化。

品牌放权就是品牌放弃自己高高在上的姿态，与粉丝平等地进行对话，不要把自己当作"主导者"，而是以"铁粉"的人格形象与"粉丝"成为朋友。只有真正了解"粉丝"想什么，才能够将"粉丝"的注意力黏在品牌上。品牌要放下身段、释放权力，融入"粉丝"群。

(5)消费者与商家建立连接与沟通。

首先，优化电商客服体系。一个完善的客服系统，必须从接入的源头进行消费者分配，达到消费者细分的目的。一方面提高服务效率，另一方面达到精准服务的目的，既提高用户满意度，又提高客服效率。其次，完善社交电商的分销组合拳。欧莱雅可以选择社交电商进行营销策划，通过美妆社群分销产品，消费者将从社群里的"专家"分享的链接进入购买渠道购买商品。欧莱雅应该重视在社交电商平台上广告的投放与分销。这样不仅可以吸引更多具有专业知识、对美妆护肤倍感兴趣的消费者，还可以通过其社交属性裂变分享来扩大品牌知名度。

(6)提升消费体验。

一是设计、推广有创意的活动。在社会化媒体平台上推广有创意的活动不仅可以吸引更多的消费者关注活动，还可以激发消费者对品牌的好奇、兴趣。因此，欧莱雅完全可以摒弃常规"夸大宣传"的做法，用更有创意的方式去包装产品，而非简单粗暴地夸大功效。而对于线下的活动，欧莱雅依然可以借助社交平台进行宣传，扩大影响力，做到事前宣传、事中记录、事后总结，提升营销效果。二是美妆技术驱动消费者社交分享。

化妆品中美妆、护肤品都有一个特点，就是需要试用。除了线下专柜赠送试用小样，社会化媒体平台上驱动消费者进行社交分享的动力值得高度重视，希望更多消费者主动分享。分享有许多种驱动方式，主要是利益、情感与精神三种驱动方式。

习　题

1. 单项选择题

(1)在内容营销中，AI 辅助的产品描述生成工具的主要作用是什么？（　　）

A. 减少产品库存　　　　　　　B. 提高内容创作的效率和质量

C. 降低物流成本　　　　　　　D. 加快产品生产速度

(2)在社会化媒体上，AI 技术用于用户画像构建的主要目的是什么？（　　）

A. 加快产品生产速度　　　　　B. 实现精准营销

C. 减少广告投放成本　　　　　D. 增加产品种类

(3)以下哪项不是 AI 在社会化媒体智能分析中的应用？（　　）

A. 用户行为分析　　　　　　　B. 社会化媒体趋势预测

C. 产品包装设计　　　　　　　D. KOL 影响力评估

(4)AI 在图像与视频内容编辑中的主要优势是什么？（　　）

A. 提高产品质量　　　　　　　B. 自动化编辑流程

C. 减少员工数量　　　　　　　D. 提高产品价格

(5)在跨境电商中，AI 工具如何帮助企业进行 SEO 优化？（　　）

A. 通过人工编辑关键词　　　　B. 通过识别和嵌入关键词

C. 通过提高产品价格　　　　　D. 通过减少广告投放

(6)以下哪项不是 AI 在创意广告设计与测试中的应用？（　　）

A. 广告文案的自动生成　　　　B. 广告效果的 A/B 测试

C. 手工制作广告原型　　　　　D. 广告视觉元素的智能组合

(7)在社会化媒体危机管理中，AI 技术的主要作用是什么？（　　）

A. 提供创意广告设计　　　　　B. 监测和识别负面信息

C. 加快产品生产速度　　　　　D. 降低物流成本

(8)跨文化内容本地化的主要目的是什么？（　　）

A. 增加产品种类　　　　　　　B. 适应不同文化背景的消费者

C. 减少广告投放成本　　　　　D. 提高产品价格

(9)在社会化媒体营销中，AI 工具用于追踪热点的主要优势是什么？（　　）

A. 提高产品质量　　　　　　　B. 实时监控和分析趋势

C. 减少员工数量　　　　　　　D. 提高产品价格

(10)AI 在社会化媒体上用于 KOL 识别的主要目的是什么？（　　）

A．提高产品生产速度　　B．评估 KOL 的影响力
C．减少广告投放成本　　D．增加产品种类

2．简答题

(1) 描述 AI 在内容营销中的作用。

(2) 解释 AI 如何帮助企业进行社会化媒体趋势预测。

(3) 谈谈 AI 在图像与视频内容编辑中的主要优势。

(4) 阐述 AI 在社会化媒体危机管理中的应用。

(5) 谈谈跨文化内容本地化的重要性及其对跨境电商的影响。

第7章 AI辅助的跨境供应链管理

知识导图

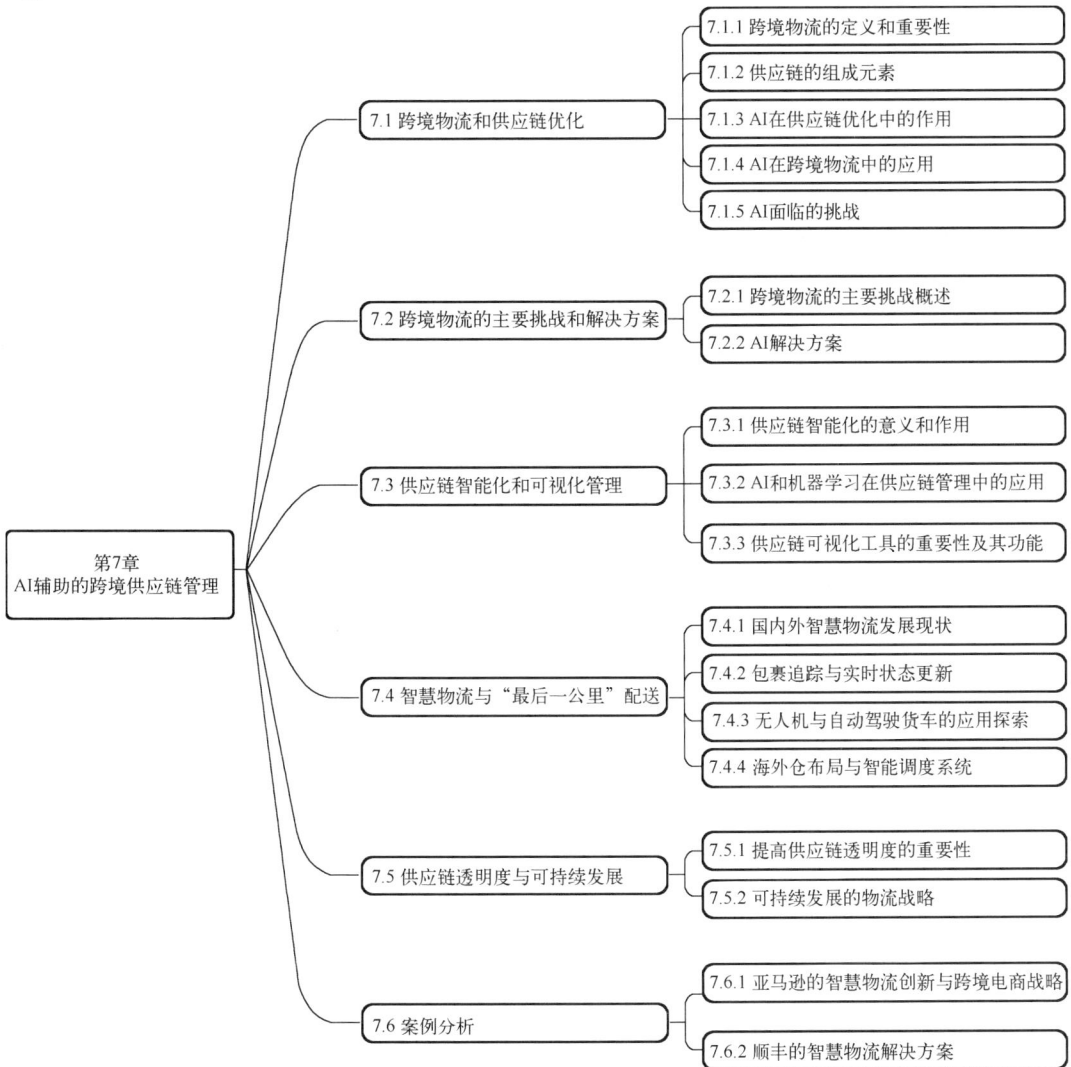

- 7.1 跨境物流和供应链优化
  - 7.1.1 跨境物流的定义和重要性
  - 7.1.2 供应链的组成元素
  - 7.1.3 AI在供应链优化中的作用
  - 7.1.4 AI在跨境物流中的应用
  - 7.1.5 AI面临的挑战

- 7.2 跨境物流的主要挑战和解决方案
  - 7.2.1 跨境物流的主要挑战概述
  - 7.2.2 AI解决方案

第7章
AI辅助的跨境供应链管理

- 7.3 供应链智能化和可视化管理
  - 7.3.1 供应链智能化的意义和作用
  - 7.3.2 AI和机器学习在供应链管理中的应用
  - 7.3.3 供应链可视化工具的重要性及其功能

- 7.4 智慧物流与"最后一公里"配送
  - 7.4.1 国内外智慧物流发展现状
  - 7.4.2 包裹追踪与实时状态更新
  - 7.4.3 无人机与自动驾驶货车的应用探索
  - 7.4.4 海外仓布局与智能调度系统

- 7.5 供应链透明度与可持续发展
  - 7.5.1 提高供应链透明度的重要性
  - 7.5.2 可持续发展的物流战略

- 7.6 案例分析
  - 7.6.1 亚马逊的智慧物流创新与跨境电商战略
  - 7.6.2 顺丰的智慧物流解决方案

学习目标

知识目标：

了解跨境物流及其在国际贸易中的重要性，理解其涉及的各个环节，包括货物运输、

仓储、配送等。

掌握供应链的组成元素，包括供应商管理、生产管理、库存管理、物流管理、客户关系管理等，理解各元素在供应链运作中的角色。

学习 AI 在供应链优化中的应用，包括在智能预测、自动化、数据分析、路线优化等方面的应用。

了解跨境物流面临的主要挑战，如复杂的跨国法规、文化差异、高风险、资金支付问题及物流网络的复杂性，并认识这些挑战对供应链效率的影响。

掌握 AI 在应对跨境物流挑战中的解决方案，如数据分析和预测模型、出入境检疫辅助、路由选择优化、跨境支付自动化等。

能力目标：

具备运用 AI 技术分析和优化跨境物流流程的能力，能够根据供应链数据做出有效决策。

能够在实际工作中识别供应链中的潜在风险，并运用所学知识设计和实施风险缓解策略。

掌握利用 AI 技术进行数据收集、分析和预测的方法，加快供应链的响应速度，提升供应链的灵活性。

具备跨文化交流和协调的能力，能够处理不同国家间的法规遵循和文化差异问题。

能够在跨境支付和结算中应用 AI 技术，确保交易安全、高效，并处理复杂的金融问题。

价值目标：

具备创新思维，能够将 AI 新技术融入传统供应链管理中，推动企业运营模式的转型升级。

培养可持续发展的理念，理解在应用 AI 时需考虑的伦理和社会影响，确保技术的正当使用。

形成全局视野，理解全球供应链的复杂性，提升在国际竞争中的战略规划和执行能力。

提升组织适应性，学会在组织内部推动技术革新和文化转型，建立支持 AI 应用的团队和架构。

增强解决问题的能力，能够面对跨境物流中的不确定性，迅速应对市场变化，为企业创造更大的经济价值和社会效益。

导入案例

安姆科是如何精确预测市场需求的？

在全球包装行业中，安姆科(Amcor)以其卓越的市场地位和广泛的业务范围而闻名。作为一家年收入达到 150 亿美元的行业巨头，安姆科在全球范围内拥有超过 4.1 万名员工，运营着 200 多家工厂。这家公司在食品和医疗药品包装领域占据着显著的市场份额，其产品几乎渗透到我们日常生活的每个角落。正如安姆科的全球首席信息官所言，你家的每三件食品和药品中，就有一件的包装出自安姆科。

然而，即便是行业领导者，安姆科也不得不面对制造业中普遍存在的挑战：如何准确预测市场需求的快速变化。在食品供应链中，需求端的订单数量随着季节、气候和偶然事件的变化而波动。例如，在炎热的夏季，消费者对冷饮的需求激增，导致相关包装材料的需求突然上升 10% 到 15%。同样，如果渔场产量意外增加，对包装的需求也会随之增加。而供应链的另一端——供给端同样充满挑战。如果安姆科无法准确预测原材料的供应短缺，就无法及时储备必需的材料。此外，安姆科还必须考虑原材料价格的波动，以便在价格上涨前以较低成本采购，或在价格下跌前减少库存。

为了应对这些挑战，2022 年，安姆科开始采用 EazyML 平台，这是一个旨在优化客户需求和供应预测的工具。利用过去三年的企业资源计划数据，安姆科训练 EazyML 平台识别需求波动的模式。该平台能够识别不同类型的变化，并分析这些变化与特定事件之间的关系，如季节性波动、多种变化的同步发生或相互排斥。这使安姆科能够更准确地把握原材料需求，并在必要时提前进行补充。这一进步不仅提高了安姆科的运营效率，还增强了其对市场波动的适应能力。

这一案例展示了 AI 技术在供应链管理中的应用，以及它如何帮助企业提高预测准确性，优化库存管理，从而在竞争激烈的市场中保持领先地位。通过引入先进的 AI 技术，安姆科不仅提升了自身的运营效率，也为整个包装行业树立了一个利用 AI 技术进行供应链优化的典范。

（资料来源：澎湃新闻，2023 年 9 月 26 日。）

7.1　跨境物流和供应链优化

7.1.1　跨境物流的定义和重要性

1. 跨境物流的定义

跨境物流是指涉及不同国家之间的货物运输、仓储和配送的全过程管理。随着全球化的深入发展，跨境贸易不断增长，跨境物流成为跨境电商和国际贸易的重要环节。跨境物流涉及多个环节，包括订单处理、货物包装、运输方式选择、海关申报、港口通关、仓储管理等，需要协调和整合各方资源，以确保货物的顺利流动。跨境物流流程如图 7-1 所示。

2. 跨境物流的重要性

跨境物流的重要性体现在以下几个方面。

首先，跨境物流直接影响商品的到达时间和状态。准时和可靠的交付是消费者对跨境购物的基本要求，而高效的跨境物流可以缩短交付时间，提升消费者体验，增强品牌竞争力。

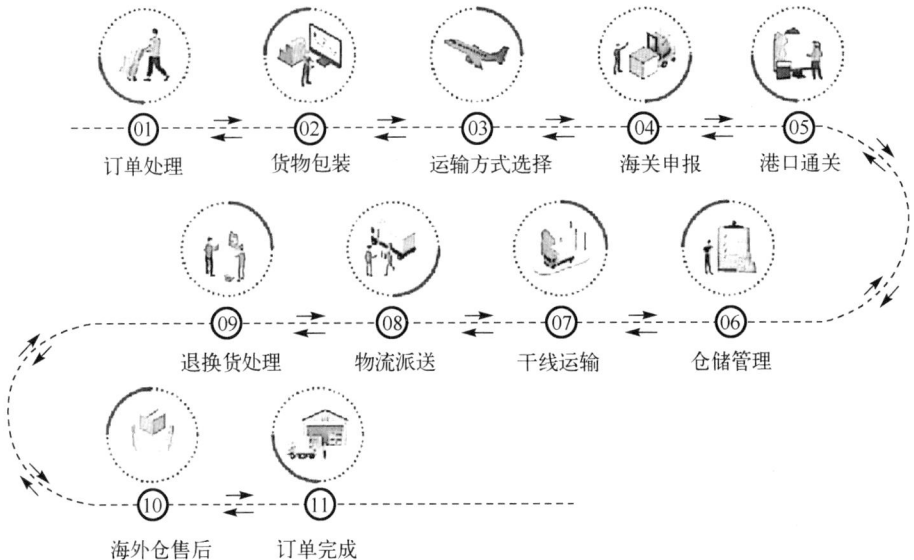

图 7-1 跨境物流流程

其次，跨境物流对供应链的效率和运作成本具有重大影响。优化跨境物流可以降低运输、仓储和操作成本，提高供应链的效益和灵活性。合理的货物配送和仓储管理，可以减少库存损失和滞销风险，提高货物周转率。

最后，跨境物流关乎国家间贸易的顺畅发展。畅通的物流渠道和高效的货物清关程序可以促进贸易往来，加速资金流动，推动经济增长和国际合作。因此，跨境物流被视为国家经济发展的重要支撑。

7.1.2 供应链的组成元素

供应链是从原材料采购到最终产品销售的全过程，包括供应商、生产商、经销商和客户等多个环节。供应链优化需要考虑以下几个关键元素。

1. 供应商管理

供应链的起始点是从供应商处获取所需的原材料和零部件。优化供应商管理意味着选择可靠的供应商合作伙伴，并确保供应链的稳定性和可持续性。供应商的选择不仅要考虑成本和品质，还要考虑供应能力、交付时间和服务水平等因素。

以汽车制造商为例，当它们需要购买发动机零部件时，它们需要选择一家具备先进技术和可靠供货能力的零部件供应商。它们会评估供应商的生产能力、质量管理系统，并与供应商建立长期稳定的合作关系，以确保供应链的顺利运作。

2. 生产管理

生产环节涉及工艺流程、工厂布局、生产计划和物料控制等。合理的生产管理，可以提高生产效率和降低生产成本。例如，采用先进的生产技术和智能制造系统，可以实现生产过程的自动化，减少人为操作产生的误差和浪费。

仍以汽车制造商为例，它们可以采用先进的生产设备和自动化流水线来提高生产效率。通过实时监控生产数据和使用智能制造系统，可以实现生产过程的精确控制和及时调整，以适应市场需求的变化。

3. 库存管理

库存管理是供应链管理的组成部分，直接影响供需平衡和成本控制。精准的库存管理，可以降低库存持有成本和滞销风险。基于需求预测和供应链协同，可以实现库存的精确控制和及时补充，避免因库存过剩或短缺导致的问题。

以电子产品制造商为例，它们需要管理其库存，以满足市场需求。它们可以使用物联网技术实时监控库存水平和销售数据，然后根据需求预测进行库存规划。通过与供应商和经销商之间的及时沟通和信息共享，它们可以准确把握市场需求变化，避免出现库存积压或缺货的情况。

4. 物流管理

物流管理是供应链管理中最核心的环节之一，涉及货物运输、仓储和配送等方面。某物流公司的仓储管理场景如图 7-2 所示。优化物流管理对于提升货物交付的速度和准确性至关重要，同时也能有效降低运输和仓储成本，进而提升顾客的满意度。在跨境物流领域，除了需要解决国际运输和海关通关等挑战性问题，确保货物能够安全且迅速地到达目的地，引入先进技术如码垛机器人也显得尤为重要。码垛机器人的应用场景如图 7-3 所示。这些自动化设备能够提高仓储效率，减少人为错误，确保货物运输前的准备工作更加高效和精确。通过这样的技术应用，物流企业不仅能够提升整体的物流服务质量，还能在激烈的市场竞争中获得优势。

图 7-2 某物流公司的仓储管理场景

图 7-3 码垛机器人的应用场景

以跨境电商企业为例，它们需要管理全球物流网络，确保顾客订单能够准时送达。它们会选择可靠的物流合作伙伴，并使用先进的物流管理系统来实现订单追踪、运输计划优化和库存管理等功能。通过整合不同环节的物流信息，它们能够更好地掌握货物的位置和状态，提高运输效率和准确性。

5. 客户关系管理

客户是供应链的终点，对客户需求的了解和满足是供应链优化的目标之一。建立良好的客户关系，可以提高客户忠诚度和口碑，扩大市场份额。数据分析和智能营销系统，可以帮助企业实现个性化的产品推荐和定制服务，提升客户体验。

以零售企业为例，它们通过建立会员制度和客户关系管理系统，可以跟踪顾客的购买偏好和消费习惯。基于这些数据，它们可以向顾客提供个性化的产品推荐和定制服务，以提高顾客的满意度和忠诚度。

通过综合考虑以上供应链的组成元素，并进行优化和整合，企业可以实现供应链的高效运作，从而获得竞争优势。同时，随着数字化技术的发展，供应链管理将越来越注重信息共享、协同合作和智能化决策，以应对市场的不断变化和复杂性。

7.1.3　AI 在供应链优化中的作用

AI 在供应链优化中发挥着重要的作用。AI 技术可以应用于供应链的各个环节，实现数据的智能分析、预测和决策，提升供应链的效率和灵活性。以下是 AI 在供应链优化中的几种主要作用。

1. 智能预测和规划

AI 可以通过对历史数据和市场趋势的分析，进行供需预测和需求规划。基于大数据和机器学习算法，AI 可以识别出潜在的需求模式和变化趋势，帮助供应链做出准确的预测和合理的规划安排。

以零售企业为例，它们可以使用 AI 技术分析顾客购买记录和社会化媒体数据，预测不同产品的需求量和销售趋势。基于这些预测结果，企业可以合理规划库存和生产计划，以满足市场需求并降低库存风险。

2. 自动化和引入机器人技术

AI 在供应链管理中的应用可以帮助企业实现流程的自动化和智能化，极大提升整体的运作效率和精确度。在物流环节，通过部署物流机器人、自动仓储系统及灵活的机器臂，企业能够自动化执行货物的拣选、装运和配送任务。这些技术不仅加快了物流速度，还提高了操作的准确性，减少了人为错误。在供应链的其他环节，AI 同样发挥着重要作用。它能够处理订单、管理发票和监控库存，实现这些任务的自动化，从而释放人力资源，让他们专注于价值更高的工作。例如，电子产品制造商可以利用 AI 技术实时监控生产线，自动识别并剔除有缺陷的产品，确保产品质量。

此外，通过在仓库中引入仓库机器人和机器臂(见图 7-4 和图 7-5)，可以自动化地进行物料搬运和生产线维护。这不仅提升了生产效率，还降低了错误率，缩短了产品的交货周期。仓库机器人在物料的快速定位和移动方面发挥着关键作用，而机器臂则在完成精密装配和重复性任务方面表现出色。这种综合应用 AI 和机器人技术的做法，为电子产品制造商提供了一种高效、可靠的生产和物流解决方案。

图 7-4　仓库机器人

图 7-5　机械臂

3．数据分析和优化

AI 可以对供应链中的大量数据进行智能分析和挖掘，帮助企业发现问题和挖掘潜力。通过数据可视化和智能报表，供应链管理人员可以及时了解供应链的运行状况和关键指标，并做出相应的调整和决策。

以快消品公司为例，它们可以利用 AI 技术对销售数据和市场反馈进行分析，找出销售下滑的原因和潜在的改进点。通过数据分析，它们可以确定市场需求的变化趋势，并相应调整产品组合、促销策略和供应链布局，以实现业务增长和供应链效率的提升。

4．智能交通和路线优化

AI 可以应用于供应链中的交通和运输管理，实现路线规划和交通调度的优化。通过运用实时交通信息和智能算法，AI 可以提供最佳的货物配送路径和时间安排，减少空驶和堵塞，提高物流效率、节约成本。

以物流公司为例，它们可以利用 AI 技术实时监控交通拥堵情况和天气变化，从而预测最佳运输路径和交付时间，并在需要时进行动态调度。这样可以避免货物滞留和延误，提高交货准确性和客户满意度。

7.1.4　AI 在跨境物流中的应用

在跨境物流中，AI 的应用可以帮助解决以下几个关键问题。

1．海关申报和通关

跨境物流涉及海关申报和通关手续，需要提供大量的文件和资料。AI 可以通过自然语言处理和图像识别等技术，自动识别和提取相关信息，并生成相应的申报文件。这样可以缩短人工操作的时间，降低错误率，加快货物通关速度。

例如，当跨境电商企业需要向海关申报进口商品并办理通关手续时，AI 可以通过分析商品描述和发票信息，自动生成海关申报单和相关文件。同时，AI 还可以利用图像识别技术辅助检查货物是否与申报一致，提高通关效率和准确性。

2．出入境检疫

在跨境物流中，动植物产品需要进行严格的检疫和审批。AI 可以在检疫证明和物品识别等方面，帮助海关和检疫部门快速准确地处理相关手续。例如，企业可以运用图像识别技术判断货物是否符合检疫要求，减少人工检查的工作量。

例如，当一家食品进口商需要将新鲜水果从国外运输到国内时，AI可以分析水果的图像特征和检疫要求，自动判断其是否具备进口条件。如果发现有不合格的水果，AI可以及时发出警示并提供相应的处理建议，防止有害物质进入国内市场。

3. 路由选择和运输安排

跨境物流需要考虑不同国家和地区之间的运输规则和条件。AI可以分析交通、天气、货物类型等因素，并结合实时数据，推荐最佳的路由选择和运输方案。这样可以加快交付速度，提高货物安全性，降低运输成本。

例如，当一家国际快递公司需要将包裹从中国发往美国时，AI可以通过分析飞行路线、航班时刻表、天气等因素，预测各条路线的运输时间和成本。基于这些预测结果，公司可以选择最佳的运输方案，并提前做好准备工作，确保货物按时到达目的地。

4. 跨境支付和结算

跨境物流涉及不同国家的货币和支付体系。跨境支付流程如图7-6所示。AI可以在跨境支付和结算中，帮助企业实现支付数据的自动处理和风险预警。通过AI技术，企业能够获得更安全和高效的支付解决方案，减少支付风险，降低交易成本。

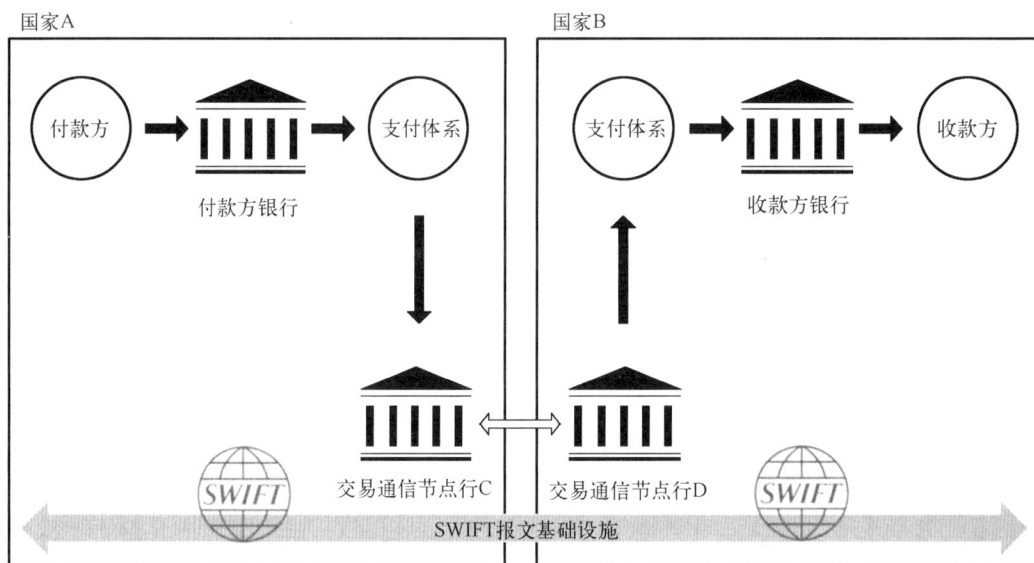

图 7-6 跨境支付流程

例如，当一家国际贸易公司需要与供应商进行跨境支付时，AI可以通过分析交易数据、汇率波动等因素，及时发现异常交易和风险情况，并提醒相关人员进行风险评估和决策。此外，AI还可以自动处理支付结算过程中的烦琐事务，提高支付效率和准确性。

AI在跨境物流中的应用，可以帮助企业加速通关流程、提高货物安全性、降低运输成本，并实现跨境支付和结算的便利化。

7.1.5　AI 面临的挑战

尽管 AI 在供应链优化中具有巨大的潜力，但也面临着一些挑战。

1. 数据质量和隐私保护

AI 的应用需要大量的数据支持，而数据的质量和准确性直接影响 AI 模型的性能和结果。供应链管理涉及大量的数据，如订单数据、库存数据、运输数据等。确保这些数据的准确性、完整性和一致性，是一个重要的挑战。同时，供应链管理数据涉及企业的商业秘密和客户隐私等敏感信息，在应用 AI 技术时需要严格遵守相关的法律法规和隐私保护政策。

2. 技术成熟度和可持续发展

AI 技术目前仍处于快速发展阶段，尚存在许多技术挑战和局限性。对于复杂的供应链管理问题，AI 模型可能需要更多的培训数据和计算资源才能有理想的表现。此外，AI 技术也需要持续地研发和更新，以满足不断变化的供应链管理需求。例如，在供应链管理规划领域，如何应对多变的市场需求和供应情况，利用 AI 技术实现动态的供应链管理优化，仍然是一个具有挑战性的问题。

3. 组织能力和文化转型

AI 的应用需要组织内部具备相关的技术和管理能力。企业需要培养 AI 专业人才和团队，建立合适的组织架构和流程，以支持 AI 在供应链管理中的应用。同时，由于 AI 的引入可能改变原有的工作方式和流程，企业需要进行文化转型和变革管理。企业需要引导组织成员适应新的技术环境，并确保 AI 的应用与组织的战略目标和价值观相一致。

4. 社会和伦理影响

AI 的应用可能涉及一些社会和伦理问题，如就业影响、算法的公平性等。在供应链管理中，AI 的应用可能导致某些岗位的自动化，对相关人员的就业产生一定影响。企业在应用 AI 技术时，需要考虑到这些问题，并积极与利益相关方进行沟通和合作，确保 AI 的正当使用和可持续发展。此外，企业还需要关注算法的公平性，避免 AI 技术引发的歧视和不公平现象。

AI 在跨境物流和供应链优化中具有巨大的潜力。通过智能预测、自动化、数据分析和路线优化等方式，AI 可以提升供应链的效率和灵活性，降低成本和风险。然而，AI 的应用也面临着诸多挑战，如数据质量、技术成熟度和组织能力等，只有充分认识和应对这些挑战，才能实现 AI 在供应链管理中的最大价值。

7.2　跨境物流的主要挑战和解决方案

7.2.1　跨境物流的主要挑战概述

在跨境物流中，存在着一系列需要克服的挑战。这些挑战涉及复杂的跨国法规和贸易政策、文化差异和语言障碍、高风险和不确定性、资金和支付问题，以及物流网络的复杂性和可视性。

1．主要挑战的类型

（1）复杂的跨国法规和贸易政策是跨境物流的一个主要挑战。不同国家之间存在着各种各样的法规和政策，涉及进出口手续、关税、标准符合性等方面的要求。企业在进行跨境运输时需要全面了解并遵守这些法规和政策，否则就可能面临罚款、扣押货物等风险。

（2）文化差异和语言障碍也是一个重要的挑战。不同国家和地区有着独特的文化背景和价值观念，这可能导致在交流和合作过程中产生误解和冲突。此外，语言障碍也限制了信息流通的效率，增加了沟通和协商的困难。

（3）跨境物流面临高风险和不确定性。国际贸易中存在着各种风险，如货物损坏、丢失、盗窃等。此外，政治、经济、自然条件等因素的不确定性也会影响物流运输的可靠性和效率。

（4）资金和支付问题也是跨境物流的一个挑战。进出口贸易涉及货款支付、汇率风险及跨境结算等问题，需要企业具备相应的财务能力和金融工具来应对。

（5）物流网络的复杂性和可视性也给跨境物流带来了挑战。国际物流涉及多个环节和参与方，包括供应商、制造商、承运商、仓储服务商等。这些环节的协调和合作要求物流网络具备高度的灵活性和可视性，以确保货物能够按时、安全地到达目的地。

2．如何应对这些挑战

跨境物流面临着复杂的挑战，包括跨国法规和贸易政策、文化差异和语言障碍、高风险和不确定性、资金和支付问题，以及物流网络的复杂性和可视性。解决这些挑战需要企业具备专业知识和技能，并采取相应的解决方案和措施，以确保跨境物流的顺利进行。

例如，①针对复杂的跨国法规和贸易政策，企业可以积极地与相关部门合作，全面了解和遵守各项法规和政策要求。同时，企业要建立起专门的国际贸易团队，负责处理相关的文件和手续，确保合规性。②在面对文化差异和语言障碍时，企业可以借助翻译和咨询服务，提高沟通的效率和准确性。此外，企业应加强跨文化培训和交流，使员工具备跨文化交流的能力和意识。③为了应对高风险和不确定性，企业可以建立健全风险管理体系，涵盖风险评估、预警机制及灵活的供应链设计。此外，企业应与保险公司合作，购买适当的货物运输保险，降低潜在风险带来的损失。④关于资金和支付问题，企业可以选择合适的支付方式，如信用证、托收等，确保资金的安全和及时到账。此外，企业应与金融机构建立良好的合作关系，获取金融支持和服务，提高企业的资金实力和流动性。⑤对于物流网络的复杂性和可视性，企业可以借助信息技术和物流管理系统，实现对物流过程的监控和管理，通过实时追踪货物位置和状态，及时调整运输计划和资源配置，提高物流运作的效率和可靠性。

跨境物流的挑战需要企业采取综合性的解决方案，包括合规管理、跨文化交流、风险控制、金融支持和信息技术应用等。通过有效地应对这些挑战，企业能够提升其国际竞争力，实现更加高效和可持续的跨境物流管理。

7.2.2 AI 解决方案

在跨境物流中，AI 技术提供了一系列解决方案，可以应对各种挑战。以下是几个主要的 AI 解决方案，它们可以帮助企业高效地管理跨境物流。

1. 数据分析和预测模型

数据分析和预测模型是 AI 在跨境物流中的一个关键应用。通过收集、整理和分析各种数据，如订单信息、运输数据、供应链数据等，企业可以获取对物流运作的深入洞察。基于这些数据，AI 可以建立预测模型，预测货物需求、交通拥堵、运输时间等，帮助企业做出准确的决策和计划。例如，通过运用数据分析和预测模型，企业可以合理安排货物运输路线和运力资源，降低运输成本和时间，提高物流效率。

(1)数据收集。

进行数据收集时，必须从多种来源收集数据。这些数据可以是订单信息、运输数据、天气预报、交通模式等，用数学公式可以表示为：

$$D = \{d_1, d_2, \cdots, d_n\}$$

其中，D 是收集的数据集；d_n 是单个数据点。

(2)预测模型。

基于收集的数据，可以使用多种机器学习算法建立预测模型。一个常用的预测算法是线性回归，可以表示为：

$$y = \beta_0 + \beta_1 x_1 + \beta_2 x_2 + \cdots + \beta_n x_n$$

其中，y 是想要预测的输出(如预期的交货时间)；x_n 是特征(如订单大小、交通状况等)；β_n 是模型的权重。

图 7-7 展示了一个月内实际订单与预测订单的对比。通过实线(线上有圆形标记)表示的实际订单与虚线表示的预测订单，可以清晰地观察到预测模型的准确性。基于先前的数据和预测模型，可以预计每天将接到的订单数量。当预测值与实际值接近时，这意味着预测是准确的。反之，如果差距较大，那么可能需要进一步优化预测模型。这样的可视化可以帮助企业快速地评估其预测模型的性能，并据此调整其物流和供应链策略。

(3)应用分析。

通过这种方法，企业可以预测各种与物流相关的因素，如货物需求、交通拥堵和预计的交货时间等。基于这些预测，物流公司可以合理地计划其资源，选择最佳的交货路线，从而提高效率和降低成本。

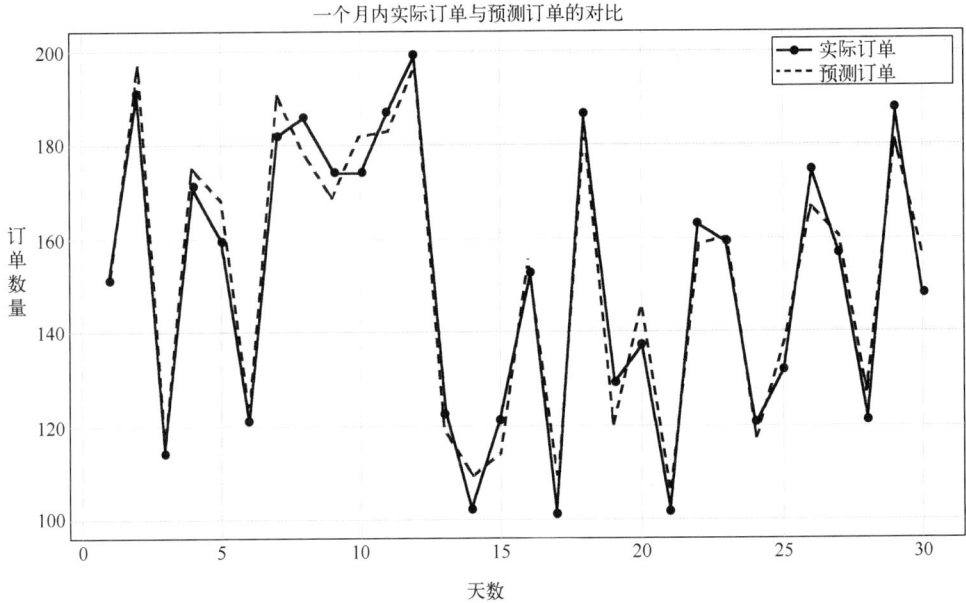

图 7-7　一个月内实际订单与预测订单的对比

(4)案例分析。

美国联邦包裹运送服务公司(United Parcel Service，UPS)是一个全球性的包裹配送和供应链管理公司。作为一家全球物流巨头，UPS 每天都要处理数百万件的包裹和货物。为了确保及时、准确地为客户提供服务，UPS 必须面对诸如交通拥堵、天气变化和突发事件等多种挑战。

①预测模型的实施。

数据收集：UPS 收集大量的数据，包括但不限于交货记录、交通模式、天气报告和历史交货数据。

数据处理与分析：这些数据被输入一个集中的系统，进行清洗、整合和分析。例如，UPS 可能会分析过去一周内某一地区的交货延误情况，以确定是否存在常见的问题或模式。

预测模型建立为：

$$y = f(天气，历史交货数据，交通模式，\cdots\cdots)$$

其中，y 是预测的交货时间；函数 f 是基于多个变量的复杂算法。

模型的应用：当客户查询预计的交货时间时，UPS 的系统会使用这个模型来为客户提供一个估计值。此外，模型还会预测可能的延误，并及时通知司机和客户。

②结果与影响。

提高准确性：凭借这个预测模型，UPS 成功地提高了其交货的准确性，减少了由于延误造成的客户投诉。

提高效率：模型还帮助 UPS 合理分配资源，如调整交货路线或重新安排交货时间，从而提高整体的物流效率。

客户满意度上升：准确的交货预测提升了客户的信任度和满意度，从而加强了 UPS 与其客户之间的关系。

③结论。

UPS 的案例清晰地展示了数据分析和预测模型在现代物流行业中的强大应用潜力。通过结合历史数据、实时信息和先进的算法，物流公司可以更好地为客户提供服务，同时提高自身的运营效率。

2．自动化和智能化的运输管理

自动化和智能化的运输管理是 AI 在跨境物流中的另一个重要应用领域。通过引入自动化设备和智能系统，如自动化仓库、无人驾驶车辆等，企业可以实现物流过程的自动化和智能化。这样可以大大提高物流操作的准确性和效率，减少人为因素带来的错误和延误。同时，通过与其他系统的连接和信息共享，智能化的运输管理可以实现各个环节的协同作业，提高物流网络的整体运作效率。

（1）自动化仓库的应用。

自动化仓库使用机器人和自动化设备来完成货物的接收、存储、提取和出库等操作。这些自动化系统使用传感器和算法来进行决策和操作。

例如，考虑一个典型的自动化存储和检索系统（AS/RS）：

$$T_{完成} = T_{接收} + (n \times T_{操作}) + T_{出库}$$

其中，$T_{完成}$是完成整个操作的总时间；$T_{接收}$是接收货物的时间；$T_{操作}$是单个操作的平均时间；n是操作的次数；$T_{出库}$是货物出库的时间。

（2）无人驾驶车辆。

无人驾驶车辆使用传感器、摄像头和算法来识别环境，进行决策并驾驶车辆。它们可以提高运输效率，减少交通事故，并使物流更加可靠。

（3）案例分析。

亚马逊的 Kiva 机器人系统是一项应用于物流自动化领域的领先技术。它为现代仓库自动化提供了一个独特且高效的解决方案。

Kiva 机器人采用"货到人"的方式，这种方式与传统的"人到货"方式相反。在传统的仓库中，工人需要走到货架旁去拿货物；但在亚马逊的仓库中，Kiva 机器人会移动货架，将货物带到工人那里。

每个 Kiva 机器人都配备传感器和摄像头，这些设备用于识别环境和导航。Kiva 机器人还使用先进的路径规划算法来确定如何到达目的地。

考虑一个简单的路径规划算法，如 Dijkstra 算法：

$$路径=Dijkstra(起点，终点，图)$$

其中，起点是机器人当前的位置；终点是目标位置；图代表了仓库的布局。

Dijkstra算法会找到从起点到终点的最短路径。

Kiva机器人通过减少工人在仓库中移动的时间，可以显著提高仓库的操作效率，减少人为的错误，从而提高订单的准确性。当仓库的需求增加时，企业可以通过增加更多的机器人来满足需求。

自从亚马逊在2012年收购Kiva机器人系统以来，这种机器人技术已被广泛部署在其全球仓库中。通过这种合作，亚马逊不仅大大提高了其物流操作的效率，还加快了在高峰购物时期如"黑色星期五"或"网络星期一"的订单处理速度。

此外，亚马逊还与Kiva机器人系统集成了其自己的预测算法，以预测哪些商品可能会在短时间内被销售出去，从而提前将这些商品移动到仓库的前面，减少机器人的行驶距离。

Kiva机器人系统是物流自动化的一个杰出代表，它展示了如何通过结合先进的算法和自动化技术来实现跨境物流的效率和准确性的大幅提升。

3. 供应链可视化和实时监控

供应链的可视化和实时监控是在现代物流环境中实现效率和准确性提升的关键。随着全球化的加速和客户需求的日趋多样化，企业面临着更加复杂的供应链管理挑战。在这个背景下，AI和物联网技术的结合为企业提供了一个强大的解决方案。

(1)供应链的实时数据流。

使用AI技术，物流企业可以创建一个动态的数据流，该数据流涵盖了供应链中的每个环节。这可以通过以下公式表示：

$$供应链数据流=\int_{供应链开始}^{供应链结束}实时数据(t)dt$$

其中，t表示时间。

这个公式简单地表示了从供应链开始到结束的实时数据的集成。

(2)物联网技术在供应链中的应用。

物联网技术可以与传感器、GPS和其他设备集成，为供应链提供实时数据。例如，一个智能传感器可以通过以下公式来测量货物的温度：

$$T(t)=T_0+\Delta T(t)$$

其中，$T(t)$是在t时的货物温度；T_0是初始温度；$\Delta T(t)$是时间函数，表示温度随时间的变化。

(3)案例分析。

Maersk Line是世界上最大的集装箱航运公司，每天都有成千上万的集装箱在全球范围内移动。在这样的规模下，即使是微小的效率提升或风险减少也可以为公司节省大量的时间和资金。

其技术的核心主要包括以下几个方面。

①智能传感器：通过传感器，Maersk Line 可以实时监测每个集装箱的多个参数。例如，如果考虑温度为 $T(t)$，其中 t 是时间，那么：

$$\Delta T(t) = T(t) - T_{预设}$$

当 $|\Delta T(t)| > T_{阈值}$ 时，系统就会触发警报。

②物联网技术：传感器收集的数据通过物联网技术实时传输到中央数据库。这不仅实现了实时监控，还使数据分析和预测成为可能。

通过实时监控，Maersk Line 可以预测和避免潜在的延误，从而优化航线和调度；客户可以随时查询其货物的状态，从而增强其对 Maersk Line 服务的信任；任何偏离正常状态的情况都会立即被检测到，从而防止潜在的货物损失或延误。

当一个集装箱的温度超出预设范围时，上述的 $\Delta T(t)$ 公式会被用来计算温度偏差。如果这个偏差超过了预定的阈值，系统会自动发送警报。这个警报不仅会通知船员，还会通知相关的陆上团队，以便他们可以迅速地响应并制订必要的计划。

通过结合智能传感器和物联网技术，Maersk Line 已经成功地将 AI 引入其供应链管理中，实现了更高的效率、准确性和客户满意度。Maersk Line 为其他物流和供应链公司提供了一个如何利用 AI 技术优化运营的范例。

4. AI 辅助的风险管理

AI 辅助的风险管理是利用 AI 技术来帮助企业识别、评估和应对风险的一种方法。通过数据分析和机器学习算法，AI 可以识别潜在的风险因素，并预测其可能的影响。例如，通过分析历史数据和市场趋势，AI 可以预测货物运输中的风险，如天气变化、交通拥堵等。基于这些预测结果，企业可以采取相应的风险控制措施，如调整运输路线、增加备货、加强保险等，降低潜在风险对物流运作的影响。

其核心算法与技术包括以下内容。

(1)时间序列分析。

通过分析过去的数据，可以预测未来的风险。例如，使用自动回归移动平均模型可以预测未来的货物需求或价格波动。

$$X_t = \phi_1 X_{t-1} + \cdots + \phi_p X_{t-p} + \theta_1 \epsilon_{t-1} + \cdots + \theta_q \epsilon_{t-q} + \epsilon_t$$

其中，X_t 是时间 t 的观测值；ϕ 和 θ 是模型参数；ϵ_t 是误差项。

(2)机器学习。

使用分类器，如随机森林、支持向量机等，可以根据历史数据识别风险因素并预测风险发生的可能性。

案例：敦豪(DHL)是全球物流行业的巨头，每天处理着数以百万计的货物和包裹的运输。为了确保这些货物的顺利运输，DHL 投入大量资源进行技术研发，以增强其供应链的韧性和可靠性。

DHL 的 Resilience 360 是其供应链风险管理的核心工具，以下是其主要特点和应用。

①实时风险评估：该工具实时收集和分析全球范围内的各种数据，包括天气、社会政治事件、交通状况等，以评估这些因素对 DHL 供应链的潜在影响。

②预测算法：利用时间序列分析，如自动回归移动平均模型或 Prophet，可以预测未来某个特定地区的天气或交通状况，用公式表示为：

$$y_t = \phi_1 y_{t-1} + \cdots + \phi_p y_{t-p} + \theta_1 \varepsilon_{t-1} + \cdots + \theta_q \varepsilon_{t-q} + \varepsilon_t$$

其中，y_t 是时间 t 的预测值；ϕ 和 θ 是模型参数；ε_t 是误差项。

③风险可视化：Resilience 360 提供了一个互动的仪表板，使 DHL 能够实现对其全球供应链的风险在地图上的实时可视化。

5. 数据安全和隐私保护措施

在跨境物流中，数据安全和隐私保护是至关重要的。AI 技术在数据处理和分析过程中涉及大量的数据，包括个人信息、商业机密等敏感数据。为了保护这些数据的安全，企业需要采取一系列的数据安全和隐私保护措施。例如，数据加密、访问控制、安全审计等技术手段可以有效地保护数据的机密性和完整性。同时，企业还应遵守相关的法规和准则，确保合规性和信任度。

综上所述，AI 提供了一系列解决方案，包括数据分析和预测模型、自动化和智能化的运输管理、供应链可视化和实时监控、AI 辅助的风险管理、数据安全和隐私保护措施。这些解决方案可以帮助企业更好地应对跨境物流中的挑战，提高物流效率和可靠性，实现可持续的跨境物流管理。

7.3 供应链智能化和可视化管理

7.3.1 供应链智能化的意义和作用

在当今竞争激烈的商业环境下，供应链对企业的发展起着至关重要的作用。供应链智能化是指通过利用 AI 技术和先进的信息系统，提高供应链的管理效率和准确性，从而实现供应链的数字化转型。

供应链智能化具有以下几个方面的意义和作用。

首先，供应链智能化可以帮助企业更好地掌握供应链全过程的信息。通过数据的集中和整合，并运用 AI 算法进行分析和挖掘，企业可以实时了解订单、库存、生产进度、物流运输等各个环节的情况。这样一来，企业可以做出更准确的计划和决策，提高供应链的灵活性，加快反应速度。

其次，供应链智能化可以优化资源的配置和协同作业。通过 AI 的优化算法，企业可以更有效地分配和利用资源，提高生产效率，降低成本。同时，智能化的供应链管理可以促进不同环节之间的协同作业，提高生产协调性和交货准时率。

再次，供应链智能化也可以提高客户满意度。通过准确预测需求、及时响应客户的需求变化，企业可以降低缺货风险，提高产品的可靠性和交货准时率。智能化的供应链管理还可以提供更好的售后服务，快速处理客户的投诉和问题，增强客户对企业的信任，提高客户的忠诚度。

最后，供应链智能化可以帮助企业迅速应对市场的变化。通过运用 AI 算法，企业可以根据市场趋势和需求变化，对供应链进行动态调整和优化。这样，企业就可以及时把握市场机遇，提前预防和解决潜在的风险和问题，保持竞争优势。

供应链智能化对于企业来说具有重要的意义和作用，它可以帮助企业实现数字化转型，提高供应链管理的效率和准确性，降低成本，提高客户满意度，并能够快速应对市场变化，增强企业在全球市场中的竞争力。

7.3.2　AI 和机器学习在供应链管理中的应用

1. 案例分析

亚马逊是全球最大的在线零售商之一，其成功的供应链管理系统基于先进的 AI 技术。亚马逊利用机器学习算法和大数据分析来预测客户需求并优化库存管理。它通过收集和分析大量的历史销售数据、市场趋势、季节性变化等信息，建立了高度精准的需求预测模型。这些模型可以根据产品类别、地理位置和时间段进行个性化调整，以获得更准确的预测结果。基于需求预测结果，亚马逊实现了订单和库存管理过程的自动化。它的 AI 系统可以自动处理和解析数以百万计的订单，将关键信息提取并更新到供应链管理系统中。通过自动化处理订单，亚马逊大大减少了人为错误，缩短了处理时间，提高了订单处理的准确性和速度。

另外，亚马逊还利用 AI 和机器学习技术来优化物流和配送过程。它分析大量的运输数据，包括交通状况、路线选择、运输成本等因素，并利用机器学习算法优化物流网络和配送路线。这样，它就可以降低物流成本、提高运输效率，确保及时交付客户的订单。此外，亚马逊还使用机器学习算法来优化仓储和库存管理。它通过实时监测和分析库存数据，预测需求和库存水平，并根据这些数据进行库存调整。这样，亚马逊就能够减少库存积压和缺货风险，同时有效降低库存成本。

亚马逊的成功案例展示了 AI 和机器学习在供应链管理中的潜力。通过利用先进的技术，亚马逊实现了更高效、精确和可靠的供应链运作，提供了更好的客户体验。这个案例也证明了 AI 和机器学习在预测需求、优化库存管理、自动化处理订单和优化物流配送等方面的巨大价值。

2. AI 和机器学习在供应链管理中的应用

AI 和机器学习在供应链管理中有着广泛的应用。通过数据分析和预测模型，AI 可以帮助企业预测需求、优化库存管理、减少缺货风险，从而提升供应链的可靠性和效率。

首先，建立预测模型。这些预测模型可以根据不同的产品、地区和时间段进行个性化调整，以提高预测的准确性。通过准确的需求预测，企业可以合理安排生产计划、采购策略和库存管理，降低库存成本、减少缺货风险。

其次，AI可以自动化处理和解析传统上由人工完成的复杂任务，如订单处理、运输跟踪等，以减少人为错误，加快处理速度。通过自然语言处理和图像识别等技术，AI可以从大量的订单和物流数据中提取关键信息，并自动更新到供应链管理系统中。这样可以减少人工干预的时间和成本，并保证数据的准确性。

最后，机器学习算法可以通过学习历史数据和市场趋势，不断优化供应链运作策略，提高预测准确性和决策科学性。例如，基于机器学习的库存管理系统可以根据销售数据和供应链参数进行实时调整，以最小化库存水平和成本，同时确保满足客户需求。机器学习还可以帮助企业优化供应商选择和交付路线安排，以降低物流成本和提高运输效率。

除了上述应用，AI和机器学习还可以通过分析大数据、优化网络规划和路线选择、预测设备故障等方式改进供应链管理。例如，通过分析大数据，企业可以实时监控供应链中的各个环节，并发现潜在问题，及时采取措施加以解决。另外，利用机器学习算法，企业可以对设备运行数据进行实时监测和分析，预测设备故障并进行维修，以避免生产中断和损失。

AI和机器学习在供应链管理中有着广泛的应用。它们可以预测需求、优化库存管理、自动化处理复杂任务、优化供应链管理策略，从而提高供应链的可靠性和效率。随着AI技术的不断发展和应用，相信在未来，它们将为企业创造更多的价值，并推动供应链管理向更加智能化和高效化的方向发展。

7.3.3 供应链可视化工具的重要性及其功能

供应链可视化工具是帮助企业实现供应链可视化管理的关键工具。它通过对供应链中各个环节数据的集成和展示，使企业能够全面了解供应链的状态、流程和问题，并及时做出相应的决策和调整。其主要的功能包括提高供应链透明度、实时监控和问题解决。

1. 提高供应链透明度

供应链透明度是指企业对供应链各个环节的清晰认知和可追踪性。供应链可视化工具可以将各种数据源（如订单、库存、运输）汇集在一起，并以可视化的方式呈现给企业管理层和相关人员。通过实时更新和即时报告，企业可以快速了解供应链中的问题和瓶颈，并采取正确的措施加以解决。这有助于提高企业对供应链的控制力和敏捷性，减少信息的不对称和延误。

2. 实时监控和问题解决

供应链可视化工具还可以实时监控供应链的状态和运作情况。通过连接不同环节的传感器和数据库，它可以提供实时数据和仪表盘，使企业能够及时发现异常和问题。当供应链出现延误、缺货或质量问题时，它会自动发出警报，提醒相关人员采取行动。这样，企业就能够迅速响应，并采取适当的纠正措施，防止问题进一步扩大而降低客户满意度。

供应链智能化和可视化管理是帮助企业优化供应链管理的重要手段。借助 AI 和机器学习，以及供应链可视化工具的支持，企业可以实现更高效、更灵活、更可靠的供应链运作，加快市场反应速度，从而提升竞争力，实现可持续的供应链管理。

7.4 智慧物流与"最后一公里"配送

7.4.1 国内外智慧物流发展现状

国外发达国家在智慧物流方面起步较早，其先进的技术和完善的政策对中国智慧物流的发展和改革有着较大的启发意义。目前，随着物流信息化不断深化，以美国、日本、欧洲等为首的一些国家和地区的物流行业不断向智慧物流进阶。拥有更现代化的技术、设施设备是现代物流企业快速发展的重中之重。在当今信息化的时代，相关行业日益重视第三方物流和精细物流的发展，物流配送社会化程度显著提高。

美国作为世界最发达国家之一，拥有最为智能的物流系统。自 20 世纪 80 年代以来，美国出台了一系列相关政策，将监管重心放在了监管物流企业的标准化经营上。美国格外注重各物流行业之间、国内和国际之间的规范化和标准化管理，以此形成规范的智能物流管理系统。

德国拥有完备的国内物流监管体系。在物流的建设方面，德国对于类似承运车辆、搬运机械、射频技术等物流方面的硬件、软件标准都做出了统一的规定。物品编码和数据采集处理标准的统一使企业之间信息处理和交换的成本大大降低。众多策略均为信息技术的广泛应用指明了方向。

基于重新改造国家制造业以及推动高端制造业的产业升级的需求，法国也积极加大智能制造和智慧物流的投入，大力引进智慧物流型人才，同时加速智能制造行业的发展，极大地促进了智慧物流和智能制造的同步发展。

目前，中国依托互联网、云计算、大数据等技术正在不断推动物流行业的发展，效果显著。中国物联网在市场结构调查后指出，物流应用进展只是相关产业规模的 3.4%，智慧物流仍是需要我们不断去探索和发展的方向。中国的智慧物流服务平台现已能够实现物流信息的发布、共享以及一些基础的增值服务功能，但从物流信息化水平的角度来说，仍然缺乏有效的产品和技术支撑，大多还只是停留在信息发布上，平台发挥作用受限、执行难。所以怎样实现运输过程的可监视、如何规划路线、如何实现无人配送及如何保障决策的公正化，仍旧是目前要解决的重点问题。当然，这也是智慧物流未来发展过程中将不断完善的关键。

7.4.2 包裹追踪与实时状态更新

在智慧物流的版图中，包裹追踪系统是提升客户体验的关键环节。这一系统通过集成先进的技术，如全球定位系统、射频识别、条形码扫描和近场通信，确保了包裹从发货到最终交付的每一步都能被实时追踪和监控。消费者现在期望能够随时掌握包裹的动态，而智慧物流系统通过移动应用、短信通知或网络平台满足了消费者这方面的需求。

实时状态更新不仅提升了消费者的满意度，也为物流公司带来了运营上的便利。通过对配送过程中的数据分析，物流企业能够识别配送瓶颈，优化配送路线，减少不必要的绕行和延误。例如，使用机器学习算法对历史配送数据进行分析，可以预测特定时段和地区的交通状况，从而智能调整配送计划，避免高峰时段的拥堵。

此外，实时追踪系统还能在包裹出现异常时（如包裹偏离预定路线或未能按时到达中转站）及时发出警报。这使物流公司能够迅速响应，采取必要的措施，如重新安排配送或联系客户说明情况。这种主动的问题解决方式大大减少了客户投诉和物流损失。

7.4.3 无人机与自动驾驶货车的应用探索

无人机和自动驾驶货车代表了智慧物流领域的未来趋势。这些技术的应用探索正在逐步改变传统的配送模式。无人机配送在偏远地区或交通不便的地区显示出巨大的潜力，它们能够快速、灵活地将包裹送达目的地，不受地形限制。而在城市，自动驾驶货车则能够提供更加准时、成本效益更高的配送服务。

近年来，我国以京东为代表的多家物流企业和科技公司正在积极开展智能仓储、无人机、自动驾驶汽车、人工智能等核心技术布局，尤其重视对物流领域的研发投入和推广力度，不断强化自主控制、航线规划、自动避障、群体智能、车联网、机器人等关键技术研发和场景应用，提高物流配送环节的智能化水平。京东无人配送采用无人仓、无人机、无人车等无人运载工具与货物的互联互通的整体运营模式。这种模式以无人化智能仓储为中心，通过"支线无人运输 + 末端无人配送"覆盖数百公里范围内的城市和农村，为多式联运提供了无人化、智能化解决方案，进而推动了城市群内部快速物流圈的形成。

2016 年 9 月，京东发布无人配送车，并于 2017 年的"6·18"期间首次在中国人民大学完成无人配送任务。该无人配送车从中国人民大学的京东派站点出发，有序地躲避道路障碍及校园内的行人，并与机器人进行交接，由配送机器人将货物送至教学楼给同学。取件同学在配送机器人到达五分钟之前，通过手机收到提示短信。然后同学输入提货码，机器人自动开启仓门，完成了无人配送订单。京东最初对于无人车的定位场景主要还是在"最后一公里"上，然而随着无人驾驶技术的发展及对于降低人力成本的渴望，京东逐渐开始拓展无人车的运用场景边界。2018 年，由京东 X 事业部研发的 L4 级无人重型卡车正式发布。该无人重型卡车可以完成自动转弯、自动避让绕行、紧急制动等复杂的驾驶行为，主要可以承担长途运输及干线货物转运的任务。L4 级无人重型卡车通过卡车上的多个激光雷达、摄像头、传感器等设备，实现远距离的物体识别、距离估算，并做出判断，实施驾驶行为，再通过视觉定位技术，将之与高清地图相结合，使卡车的定位可精确到厘米级，并且还能精确制定行车路线。

京东于 2016 年成立 JDX 部门，开展无人机研发。目前，京东已完成无人机飞行控制调度中心、飞行服务中心、研发中心、制造中心等一系列配套设施的落地。无人机作为京东智慧物流体系中的重要组成部分，主要承担的责任是打造"干线—支线—末端"三级智慧物流航空体系。第一级是干线的无人配送，主要通过大型无人机实现区域之间仓到仓的物流调拨；第二级是支线的无人配送，完成的是配送中心之间的小批量转运；第三级是末端无人配送，由小型无人机将货物派送至乡村推广员处，再由乡村推广员完成最后的配送。目前，京东物流的高成本支出在于末端配送的快递员人力成本。特别是在一些交通条件不便的偏远乡村，长期存在物流效率低、经济效益差的现象。通过将无人机配送运用于乡村末端物流配送，可以很好地解决"乡村最后一公里"的物流配送问题。京东目前使用的无人机种类分别为垂直起降无人机和多旋翼无人机。前者具有更强的避障和抗风等环境适应能力，同时具备航时长、航程远的优势；后者的机身重量更加轻盈，比前者的飞行速度更快，适合第三级的末端配送。目前，京东还在开发续航时间更长、承载货物量更大、能够适应复杂山地环境的新型无人机。

随着无线网络、数据中心的建设以及无人驾驶、自主控制等 AI 技术的不断进步，未来现代化的综合立体交通网络将呈现多中心、网络化的主形态，车、机、船等载运工具将形成全部无人化、协同化、智能化、高效立体的运输体系。无人配送将为车联网、物联网、立体交通建设、智慧物流建设奠定技术基础，构建运营场景，也为现代化综合立体交通网络建设提供科学有效的、多场景运营的安全性数据。

尽管这些技术仍处于发展阶段，但它们已经在特定场景下展现出了实际应用的可能性。例如，一些物流公司已经开始使用无人机进行小规模的配送试验，自动驾驶货车也在一些封闭或半封闭的环境中进行了测试运行。这些技术的应用不仅能够提高配送效率，还能降低运营成本和减少交通事故。然而，无人机和自动驾驶货车的广泛应用还面临着技术、法规和伦理等多方面的挑战。例如，无人机配送需要解决飞行安全、电池续航和载荷能力等问题，而自动驾驶货车则需要确保其在复杂的交通环境中的安全性和可靠性。此外，相关法规的制定和完善也是推动这些技术应用的关键。

7.4.4　海外仓布局与智能调度系统

1. 海外仓布局

海外仓的布局对于企业实现全球化战略至关重要。它不仅缩短了产品从生产到消费者手中的距离，也大幅降低了运输成本，缩短了运输时间。在海外市场设立仓库，使企业能够迅速响应当地消费者的需求变化，提供更加灵活和个性化的服务。在电商全球化的浪潮中，海外仓库作为物流网络的关键节点，正经历着一场智能化的革命。这场革命不仅极大地提升了物流效率，也重新定义了消费者的物流体验，为跨境电商的蓬勃发展注入了新的动能。

(1) 智能化技术的应用。海外仓的智能化升级，首先体现在对先进技术的应用上。通过集成先进的物流管理系统、自动化设备和人工智能算法，海外仓能够对货物的接收、存储、分拣、打包和发货等环节进行精确控制。这些技术的应用不仅显著提升了作业效率，还有效降低了运营成本。

(2) 智能仓储系统的核心作用。智能仓储系统是海外仓智能化进程的核心。利用物联网技术，系统能够实时收集、传输和处理仓库内的货物信息。结合大数据分析，智能仓储系统能够预测销售趋势和库存需求，实现库存的动态调配和及时补货，从而避免库存积压和滞销风险。

(3) 智能分拣与配送的高效性。海外仓在分拣和配送环节也采用了智能化技术。自动化分拣设备和机器人的应用，使大量订单能够被快速、准确地处理。智能配送系统根据订单信息和客户需求，智能选择最优配送路线和方式，确保货物能够安全、准时地送达。

(4) 客户体验的深度优化。海外仓智能化的另一大趋势是对客户体验的深度优化。通过客户画像和行为分析技术，海外仓能够更精准地把握客户需求和偏好，提供个性化的物流服务。此外，优化的退换货流程和完善的售后服务咨询，进一步提升了客户满意度和忠诚度。

海外仓的智能化将继续深化。技术的不断进步将使海外仓的服务更加高效、智能、人性化。在全球电商市场竞争日益激烈的背景下，海外仓的智能化将成为企业提升竞争力的关键。海外仓的智能化趋势正在引领全球电商物流行业的变革。技术的持续发展和深入应用预示着海外仓将变得更加智能、高效、便捷，为跨境电商的持续繁荣提供强有力的支撑。

2. 智能调度系统

智能调度系统通过收集和分析大量的市场数据、库存状态、销售趋势和消费者行为，利用先进的算法预测市场需求，从而实现库存的精准管理和配送计划的智能调整。这种预测能力显著加快了企业的市场反应速度，增强了企业供应链的灵活性。数据分析在智能调度系统中占据着举足轻重的地位。通过对历史销售数据的深入分析，系统能够识别出销售模式和消费者偏好，预测特定产品在特定时间段和地区的需求量。此外，季节性变化、节假日、促销活动等外部因素也会被纳入考量，以确保库存水平与市场需求保持同步。实时物流信息的整合同样重要。智能调度系统需要实时监控运输工具的可用性、天气状况、交通状况等信息，以便在必要时快速做出调整。例如，在恶劣天气或交通拥堵的情况下，系统可以重新规划配送路线，选择备用运输工具或调整配送时间，以确保货物能够安全、准时地送达。

智能调度系统还与供应链的其他环节紧密协作：它与采购部门共享市场预测和库存数据，帮助采购部门制订合理的采购计划，避免过度采购或库存短缺；它与生产部门的协同则确保了生产计划与市场需求及库存水平相匹配，减少了生产过程中的浪费；销售部门也能够根据它提供的信息，更好地制定销售策略，策划促销活动。跨部门的协同作业不仅加快了整个供应链的响应速度，还降低了库存积压和缺货风险。通过智能调度系统，企业能够实现库存的最优配置，降低库存持有成本，同时提高客户满意度和忠诚度。此外，智能调度系统还能够提高供应链的透明度。通过实时追踪货物的流动，企业能够更清晰地了解供应链中的每一个环节，及时发现并解决潜在的问题。这种高透明度也有助于企业更好地管理供应链风险，提高供应链的稳定性和可靠性。

在全球化的背景下，海外仓的布局和智能调度系统的运用，为企业提供了强大的竞争优势。它们不仅提高了物流效率，降低了运营成本，还增强了市场适应能力和客户服务能力。随着技术的不断进步，未来的智能调度系统将更加智能化、自动化，能够处理更复杂的数据，提供更精准的预测和更灵活的调度方案。这将为企业在全球市场中保持竞争力提供坚实的支撑。

7.5 供应链透明度与可持续发展

在当今全球化的经济背景下，供应链的透明度与可持续性已成为企业竞争力的关键因素。智慧物流的发展，不仅极大地提高了物流效率，也为企业实现更加透明和可持续的供应链管理提供了可能。

7.5.1 提高供应链透明度的重要性

供应链透明度高意味着企业能够实时监控从原材料采购到产品交付给最终消费者的整个流程。这种透明度的提升，使企业能够及时发现供应链中的瓶颈和问题，快速响应市场变化，从而提高运营效率和降低风险。对消费者而言，透明的供应链能够增加他们对品牌的信任，尤其是在消费者对产品来源和生产方式越来越关注的今天。

技术的进步，特别是物联网、区块链和 AI 的应用，为供应链透明度的提升提供了强有力的支持。物联网设备能够提供实时的货物状态更新，区块链技术确保了数据的不可篡改性和透明性，AI 技术则能够分析大量数据，预测潜在问题并识别改进机会。

7.5.2 可持续发展的物流战略

可持续发展是智慧物流的另一个重要目标。物流企业正在采取多种措施减少对环境的影响，如通过优化配送路线减少不必要的运输，使用新能源运输工具降低碳排放，以及通过智能包装减少材料浪费等。此外，推广循环经济，鼓励包装和材料的回收再利用，也是实现供应链可持续发展的重要途径。一些领先的物流企业已经开始实践绿色物流战略。例如，亚马逊"Shipment Zero"计划的目标是到 2030 年实现所有运输的零碳排放。通过使用电动车辆、优化航空货运的装载效率，以及开发更环保的包装解决方案，亚马逊正在推动整个行业向更可持续的方向发展。

智慧物流与供应链管理的融合，不仅能够提高物流的效率和透明度，还能够增强整个供应链的可持续性。通过集成的信息系统，企业能够实现从供应商到消费者的全程追踪，确保供应链的每个环节都符合环境和社会的标准。随着技术的不断发展，未来的物流系统将更加智能、高效和环保。自动化和智能化的物流解决方案将继续减少人力需求，提高操作的精确度。同时，通过深度学习和数据分析，智慧物流将能够自我优化，实时响应供应链中的各种变化。供应链透明度和可持续性是现代物流行业不可或缺的组成部分。随着智慧物流技术的不断进步，我们有理由相信，未来的物流系统将更加高效、环保，能够满足消费者、企业及环境的需求。这不仅是物流行业的一次革命，也是对全球可持续发展目标的重要贡献。

7.6 案 例 分 析

7.6.1 亚马逊的智慧物流创新与跨境电商战略

作为全球电商巨头，亚马逊在智慧物流领域的创新举措不仅优化了自身的供应链，也为跨境电商市场树立了新的标准。以下是亚马逊在智慧物流方面的几个关键实践，这些实践不仅提高了其物流效率，也加强了其在全球电商领域的竞争力。

1. 全球运营中心网络

亚马逊在全球范围内拥有 125 个运营中心，覆盖 180 多个国家和地区的市场。在中国，13 个运营中心支撑着庞大的本地配送网络，其中昆山运营中心作为亚马逊最大的运营中心之一，服务于整个长三角区域，凸显了亚马逊在地区市场的深度布局。

2. 智能机器人技术

自 2014 年起，亚马逊仓库中的 Kiva 机器人就引起了业界的广泛关注。这些机器人能够自主避开障碍物、举起重物，显著提升了仓库作业的效率和准确性。亚马逊在自动化技术的应用上不断深入，进一步巩固了其在智慧物流领域的领先地位。

3. 计算机视觉与无人机配送

亚马逊在 2016 年收购了一支计算机视觉专家团队，致力于提升无人机的自主导航能力。这项技术的应用使无人机能够安全地绕开障碍物，将货物准确送达目的地。这标志着亚马逊在无人配送领域的进一步探索。

4. 高效的订单处理流程

亚马逊的订单处理流程极为高效，从拣货到发货仅需 30 分钟。这一成就得益于亚马逊强大的数据运算能力。亚马逊能够快速处理和分发订单，确保了物流的高效率。

5. 随机存储策略

亚马逊采用了随机存储策略，打破了传统按品类存储的限制，根据商品尺寸和规格将不同品类的商品存放于同一货位。这种策略不仅提升了上架效率，还最大化了存储空间的利用率。

6. 大数据优化拣货路径

亚马逊通过大数据优化拣货路径，确保员工不走回头路，始终沿着最短路径拣货。此外，独特的分拣和发货技术，如"八爪鱼"工作台，进一步提高了包裹处理的效率。

7. 高度自动化的运营中心

亚马逊运营中心的自动化程度极高，工人数量相对较少。智能系统基于大数据分析向工人发出操作指引，工人只需跟随系统指示即可完成作业，大大减少了人为错误，提高了作业效率。

8. Prime 会员服务与快速配送

亚马逊的物流能力使从下单到配送的时间大幅缩短。对于注册了 Prime 服务的中国会员，跨境海购包裹在 82 个城市的平均送达时间仅为 5 到 9 个工作日。这一服务在跨境电商市场中极具竞争力。

随着跨境电商市场的不断增长，亚马逊通过对智慧物流技术的不断创新和应用，已经在激烈的市场竞争中占据了有利地位。未来，随着技术的进一步发展和市场策略的优化，亚马逊在跨境电商领域的表现值得期待。

7.6.2　顺丰的智慧物流解决方案

顺丰作为中国领先的快递物流公司，也在积极拥抱智慧物流技术，以提升服务质量和运营效率。顺丰通过引入自动化分拣系统、智能快递柜和移动应用，为客户提供了更加便捷和个性化的物流服务。

顺丰的自动化分拣系统能够快速识别大量包裹并予以分类，大幅提高了分拣效率和准确性。智能快递柜则为客户提供了一个安全、便捷的自提点，客户可以根据自己的时间安排随时取件。此外，顺丰的移动应用不仅提供了包裹追踪功能，还能够根据客户的购物习惯和偏好，提供个性化的物流服务推荐。

通过这些智慧物流解决方案，顺丰不仅提高了自身的运营效率，也为客户提供了更加优质的服务体验，巩固了其在快递物流行业的领先地位。

作为中国乃至亚洲最大的综合物流服务提供商之一，顺丰在全球物流行业中占据着举足轻重的地位。长期以来，顺丰以其高效的物流服务和创新的技术应用，成为行业的标杆。然而，物流行业的核心挑战——资源与需求的匹配问题，一直困扰着行业的发展。顺丰如何利用高新技术解决这一难题？"顺丰超脑"智能规划调度平台给出了答案。

"顺丰超脑"是一个基于海量数据和运用运筹学、AI 等技术的智能规划调度平台。它能够预测快件流转过程中的潜在延误风险，并实时推荐调整方案，确保快件准时到达。这一平台的建立，不仅提升了物流效率，还降低了运营成本，同时优化了客户体验。

（1）"顺丰超脑"的运转全过程。顺丰的物流服务分为"收、转、运、派"四个环节。在"收""派"环节，智能化技术被用于排班、区域划分和班次设计，以提升时效性，实现资源的最优配置。在"运"环节，智能算法用于线路规划和实时动态调度，确保货物及时送达。"转"环节则涉及货量预测、分拣计划和设备布置优化。路由规划是智能规划的核心，需要综合考虑各种运输方式和资源配置，以应对货量波动和突发状况。

（2）直营模式下的挑战与优势。顺丰作为直营快递的代表，其全环节的数据掌握为智能规划提供了强大的支撑。然而，数据整合和处理的挑战也随之而来。在直营模式下，统一规则与个性化需求的结合，要求精细化的规划调度。同时，直营模式的长链条规划调度，要求从资源联动和全局角度进行综合考量，以实现时效和成本的最优平衡。

（3）直面复杂场景的策略。面对复杂的路径规划和运单匹配问题，"顺丰超脑"团队采取了"切割"和"串联"的策略，通过将大问题分解为小问题，并使用指标联动，实现了问题的高效解决。此外，根据不同问题的复杂度，应用不同的算法，如整数规划、启发式算法或搜索算法，以实现最优解。

（4）预测推演与配送时间保障。"顺丰超脑"通过事前预测、事中监控和事后复盘，确保了配送的准确性。它通过实时监控和智能推送调度方案，及时应对运输过程中的突发状况。同时，它通过对业务场景的深入理解，优化模型抽象，提高了解决方案的鲁棒性。

展望未来，"顺丰超脑"将更加注重联动，发展端到端、全链路的解决方案。同时，大语言模型的应用将作为"裁判"，帮助优化模型，推动智能规划调度向更高效率、更低成本、更好体验的方向发展。"顺丰超脑"的成功实践，不仅为物流行业提供了宝贵的经验，也为全球电商物流的智慧化发展树立了典范。随着技术的不断进步，我们期待"顺丰超脑"在未来能够带来更加创新和高效的物流解决方案，推动整个行业向前发展。

习　题

1. 单项选择题

（1）跨境物流的核心目标是管理货物在不同国家之间的哪一全过程？（　　）

  A. 生产与包装   B. 销售与推广

  C. 运输、仓储和配送   D. 售后与维修

（2）以下哪项不属于 AI 在供应链优化中的应用？（　　）

  A. 需求预测   B. 自动化仓库管理

  C. 质量检测自动化   D. 产品设计创新

（3）跨境电商的哪一特点直接关联到消费者的购物体验？（　　）

  A. 国际合作与竞争   B. 更宽广的选择空间

  C. 跨国法规遵从   D. 供应链效率提升

（4）AI 在解决跨境物流挑战中，不包括哪项？（　　）

  A. 自动化支付处理   B. 优化运输路径

C. 加速海关清关　　　　　　　D. 跨文化交流障碍消除

(5) 在跨境物流中，哪一因素可能因 AI 技术的应用而得到显著改善？（　　）

　　A. 货物破损率　　　　　　　B. 贸易政策的复杂性

　　C. 语言障碍　　　　　　　　D. 物流成本和时间

(6) 下列哪项是供应链管理中的关键元素？（　　）

　　A. 客户关系　　　　　　　　B. 市场调研

　　C. 产品开发　　　　　　　　D. 人力资源管理

(7) Kiva 机器人在物流中的主要优势是什么？（　　）

　　A. 减少人力成本　　　　　　B. 提高库存准确度

　　C. 增加仓库容量　　　　　　D. 降低包装成本

(8) Maersk Line 利用物联网技术的主要目的是什么？（　　）

　　A. 实现货物实时追踪　　　　B. 自动化码头作业

　　C. 提高船舶建造效率　　　　D. 优化航线设计

(9) AI 在跨境支付中的作用不包括？（　　）

　　A. 自动处理外汇兑换　　　　B. 加密保护交易数据

　　C. 实时监控汇率波动　　　　D. 完全取代人工审核

(10) 在跨境电商中，AI 推荐算法的依据主要是什么？（　　）

　　A. 用户浏览历史　　　　　　B. 社会关系网

　　C. 产品评价　　　　　　　　D. 用户地理位置

(11) 供应链可视化工具的主要作用不包括哪一项？（　　）

　　A. 提升决策效率　　　　　　B. 提高供应链透明度

　　C. 实时监控库存水平　　　　D. 直接减少生产成本

(12) 下列哪项是智慧物流的关键技术？（　　）

　　A. 量子计算　　　　　　　　B. 遥感卫星技术

　　C. 无人驾驶技术　　　　　　D. 燃料电池技术

(13) 无人机在智慧物流中的主要应用场景是下列哪个？（　　）

　　A. 城市快递配送　　　　　　B. 海底管道检查

　　C. 工厂内部物流　　　　　　D. 高速公路巡逻

(14) 在供应链中，AI 面临的伦理问题不包括哪一项？（　　）

　　A. 数据隐私泄露　　　　　　B. 人工智能决策的透明度

　　C. 工作岗位自动化带来的失业　D. 产品设计的创新性

(15) 在跨境物流中，AI 如何协助解决文化差异问题？（　　）

　　A. 实时翻译服务　　　　　　B. 自动化货物分类

　　C. 法规遵从性检查　　　　　D. 物流路线规划

2. 简答题

(1)简述 AI 在供应链管理中的几个关键作用。

(2)举例说明，在跨境物流中 AI 如何提升客户体验。

(3)在跨境电商中，AI 如何帮助解决复杂的跨国法规和贸易政策问题？

(4)描述一下 AI 在跨境支付与结算中的应用，并解释其重要性。

(5)请解释供应链可视化及其对企业的好处。

人工智能跨境电商应用教程

第三部分

人工智能的挑战与未来展望

第8章　品牌保护与反欺诈技术

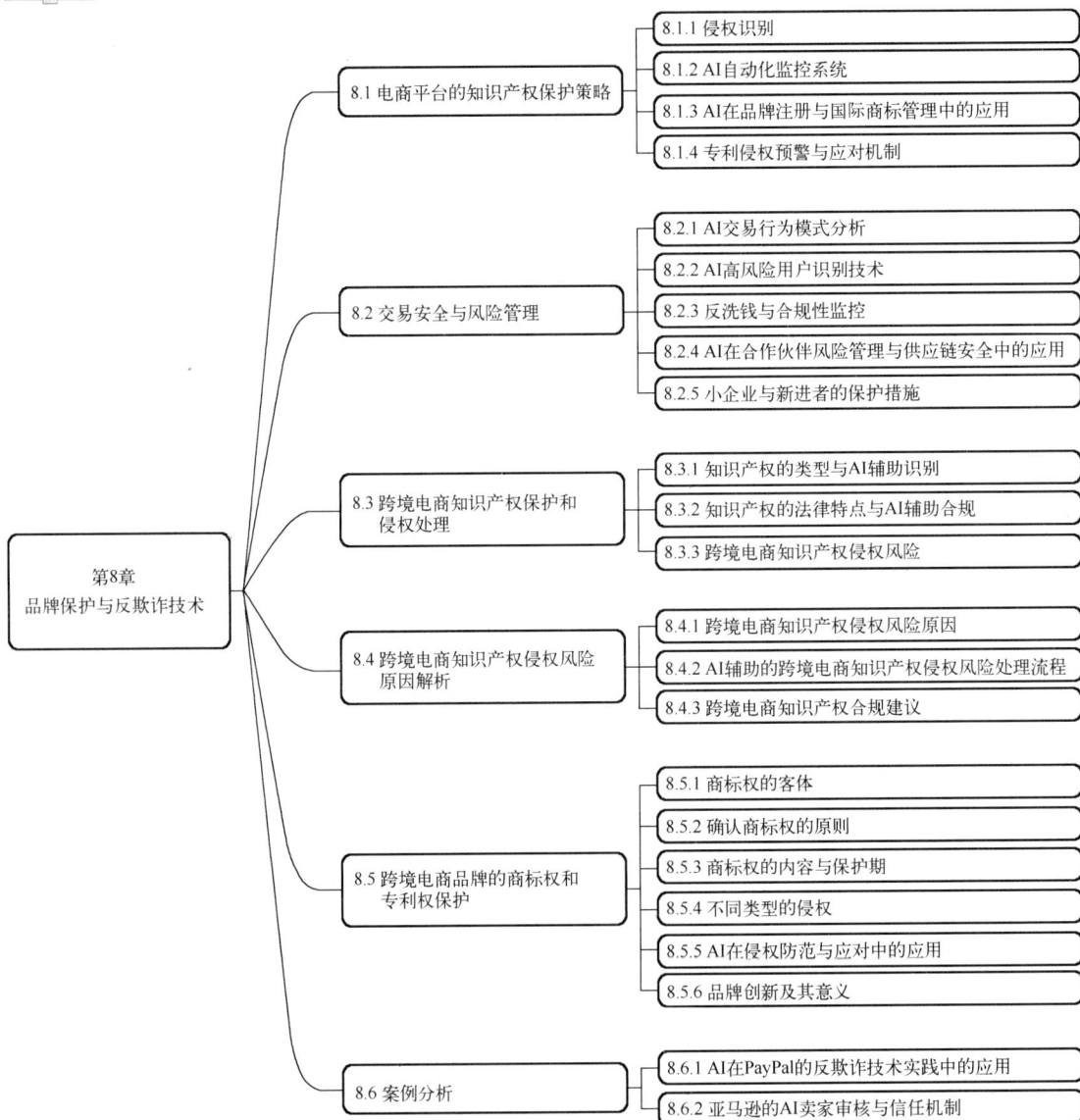

知识导图

- 第8章 品牌保护与反欺诈技术
  - 8.1 电商平台的知识产权保护策略
    - 8.1.1 侵权识别
    - 8.1.2 AI自动化监控系统
    - 8.1.3 AI在品牌注册与国际商标管理中的应用
    - 8.1.4 专利侵权预警与应对机制
  - 8.2 交易安全与风险管理
    - 8.2.1 AI交易行为模式分析
    - 8.2.2 AI高风险用户识别技术
    - 8.2.3 反洗钱与合规性监控
    - 8.2.4 AI在合作伙伴风险管理与供应链安全中的应用
    - 8.2.5 小企业与新进者的保护措施
  - 8.3 跨境电商知识产权保护和侵权处理
    - 8.3.1 知识产权的类型与AI辅助识别
    - 8.3.2 知识产权的法律特点与AI辅助合规
    - 8.3.3 跨境电商知识产权侵权风险
  - 8.4 跨境电商知识产权侵权风险原因解析
    - 8.4.1 跨境电商知识产权侵权风险原因
    - 8.4.2 AI辅助的跨境电商知识产权侵权风险处理流程
    - 8.4.3 跨境电商知识产权合规建议
  - 8.5 跨境电商品牌的商标权和专利权保护
    - 8.5.1 商标权的客体
    - 8.5.2 确认商标权的原则
    - 8.5.3 商标权的内容与保护期
    - 8.5.4 不同类型的侵权
    - 8.5.5 AI在侵权防范与应对中的应用
    - 8.5.6 品牌创新及其意义
  - 8.6 案例分析
    - 8.6.1 AI在PayPal的反欺诈技术实践中的应用
    - 8.6.2 亚马逊的AI卖家审核与信任机制

学习目标

知识目标：

了解电商平台知识产权保护的重要性和基本概念。

学会识别和分析跨境电商中的侵权行为和欺诈风险。

掌握品牌注册、商标管理和专利侵权预警的方法。

了解交易安全、高风险用户识别和反洗钱的基础知识。

学会跨境电商知识产权保护和侵权处理的策略。

掌握合作伙伴风险管理和供应链安全的实施方法。

能力目标：

掌握使用自动化监控系统进行侵权识别的技能。

学会运用 AI 技术进行交易行为模式分析和高风险用户识别。

能够设计和实施有效的品牌保护和反欺诈策略。

掌握跨境电商知识产权侵权风险处理流程和合规建议。

能够评估和优化供应链安全计划。

学会在跨境电商环境中应用法律和合规支持。

价值目标

认识到品牌保护和反欺诈技术在维护企业利益和社会秩序中的作用。

理解跨境电商中知识产权保护对于企业竞争力的重要性。

认识到合作伙伴风险管理和供应链安全对于企业可持续发展的价值。

树立在全球化商业环境中推动科技创新和合规经营的价值观。

导入案例

跨境电商如何解决反欺诈难题

在跨境电商领域，基于机器学习模型的反欺诈解决方案可以处理大量数据，为商家提供批准或者拒绝交易订单的实时分析决策。

购物季的反欺诈攻防战

对于跨境商家来说，购物季是喜忧参半的：一方面，订单量和交易量不断攀升；另一方面，大量订单中也容易隐藏难以识别的欺诈和虚假交易的风险。

基于强大的机器学习能力和海量的数据支撑，电商反欺诈风控平台 Riskified 给出了两方面的解决方案：一是帮跨境电商搭建包含交易信息、买家购物行为信息的交易网络，帮助商家识别新客户、老客户与欺诈客户；二是实时跟踪与监控。

Riskified 平台指出，欺诈客户有一些典型的行为，如在几秒钟内横跳于不同的购物网站，表明其真实目的可能不是购物，而是非常典型的欺诈行为。通过对这类购物行为和交易数据的跟踪与判断，可以帮助商家识别这类欺诈客户。此外，在购物季，购物平台访问量飙升，致使传统的人工监控力不从心。Riskified 会用一种自动化的方式抓取数百万件交易的行动轨迹，确保每个环节都不给欺诈行为留出空间。

防范日常交易中的恶意拒付与政策滥用

除了购物季的欺诈交易，在日常经营中，"拒付率"是跨境商家都会接触的一个词。拒付是指在结算过程中，付款方对款项的支付有异议而不同意付款。拒付率在一定程度上也代表着独立站的产品质量，影响着商家的支付表现和收益。除去产品本身及物流等问题，拒付情况的出现还有两方面的原因：一是商家端的误判，由于人工审查或僵化的系统规则致使优质客户被拒单。数据显示，这类订单会导致电商商家年收入减少 5.5%，商家每年会因这类误判拒单而损失超过 4 400 多亿美元。二是买家恶意拒付。在亚太地区，这类欺诈行为会影响商家 4.3%的年营业额。为此，商家需拿出年营业收入的 9%进行风控和反欺诈应对。

（资料来源：腾讯网，2022 年 12 月 08 日。）

8.1　电商平台的知识产权保护策略

在全球化的电商环境中，知识产权保护成为品牌维护自身利益的关键。跨境电商涉及不同国家和地区的法律法规，而不同国家和地区对知识产权的保护也存在差异。因此，企业在跨境电商平台上开展业务时，必须充分了解目标市场的知识产权法律法规，以确保自身行为的合法性。以下是电商平台知识产权保护策略的详细介绍，包括侵权识别、AI 自动化监控系统的应用等内容。

8.1.1　侵权识别

侵权识别是识别和确认未经授权使用品牌知识产权的行为的过程。它不仅包括商标、版权和专利侵权，还可能涉及产品设计、商业秘密等其他形式的侵权。有效的侵权识别对于保护品牌声誉、维护市场秩序和避免经济损失至关重要。

例如，苹果公司对其产品设计拥有多项专利。当市场上出现仿冒产品时，苹果会通过法律途径进行侵权识别和维权。这不仅保护了苹果的创新成果，也维护了消费者的利益。

假设一个品牌发现其注册商标被未经授权的第三方在电商平台上使用，那么侵权识别的过程包括收集证据、分析商标使用情况等步骤，随后再与法律顾问合作确定是否采取法律行动。

8.1.2　AI 自动化监控系统

AI 自动化监控系统通过集成 AI 技术，如图像识别、自然语言处理和机器学习，自动化地检测和报告潜在的侵权行为。这些系统能够分析大量的在线数据，识别出与品牌知识产权相关的异常活动。

例如，亚马逊使用 AI 自动化监控系统来检测和移除侵权商品。系统通过分析商品描述、图片和用户反馈，自动识别可能侵犯知识产权的商品，并采取相应的措施。

8.1.3　AI 在品牌注册与国际商标管理中的应用

随着 AI 技术的不断发展，AI 在品牌注册与国际商标管理中的应用正变得越来越广泛和深入，为企业提供了更为高效和精确的解决方案。

1. 品牌注册

品牌注册是确保品牌名称、标志和口号等在法律上得到保护的第一步。AI 在品牌注册中的应用主要体现在以下几个方面。

(1)商标可用性分析。AI 系统通过分析大量的商标数据库，快速检查品牌名称和标志是否与现有的商标存在冲突，从而降低注册过程中的风险。

(2)设计辅助。AI 技术能够根据市场趋势和消费者偏好，为品牌设计提供创意支持，帮助企业创造出独特且具有辨识度的品牌元素。

(3)注册流程自动化。AI 可以自动填写注册表格，提交申请，甚至跟踪申请状态，大大简化注册流程，节省企业的时间和精力。

(4)风险预测。通过对历史案例的学习和分析，AI 能够预测商标注册过程中可能遇到的法律问题，帮助企业提前做好准备。

2. 国际商标管理

国际商标管理是一个更为复杂的过程，涉及不同国家和地区的法律体系和注册流程。AI 在这一领域的应用包括如下内容。

(1)全球商标监控。AI 系统能够实时监控全球商标的注册情况，及时通知企业潜在的侵权行为，保护企业的商标权益。

(2)法律变化跟踪。通过分析不同国家的商标法律和政策变化，AI 帮助企业及时调整商标策略，确保商标保护的有效性。

(3)续展提醒。国际商标的维护需要定期续展。AI 系统可以自动跟踪商标的有效期，并在续展日期临近时提醒企业，避免商标失效。

(4)定制化维护策略。根据企业的具体情况和需求，AI 能够提供定制化的商标维护策略，包括商标使用、许可和转让等。

8.1.4　专利侵权预警与 AI 应对机制

在竞争激烈的市场环境中，企业的专利不仅代表着技术实力，更是其无形资产的重要组成部分。然而，专利风险如影随形，一旦处理不当，便可能给企业带来重大的经济损失和声誉损害。因此，建立健全专利风险预警与应对策略，成为企业管理的重中之重。

1．企业专利风险概述

企业专利风险主要源于以下几个方面：一是技术创新成果未能及时申请专利保护，导致技术被竞争对手无偿利用；二是专利申请不当或维护不力，导致专利无效或流失；三是生产经营过程中侵犯他人的专利权，引发法律纠纷。这些风险可能发生在企业的研发、生产、销售等各个环节，给企业带来不可估量的损失。

2．专利风险预警机制

为了有效防范专利风险，企业需建立一套完善的专利风险预警机制。该机制主要包括以下几个方面。

(1)AI辅助的专利信息监测平台。利用AI技术，企业可以构建一个高级的专利信息监测平台。该平台能够实时收集和分析全球范围内的专利数据，包括技术趋势、竞争对手的专利申请及授权情况。通过运用自然语言处理和机器学习算法，AI能够识别出与企业技术领域相关的专利信息，为企业提供及时的情报支持。

(2)自动化专利风险评估。AI系统可以定期自动评估企业专利组合的强度和潜在风险。通过分析专利的法律状态、有效期、保护范围和市场潜力，AI能够预测专利侵权的可能性，并识别出需要加强保护或采取行动的领域。

3．专利风险应对策略

面对专利风险，企业需采取积极有效的应对策略，确保企业的利益不受损害。以下是一些常用的应对策略。

(1)加强专利申请与AI辅助保护。企业应在研发阶段利用AI技术辅助专利申请，确保技术成果得到及时和有效的保护。AI可以帮助企业分析技术领域的专利趋势，提供对创新点的评估，并自动检测潜在的专利侵权问题。同时，AI系统可以加强专利申请的审查和管理，确保申请的质量和策略性。

(2)AI驱动的专利权维护。在生产阶段，AI技术可以用于监控市场上的潜在侵权行为，维护专利权的有效性。通过持续的监测和分析，AI可以帮助企业及时发现专利无效或流失的风险，并采取相应的保护措施。

(3)避免侵犯他人专利权的AI策略。企业应利用AI进行知识产权合规性检查，确保在采购、研发、生产、销售等各环节不侵犯他人的专利权。AI可以分析产品特性，与专利数据库进行比对，提前识别潜在的侵权风险，并提供预警。

(4)积极应对专利纠纷的AI支持。一旦发生专利纠纷，AI可以辅助企业快速收集和分析相关数据，为专业律师提供支持，帮助制定合理的应对策略。AI还可以通过分析历史案例和法律文档，预测纠纷的可能结果，为企业提供决策支持。

专利风险是企业必须面对的问题。通过运用AI技术建立完善的专利风险预警与应对策略，企业可以有效防范专利风险的发生，保护企业的利益不受损害。同时，企业还应加强内部管理和沟通协作，增强员工的专利意识和风险意识，共同为企业的可持续发展贡献力量。

8.2　交易安全与风险管理

在电子商务领域，交易安全是维护消费者信任和企业声誉的关键。随着在线交易量的增加，欺诈行为也日益增多，因此，有效的欺诈检测和预防措施变得尤为重要。

8.2.1　AI 交易行为模式分析

（1）交易行为模式分析的重要性。交易行为模式分析是指通过分析消费者的购买历史、支付习惯和交易频率等数据，识别出异常或可疑的交易行为。这种分析有助于及时发现欺诈活动，防止非法交易的发生。

（2）AI 技术在识别欺诈行为中的应用。AI 技术，尤其是机器学习和数据挖掘技术，可以用来识别欺诈行为。AI 系统可以学习正常的交易行为模式，并在检测到与这些模式显著不同的行为时发出警报。

例如，PayPal 使用复杂的机器学习算法来分析交易行为，实时检测和预防欺诈交易。这些算法能够处理大量的交易数据，并快速识别出潜在的风险。

8.2.2　AI 高风险用户识别技术

（1）高风险用户识别技术。该技术通过分析用户的行为、交易历史和账户活动等信息，识别出可能参与欺诈活动的用户。这包括监控用户的登录频率、交易金额和交易速度等。

（2）AI 在风险评估中的作用。AI 可以帮助企业构建风险评估模型，对用户进行风险评估。这些模型可以基于用户的历史行为和交易模式，预测用户未来进行欺诈的可能性。

8.2.3　反洗钱与合规性监控

（1）反洗钱的重要性。反洗钱是指采取措施防止非法资金通过金融系统进行清洗。在电商领域，反洗钱包括监控和报告可疑交易，以及验证用户身份以防止洗钱活动。

（2）合规性监控。合规性监控是指确保企业的操作符合相关法律法规的要求。在电商交易中，这涉及遵守数据保护法规、支付服务法规和国际贸易法规等。

（3）AI 技术在反洗钱与合规性监控中的应用。AI 技术可以帮助企业自动化合规性监控流程，通过分析交易数据和用户行为，自动识别可能违反法规的行为，并采取相应的措施。

8.2.4　AI 在合作伙伴风险管理与供应链安全中的应用

在全球化的商业环境中，合作伙伴风险管理和供应链安全对于电商平台的稳定运营至关重要。跨境电商企业必须确保其合作伙伴和供应链的每个环节都是可靠和安全的，以防止任何可能导致业务中断或品牌声誉受损的风险。

1. 在 AI 合作伙伴风险管理中的应用

(1)风险评估与识别。利用 AI 进行合作伙伴风险管理的第一步是进行全面的风险评估。AI 可以分析合作伙伴的财务数据、业务操作合规性、历史业绩记录及市场声誉等信息，以识别潜在的风险。通过机器学习和数据挖掘技术，AI 能够预测合作伙伴的风险等级，并帮助企业制定相应的风险缓解措施。

(2)合同与协议。AI 辅助的合同管理系统可以确保与合作伙伴签订的合同明确了双方的权利和义务。AI 可以自动检测合同中的关键条款，如数据保护、知识产权保护、质量控制和违约责任等，确保合作伙伴遵守约定的标准和流程。

(3)监控与审计。AI 系统可以持续监控合作伙伴的业务操作和系统性能，通过实时数据分析和模式识别，及时发现合作伙伴的潜在问题。定期的 AI 辅助审计可以提供深入的业务洞察，帮助企业采取必要的纠正措施，并评估合作伙伴是否依然符合企业的标准和期望。

2. AI 在供应链安全中的应用

(1)供应链监控。AI 可以实时监控供应链中的物流、信息流和资金流，确保供应链的透明度和可追溯性。通过分析供应链数据，AI 能够预测和识别潜在的供应链风险，如延迟、库存积压或供应商不稳定等。

(2)风险预测与缓解。利用预测分析，AI 可以预测供应链中的潜在风险，并推荐相应的缓解措施，包括调整订单量、选择备用供应商或重新规划物流路线等。

(3)自动化响应。当检测到供应链风险时，AI 可以自动触发预警系统，并启动预定义的应对流程。这有助于企业快速响应市场变化，减轻供应链中断的影响。

8.2.5 小企业与新进者的保护措施

在跨境电商生态中，小企业和新进者是推动市场创新和活力的重要力量。然而，由于资源有限、经验不足，这些企业在面对复杂的市场环境时往往更加脆弱。因此，采取有效的保护措施对于它们的长期发展至关重要。

1. 教育与培训

要提升小企业和新进者的市场竞争力，教育与培训是基础。通过提供电子商务基础知识教育，它们可以理解电商平台的运作机制、消费者行为和市场趋势。此外，专业技能的培训，如数字营销、SEO、社交媒体管理等，对于提升它们的在线可见性和销售业绩同样重要。通过这些培训，小企业和新进者可以更有效地推广自己的品牌和产品。

2. 技术工具与服务

技术是小企业和新进者提升运营效率和保护自身免受欺诈的关键。提供易于使用的欺诈检测工具，可以帮助小企业和新进者实时监控交易，及时发现并防范可疑交易。同时，数据保护服务，如数据加密和安全存储，对于保护企业的敏感信息至关重要。通过这些工具和服务，小企业和新进者可以增强对网络安全的信心，从而专注于业务的增长。

3. 政策与支持

电商平台的政策对于小企业和新进者来说，既是挑战也是机遇。深入了解和利用这些政策，可以帮助它们更好地适应市场环境，减少不必要的风险。例如，了解平台的知识产权保护政策、交易纠纷解决机制和卖家保护措施，可以让小企业和新进者在遇到问题时有更多的应对策略。此外，法律和合规支持也是必不可少的，它可以帮助小企业和新进者避免因不了解法律法规而产生的法律风险。

8.3　跨境电商知识产权保护和侵权处理

8.3.1　知识产权的类型与 AI 辅助识别

知识产权作为法律赋予权利人对其创造性智力成果的专有权利，是创新和文化多样性的基石。AI 技术在知识产权的识别、保护和管理中扮演着越来越重要的角色。

1. 知识产权的定义和分类

知识产权指的是对人类创造性思维或创造的智力成果的法律保护。这些成果包括但不限于技术发明、艺术作品、文学作品、音乐创作等。

知识产权一般分为以下两类。

(1)人身权利。AI 可以帮助识别和保护作者的署名权、发表权等精神权利，确保作者的名誉和作品的完整性得到尊重。

(2)财产权利。AI 可以辅助管理和监督智力成果的商业使用，确保权利人能够从其智力成果中获得应有的经济回报。

2. AI 在知识产权中的应用

(1)AI 辅助识别工业产权。工业产权是知识产权的一个重要分支，它涵盖了专利权、商标权和制止不正当竞争权。AI 可以通过图像识别和自然语言处理技术，辅助识别商标和专利，并进行分类。例如，AI 技术可以分析专利文献，自动识别新颖性和创造性，同时监测市场上的潜在侵权行为。

(2)AI 辅助识别版权。版权，也称著作权，保护的是含有智力创作内容的作品，如小说、音乐、绘画等。AI 技术可以辅助识别作品的原创性。通过分析大量的作品数据，AI 能够快速识别版权作品的相似性和潜在的侵权风险。

(3)AI 在知识产权管理中的应用。AI 技术可以用于自动化知识产权的注册流程、监测知识产权的使用情况、评估知识产权的价值，并为知识产权交易提供数据支持。

(4)AI 辅助识别邻接权。邻接权，广义上讲，是作品传播者享有的权利。AI 技术可以辅助识别和保护广播组织、出版社等传播者的权利，通过分析传播行为和作品使用情况，确保传播者的合法权益得到维护。

8.3.2 知识产权的法律特点与 AI 辅助合规

知识产权的法律特点构成了其独特的保护框架，而 AI 技术的引入，为这些特点的实现提供了新的工具和方法，加强了知识产权的保护和合规性。

1. 无形性与 AI 识别

知识产权的无形性要求精准识别和管理知识产权。AI 可以通过模式识别和机器学习技术，辅助识别各种知识产权客体并予以分类，如专利、商标和版权作品。AI 能够分析和学习知识产权的无形特征，从而在海量数据中快速检测和区分侵权行为。

2. 专有性与 AI 保护

利用 AI 技术，可以加强对知识产权专有性的保护。AI 不仅可以监控市场和网络环境，识别潜在的侵权行为，还能够分析法律文档，确保知识产权的专有性得到尊重和保护。

3. 地域性与 AI 合规性分析

鉴于知识产权的地域性特点，AI 可以辅助企业进行跨国合规性分析。通过分析不同国家和地区的知识产权法律，AI 能够帮助企业制定合适的国际知识产权战略，确保在全球范围内的合法性和保护力。

4. 时间性与 AI 监控

知识产权的时间性要求权利人密切关注权利的有效期限。AI 可以自动跟踪和管理知识产权的有效期，提醒权利人及时进行维护、续展或采取其他必要的法律行动，避免权利的丧失。

5. AI 辅助的法律适应性

AI 的适应性使其能够不断更新和调整其算法，以符合不断变化的知识产权法律环境。AI 可以分析新的法律案例和立法变化，为企业提供最新的合规性建议。

8.3.3 跨境电商知识产权侵权风险

跨境电商的典型特点是"什么流行、什么热销，就卖什么"，即关注所谓的"网络爆款"，其中往往蕴藏着极大的知识产权侵权风险。事实上，这些"流行款"或者"热销产品"等，都是受知识产权保护的，包括商标权、包装装潢、著作权、外观设计、发明专利等。

美国的版权法保护的对象为具有创意性的作品及表达，如书籍、电影、图案、音乐、绘画作品及计算机软件等。

版权侵权通常表现为以下几种方式。

(1)未经权利人许可擅自使用权利人的图片、宣传语、音乐等进行宣传，较为典型的行为就是"盗图"。例如，在首例"小猪佩奇"国内著作权纠纷案件中，侵权人聚凡公司非法使用著作权人娱乐壹英国有限公司与艾斯利·贝克·戴维斯有限公司的卡通形象，在淘宝网展示侵权商标，并销售印有"小猪佩奇"形象的玩具，被杭州互联网法院认定为侵犯了作品的发行权、信息网络传播权与复制权，最终判赔 15 万元。

（2）未经权利人同意擅自出售、传播作品，如盗版书籍、盗版影片等。

（3）未经权利人同意，擅自修改他人作品。例如，侵权人故意对权利人享有著作权的美术作品、卡通形象等进行小幅度修改，形成与原作品有区别却神似的新"作品"，以期鱼目混珠，搭上原作品的"便车"来扩展销售市场。

8.4　跨境电商知识产权侵权风险原因解析

8.4.1　跨境电商知识产权侵权风险原因

自知识产权制度形成以来，各国的基本理念和主要规则大同小异。然而，对于特定的经营实体来说，这些"小异"往往会导致跨境电商"踩雷"。跨境电商的知识产权风险部分来自知识产权保护的地域性，部分来自跨境电商企业风险意识淡薄导致的侵权事件。而知识产权保护的地域性问题则是跨境电商企业在知识产权法律保护上普遍存在的一个问题。

1. 跨境电商的无界性与知识产权保护的地域性之间的矛盾

知识产权是跨境电商产品的重要组成部分。在跨境电商的发展过程中，跨境交易往往不受地域和国家国界的限制，也不限于国外的一个国家或地区。但是，跨境电商企业在知识产权保护上仍然存在一些问题，如侵犯他人著作权、商标权、商标专用权等。

即使跨境电商企业在本国对其销售的产品拥有合法的知识产权，也不能保证其在产品销售国拥有合法知识产权。跨境电商的无界性与知识产权保护的地域性之间的矛盾，是跨境电商领域诸多知识产权纠纷的根源。可见，跨境电商交易平台的发展离不开其运行机制的完善。

2. 贸易壁垒

一些国家为了支持本国电商发展，对跨境电商交易活动监管得愈加严格，有的甚至设置了一些贸易壁垒。出于地域保护的目的，国外部分平台没有给予中国出口产品有效的抗辩渠道和知识产权保护措施，使知识产权变成了一种恶性竞争的手段，严重阻碍了中国跨境电商的发展。

3. 主观上存在不重视知识产权保护的情况

除了上述客观困难，我国跨境电商企业本身也不重视知识产权保护，特别是目前我国跨境电商企业中的绝大多数中小企业都以出口日用品、纺织品、玩具等为主，由于这些产品的附加值低、竞争力不强，因此一些企业为了提高销售额，模仿国外知名产品的设计，导致侵权事件频发，随之而来的是大量诉讼和高额的司法赔偿。这些问题的出现，源于跨境电商企业的知识产权保护意识淡薄，知识产权保护制度建设滞后，以及跨境电商企业自身发展壮大的内部动力不足。

4. 不熟悉域外法律和司法实践

很多跨境电商企业对域外法律和司法实践并不熟悉，或者对败诉风险没有足够的认识，或者有担心被国外企业起诉的畏难情绪。例如，中国企业经常以不知道侵权为由，或者以"我没有开网店"为由，屏蔽支付平台账户，试图逃避责任，但美国法院并不接受这种说法。在这种情况下，跨境电商企业往往会被告上法庭。有些人可能认为，他们出售侵权产品的金额很小，或者即使他们败诉了，他们的海外账户余额也很少，却不知道自己可能面临巨额惩罚性赔偿，如果现有海外账户的余额不足以支付这笔费用，与该企业有关的其他账户也可能被强制执行。

为此，在国内外知识产权保护力度不断加大的背景下，中国企业应积极采取预防和应对措施，寻求专业法律支持，制定有针对性的应对策略，防止不合理、不必要的知识产权侵权投诉而导致的产品下架、诉讼或其他制裁措施，给企业造成重大经济损失，同时避免因后续诉讼而造成高额的诉讼费、律师费或许可费，为企业和相关行业的健康发展打下良好的基础。

8.4.2 AI 辅助的跨境电商知识产权侵权风险处理流程

1. 电商平台层面

以亚马逊为例，AI 可以增强举报违规行为工具的效能。AI 能够自动识别和分析涉嫌侵权行为，包括商标、版权和专利侵权，从而为权利人提供更快速的响应和更准确的维权支持。AI 的图像和文本识别能力可以帮助平台快速识别假冒产品和侵权内容，实现主动监控和预防。

2. 诉讼层面

从广义上讲，这些针对跨境电商的侵权诉讼通常是三步曲。如果被告不正面回应，那么三步曲进展得会非常迅速。

第一步，以临时禁令(Temporary Restraining Order，TRO)冻结跨境电商的店铺和支付平台账户。TRO 的有效期限很短，一般不超过 14 天，但无须经过听证程序，甚至无须通知被执行人即可实行，目的是有效防止被执行人在得知消息后转移财产或者毁灭证据等。

第二步，在 TRO 失效之前(通常一周之内)，原告提出颁布初步禁令的动议，以确保听证后颁布的初步禁令能够与 TRO 无缝对接。

第三步，在颁布初步禁令后，很快就会发出传票，通常被告须在 21 日内应诉(出庭，或递交答辩状)，否则法庭会做出缺席判决。

一般情况下，法院在接到上诉状后一个半月左右就会做出判决，赔偿金额从 10 万元到 200 万元不等。如果被告不积极回应，诉讼程序即告结束，并将其被冻结的支付平台账户内的资金作为赔偿金进行转账。如果被告账户中没有足够的钱支付赔偿金，被冻结的账户和店铺通常会受到永久限制。此外，原告将继续监察被告的网上行为，若发现涉案店铺的其他收款账号，甚至包括被告国内银行账户，则会继续向法院申请强制执行。

3. 赔偿和执行阶段的 AI 应用

在赔偿阶段，AI 可以辅助计算赔偿金额，通过分析市场损失、侵权行为的规模和性质等因素，提供合理的赔偿建议。在执行阶段，AI 可以帮助监测被告的网上行为和交易活动，识别可能的隐藏收款账号或其他资产，为法院的强制执行提供线索。

4. AI 在跨境追踪和识别中的作用

在美国法院处理跨境电商侵权案件的过程中，AI 可以帮助法院识别和追踪电子邮件账户背后的实际控制者，无论其藏身何处，AI 的网络分析能力都能揭示其隐藏的联系方式和行为模式，为法院提供更全面的信息。

8.4.3 跨境电商知识产权合规建议

跨境电商企业的当务之急是全面评估自身风险，加快处置海外仓，特别是亚马逊仓内的存货，启动行业内的自救互助，同时要减少侵犯知识产权、销售伪劣产品等容易被封号和限制销售的违规行为。从长远来看，"封号"与"围猎"也是一个契机，企业应着手进行战略转型，坚定地进行多元化渠道布局。

1. 风险防范

企业首先要增强知识产权保护意识，高度自律，防止侵犯知识产权。企业在开展进出口业务前，应对目标市场的知识产权保护环境进行全面调查，制订相应的知识产权风险保护计划和措施。自主研发设计产品的企业应提前开展商标、专利技术和外观设计的详细调查和检索，了解同类产品的知识产权情况；检索发现产品可能存在侵权情况，应当回避该专利技术和商标设计。对于要入驻的电商平台，应事先对其知识产权保护水平进行调查分析。

企业为了保护自己的知识产权，可以在目标市场就地申请知识产权，向中国海关提出知识产权边境保护申请。在进入目标市场前，企业可以聘请当地中资国际律师事务所的律师等专业人员，就出口商品在当地销售是否侵犯知识产权提供意见书，防止发生知识产权纠纷。

2. 出口前预确认知识产权

企业可通过海关保护备案系统查询向海关总署备案的知识产权信息，并对产品是否存在侵权做出初步判断。如果企业对使用该系统查询的结果仍不确定，也可以使用海关预确认制度进行咨询。这些结果虽然不能作为严格的法律依据，但具有良好的实践效果，因为海关与企业之间的良好互动，有利于海关提高工作效率，同时也有利于树立中国海关负责任、卓有成效的形象。

对企业来说，预确认是法律咨询，产品尚未进出口，所以即使是涉嫌侵权，也不会受到惩罚。一般情况下，企业需要提交以下材料进行知识产权预确认：注册市场监管登记资料和海关备案信息；商标；专利证书；授权委托书，即授权他人生产或出口有关产品的文件；拟出口货样；预确认申请书。为了让海关有足够的时间进行审查，企业应在货物出口前一个月向海关提出申请。

3．积极应诉

对于跨境电商企业来说，若已收到知识产权侵权投诉，应当予以高度重视，切不可置之不理。在与权利人沟通协商之前，被投诉企业应在专业中资国际律师事务所律师的帮助下对投诉方的知识产权有效性进行全面检索、分析，并与自己售卖的产品进行侵权对比分析，确定是否落入对方知识产权的保护范围，根据分析结果来确定后续与对方沟通的策略。

在美国法院进行裁决的情况下，中国跨境电商企业如果不回应或被动回应诉讼，不寻求专业人士帮助，失败率很高。后果往往是美国法院判处巨额赔偿金，冻结跨境电商企业的 PayPal 账户，法院强制执行罚金，以及难以保障合法权利。

8.5 跨境电商品牌的商标权和专利权保护

商标权是民事主体享有的在特定的商品或服务上以区分来源为目的、排他性使用特定标志的权利。商标权的取得方式包括使用取得和注册取得两种。通过注册取得的商标权又称为注册商标专用权。在我国，商标注册是取得商标权的基本途径。

8.5.1 商标权的客体

商标权的客体是指能够作为商标而获得保护的对象，如各种文字、图形或其他符号。商标作为商标权的客体，应具备以下法定条件。

(1)商标必须符合法定的构成形式。

(2)商标应当具有显著性特征。

商标的主要功能是识别产品和服务的来源，因此，作为商标权客体的商标必须是可识别的或显著的。商标的"显著性特征"可以从商标的使用者、商标的使用方式等方面进行解释。商标的显著性特征是一种区别于产品质量和价格的标志。这种显著性特征可能是商标本身固有的，也可能是通过消费者的后天使用而获得的；也就是说，没有其他显著性特征的商标是通过使用而在消费者的头脑中产生区别性的。

(3)商标不能使用法律禁止的文字或者图形。

世界各国的法律都规定了哪些标记不能作为商标进行注册，但由于历史传统、宗教信仰、社会文化、心理和风俗习惯的差异，各国的法律对此的规定有共性也有差异。我国法律规定，国家名称、国旗、国徽、军旗等类似文字和图形，未经我国政府同意，不得作为商标使用。

(4)商标不得与在其前面取得的他人的合法权利相抵触。

不得将申请注册的商标与他人在同一种商品或者类似商品上申请或者注册的商标混淆。商标注册人取得商标权后，在商标权的行使过程中应当遵守商标法。

8.5.2 确认商标权的原则

商标使用人要取得商标权，必须向政府主管部门提交书面申请，并缴纳申请费用。经审定核准注册后，商标权一般就得到了确认。但少数国家并不以商标的注册作为确认商标权的原则。各国确认商标权的原则主要有以下三种。

1. 先注册原则

商标权授予商标的首先注册人。如果商标的首先使用人没有及时注册商标，而该商标被他人抢先注册，则商标权属于注册人，不属于首先使用人，而且首先使用人不能再申请注册同一商标。大多数国家，包括我国，都采纳了这一原则。

2. 先使用原则

商标权属于该商标的首先使用人。即使是他人提前注册的商标，首先使用人也可以请求主管机构撤销他人的注册商标，并赋予自己商标权，但必须提供证据证明其在商业活动中首先使用了该商标。这一原则使商标注册徒劳无益，只起到声明作用，并不决定商标权的归属，所以大多数国家都没有采用这一原则。

3. 无异议注册原则

无异议注册原则是上述两个原则的综合。商标注册申请经初步审核并公告后，商标注册申请人取得商标注册优先权，但在规定期限内任何人均可提出异议。如超过规定期限无人提出异议，商标权属于先申请人。如在规定期限内，先使用人提出异议，并且异议成立，商标权授予先使用人。

商标注册是指商标使用人为取得商标专用权，依照法定条件和注册程序向商标管理机关提出登记申请，经商标管理机关审查同意，在商标注册簿上予以注册，随后发给商标注册证，予以公告，最终授予申请人商标专用权。

8.5.3 商标权的内容与保护期

商标权的内容主要是指基于商标注册而取得的商标专用权。但商标专用权并不是商标权的全部。事实上，商标权除了指商标权人自己使用商标的权利（专用权），还包括商标权人转让其商标和许可他人使用其商标的权利及禁止他人非法使用其商标的权利。

大多数国家的商标法规定，注册商标的保护期一般为10年，少数国家为5年、7年或15年。商标注册可以无限续展。在法律规定的期限内，商标权人未办理续展注册的，应当撤销该注册商标。

8.5.4 不同类型的侵权

1. 商标侵权

商标可以由文字、名称、符号、图案或上述元素的任何组合构成，以避免消费者对产品和服务的来源产生混淆。商标侵权一直以来都是跨境电商中知识产权侵权频发的"高风险区"。中国海关总署的统计数据显示，在跨境贸易中，侵犯商标权的产品已占据了侵权产品总量的95%以上。由于跨境电商交易是通过线上平台进行的，境外消费者在收到产品之前无法判断所购产品的真实性和质量优劣，只能获取商家在平台上披露和展示的信息，因此很多跨境电商企业经常利用其他知名商标或品牌的影响力来迷惑消费者。而跨境电商的交易模式与传统电商有着本质的不同，这也使跨境电商交易过程中的商业信用体系的构建显得尤为重要。

商标侵权是指未得到产品品牌正规授权，擅自使用对方的商标或标识的行为。

商标侵权的违规行为包括以下几种。

(1)商品展示背景使用他人品牌包装袋或包装盒，导致消费者混淆的行为。例如，卖家销售A品牌眼镜，但是将眼镜放在印有B品牌的眼镜盒上，导致消费者混淆。

(2)其他未经授权就销售或使用他人品牌的情况。例如，卖家销售的是A品牌箱包，但写着B品牌款式或者比B品牌好等描述。

(3)在商品中使用他人品牌名称或衍生词，品牌标识或相似标识，或进行遮挡、涂抹，或明示、暗示为他人品牌，或使用外形类似知名商品的工程设计图且文字含有模仿品牌衍生词表述的行为。例如，未完成A品牌商标资质申请及审核流程(A品牌授权许可材料)，却发布了A品牌商品；在商品中遮挡、涂抹经注册的B品牌，并作为C品牌商品进行发布。

(4)已获他人品牌授权，但销售品牌商未生产过的型号或者系列产品的行为。例如，卖家销售A品牌移动电源，销售的却是品牌商未生产过的移动电源产品。

(5)实际销售他人品牌商品，或他人品牌未生产过的型号或者系列产品的行为。例如，卖家发布的是A品牌的鞋子，但实际销售的是B品牌的鞋子或者A品牌生产商未生产过的鞋子。

(6)自有品牌的产品设计涉及他人品牌的行为。例如，卖家自己注册了A品牌的鞋子，在鞋标上用的是A品牌，但在鞋帮上用了B品牌的图案。

(7)在自有品牌中，商品标题、属性、描述、商品组名等商品文本信息或店铺名称等店铺信息使用他人品牌名称或衍生词，或明示、暗示为他人品牌的行为。例如，卖家在商品品牌属性上填写的是A品牌，但在标题中涉及B品牌。

(8)销售他人品牌包装袋、包装盒、标签、证书、图案贴等品牌商品的配件或配套产品的行为。例如，卖家虽不销售B品牌成品，却销售B品牌商品的配件。

2. 专利侵权

专利侵权是指未经专利权人许可，以生产经营为目的，使用了依法受保护的有效专利的违法行为。

专利侵权主要包括外观专利侵权、发明专利侵权等。专利保护的是发明、实用新型和外观设计，所以对专利的侵权包括了对发明的侵权、对实用新型的侵权及对外观设计的侵权。

外观专利侵权是指未经许可，制造、销售、使用与专利产品的形状、图案、色彩及结合相同或近似设计的产品。常见为有创意的首饰、有个性的工艺摆件及相关外贸产品，相似度达 60% 以上就有可能判定为侵权产品。

判断外观专利侵权行为时需要注意以下几个方面。

(1) 判断外观专利是否近似，根据造型不同区别对待。例如，家具、电器等三维立体造型的要以形为主，以图案、色彩为辅；地毯、壁纸、花布等要以图案为主，以形状为辅；色彩的差异，一般不单独作为判断近似的条件。

(2) 从整体直接对比，外部结构并无太大区别，仅仅在局部有细微变化的可判定为侵权产品。我国《专利法》第三十一条第二款对如何认定外观设计是否构成相似进行了解释，指出一般情况下，经整体观察，如果其他外观设计和基本外观设计具有相同或者相似的设计特征，并且两者之间的区别点在于局部细微变化、该类产品的惯常设计、设计单元重复排列或者仅色彩要素的变化等情形，则通常认为两者属于相似的外观设计。

(3) 产品的大小、材质、内部构造，不得作为判定两者是否相同或者近似的依据。在进行外观设计侵权判断时，产品的大小、材质、内部构造虽然最容易被当作判定是否相同、相似的点，但这些点恰恰不是外观设计保护的内容，在授权审查时会被排除掉。因此，在侵权判定中也同样不予以考虑。也就是说，在进行侵权判定时，被控侵权产品与专利产品在大小、材质、内部结构上的变化均不作考虑。

(4) 纯功能性设计在外观设计中不予考虑。例如，轮胎或篮球，从功能性的角度来讲，轮胎和篮球的特定属性必须是圆的，没人会把汽车的轮胎改为方形。所以我们在轮胎外观专利判断当中，"圆形"这一条件不作为判断侵权的依据，而更多着重于轮胎外部的条纹。

发明专利侵权是指对原创的产品及设计理念的独占保护，其保护范围极大，只要相关理念一样的均属于仿冒产品。当商业活动中遭遇侵权行为时，卖家可以通过以上几个方面去判断自己有没有胜诉的把握。假如卖家对产品有足够的信心，则可以积极应诉。在侵权维护邮件中尽量不要出现"我可能/我应该没有侵权"的内容。假如没有胜诉的希望，则需要积极跟专利权所有人沟通，清除库存；或者尽快拿到专利授权，尽量降低损失。

3. 版权侵权

版权侵权是指侵犯版权人的财产权利，如未经版权人同意，擅自以发行、复制、出租、展览、广播、表演等形式利用版权人的作品或传播作品，或者使用作品而不支付版权费等。例如，擅自使用迪士尼卡通人物、国内外著名动漫形象、独特的设计图案，乃至包装图案等情况在跨境电商中极为普遍。

在商业活动中，版权侵权主要是图片侵权。在跨境电商领域中，店铺中使用的图片必须是原创图片。如果图片是模仿、抄袭或近似的，那店铺就可能涉嫌图片侵权。如图 8-1 所示，左图是摄影师罗杰斯拍摄的黑白照片，右图是著名艺术家杰夫抄袭照片创作的彩色雕像。这个雕像获得了巨大的销售额，但罗杰斯发现雕像与他拍的照片一致后把杰夫告上了法庭。法院以两个图像具有很大相似性为由，要求杰夫对罗杰斯进行赔偿。这是一个在艺术领域很常见的例子。

图 8-1　罗杰斯与杰夫作品对比

Hello Kitty 的商标持有人是日本三丽鸥股份有限公司(三丽鸥股份有限公司商标)。该公司于 30 年前开始陆续将"Hello Kitty"文字、图案商标在全球申请注册，申请范围包括绝大多数的商品类别。日本三丽鸥股份有限公司非常重视知识产权保护，除了常见的 Hello Kitty 卡通形象，其旗下有五百多个卡通明星，如库洛米、玉桂狗等，该公司都注册了版权及商标，任何人不能在未经授权的情况下在自己的产品设计、店铺图片、店招、背景图中使用这些图片，否则将带来图片侵权的风险。

8.5.5　AI 在侵权防范与应对中的应用

1. 侵权防范

跨境电商要避免知识产权侵权主要应从两个方面进行防范。

(1)产品来源方面。

对生产型企业来说，自己研发的产品要积极去申请专利和版权，同时做好目标国家的知识产权检索分析工作，某些重要产品需出具详细产品报告。对贸易型企业来说，要保证货源合法合规、保存交易凭证(要求对方提供证明材料、交易发票或合同等)等。

对跨境电商企业中的 B2C(Business to Consumer，企业对消费者)卖家来说，卖家在向工厂采购时，需要试探性地向工厂咨询其相关研发思路或设计理念进行判断。例如，咨询工厂该产品是否有专利，同时也要调研一下产品的信息等；对于主推或是热销的产品，必须签署书面的知识产权授权协议；针对无专利的产品，需要查询确认同类产品的生产者有无专利。

(2)店铺管理方面。

在跨境电商店铺管理方面，卖家必须正确设置店铺名称、产品名称和产品描述；不对他人原创的图片、文字或视频进行二次剪辑；不用图片处理工具遮掩知名品牌全部或部分标志，不使用知名品牌的变形词、衍生词或图案；不模仿底纹或款式类似的知名产品及其品牌包装，如衣服的花纹、时尚类饰品的外观等；注意甄别客户，防止被"钓鱼"。

（3）AI在侵权防范中的应用。

自动化侵权检测：AI系统可以自动检测产品和店铺信息，识别潜在的侵权行为，及时发出预警。

客户行为分析：AI可以分析客户行为，识别可疑的"钓鱼"行为，保护企业和客户的利益。

2. 侵权应对

（1）钓鱼维权。

近年来，跨境电商卖家被美国律师事务所Greer Burns & Crain Ltd.（简称GBC）及其他美国律师事务所、专利代理机构等以"钓鱼"维权手段投诉，导致PayPal账号被冻结或款项被扣留的新闻屡见不鲜。"钓鱼者"会在洽谈的过程中引导卖家提供PayPal账号作为收款工具并取证，随后向美国法院提起侵权诉讼。

据不完全统计，这种"钓鱼"维权造成数以千计的中国跨境电商卖家PayPal账号被冻结、网站被封杀，损失累计近10亿美元。曾有美国律师事务所仅在一年时间里就向中国卖家索赔了超6亿美元。而被起诉的卖家因为不熟悉美国法律，或因支付不起美国律师费（美国律师收费是按照小时付费的，每小时收费高达300～400美元不等），或因在美国打官司耗时太长等原因，一般选择和解甚至放弃。这样，资金损失是必然的，店铺也会被永久封禁。

当面临PayPal账号或网上商铺被封的情况时，重要的是清楚了解对方手里的证据，瞄准谈判时机，聘请专业的涉外律师与原告进行和解谈判，以期把伤害减到最小。但是，如果和解不成，走诉讼程序的话，卖家与原告律师进行沟通的过程很有可能被拿去公证，用于"自证"卖家的过错。

因此，卖家应当尽量避免出售仿品或侵权的产品，在选品的时候要严把知识产权这一关，商标、专利、版权等要面面俱到。在运营工作中，对产品的外观及包装、产品的图片、产品的标题和描述，都要重点关注，避免侵权。

（2）"337调查"。

《美国法典》第19卷第337节规定，任何进口贸易中存在侵犯知识产权或其他不正当竞争的行为，美国国际贸易委员会都可以进行行政调查。如果美国国际贸易委员会认定某项进口产品侵犯了美国国内的知识产权，或虽未侵犯知识产权但其破坏或者实质上损害了美国某一产业，或阻碍了某一产业的建立，或对美国商业或贸易造成了限制或垄断，则美国国际贸易委员会有权采取制裁措施。

随着近年来中国企业创新能力的逐步提升，中国自主研发的一些科技含量高、附加值高的，特别是与美国本土企业形成竞争的产品开始进入美国市场，美国企业开始利用"337调查"来阻止中国企业相关产品进入美国市场。

因其立案容易、处罚严厉、调查周期短和对物管辖严厉的特点，"337 调查"成为美国维护本国知识产权利益的一把利器。"337 调查"普遍排除令规定，一家败诉，连同该国其他生产该产品的企业同样也要退出美国市场。

目前，各种跨境电商平台都制定了一套知识产权规则，但这些规则都建立在商户已经做好知识产权保护的前提下。办理商标、专利、版权保护需要一定时间，企业应当在产品上架之前就做好知识产权方面的布局。

(3) 知识产权海关备案。

知识产权权利人在海关备案，有利于海关发现侵权嫌疑货物的进出口情况，并依职权采取扣留措施。知识产权海关备案的有效期为 10 年。

权利人即便不备案，在发现侵权嫌疑货物即将进出口时，也可以向货物进出境地海关提出扣留侵权嫌疑货物的申请，但如果没有海关监督，权利人自己很难发现侵权线索。

在申请知识产权海关备案后，海关可以对有嫌疑的货物是否侵犯知识产权进行调查、认定，在调查过程中可以请求知识产权主管部门提供协助，也可以要求收货人和发货人予以配合，有关知识产权主管部门应当予以协助，收货人和发货人也应当配合。经海关调查后认定侵犯知识产权的货物，可由海关予以没收。

(4) AI 在侵权应对中的作用。

快速响应机制：当检测到侵权行为时，AI 可以迅速启动预定义的应对流程，包括但不限于下架产品、通知权利人等。

法律行动支持：AI 可以辅助企业收集和整理侵权证据，为法律行动提供支持。

8.5.6 品牌创新及其意义

1. 品牌是多项知识产权的集成

品牌是一种重要的无形资产，比特定的知识产权更有生命力。品牌包括商标、商号、企业名称、地理标志和其他商业标识。企业知识产权最核心的体现和最终的结果都指向品牌。品牌包括先进技术、优良品质、诚信经营、独特文化等因素，代表着企业产品和服务的整体质量和文化内涵，是影响消费者购买企业的产品或服务的重要因素。品牌价值的评估也是企业知识产权的评估，而且评估结果会影响企业。业界人士认为，品牌已经成为企业的无形资产，是企业的一种新财富。

2. 以企业品牌创新为主导的知识产权协同战略方式

品牌创新是企业知识产权战略的逻辑起点和最终归宿。企业通过知识产权战略，形成"品牌创新—促进研发—促进专利、商标、商业秘密等智力成果确权—促进知识产权转化—实现企业利润增长—增加研发投入—提升品牌价值和市场竞争力"的良性循环。这条发展轨迹中最重要的是在品牌创新与知识产权战略之间构筑协同战略发展机制，以促进专利、商标、商业秘密、标准与品牌之间的有机协调发展，增强企业的核心竞争力。以企业品牌创新为主导的知识产权协同战略包括以下几种不同的方式。

（1）商标与品牌一体化的协同战略方式。

商标和品牌在知识产权家族中是孪生兄弟。商标是品牌标识的核心，是品牌凝聚力和商誉价值的根本载体。企业生存和发展到今天，品牌和商标已成为企业的无形资产的一部分。可口可乐前首席执行官罗伯特·图普·伍德拉夫曾说过一句著名的话：即使世界各地的可口可乐公司被付之一炬，该公司也能够仅仅依靠享誉世界的"可口可乐"品牌在几个月内重建并获得新的增长。这足以说明，品牌作为企业的无形资产，具有巨大的商业价值。

品牌从商标开始，注册并保护商标不受他人侵犯是品牌建设中最基本的策略。我国商标注册数量达到世界第一，但我国不是品牌强国，品牌赋予产品的附加值较少，竞争力还不强，与我国的经济规模和发展速度不相适应。我国企业需要加大商标境内外注册力度，通过开展商标连锁、贴牌许可、以商标投资入股和质押融资等手段进行品牌扩张，扩大市场份额，提升品牌附加值，建设一批具有国际影响力的知名品牌，从而推动我国从"世界工厂"向"世界品牌"的转变。

联想就是实现商标与品牌创新一体化发展的成功典范，其最初使用商标"Legend"，后出于国际化经营战略发展的需要，将其变更为"Lenovo"，并赋予品牌新的内涵；"Le"来自原来的品牌，包含了传承的意思；"novo"表示创新的意思；将"Le"和"novo"组合起来则表示在传承原有品牌的基础上，追求创新和卓越，既维护了消费者的品牌忠诚，又能够建立新的品牌形象，在品牌标识更迭的过程中，寓意联想将从"传奇"走向"创新"。

（2）专利与品牌一体化的协同战略方式。

专利决定产品的技术品质，品牌体现产品的市场价值，专利和品牌是天生的"双胞胎"。2011年谷歌实施了其史上最大规模的并购行动，共耗费125亿美元用于摩托罗拉的收购，收购溢价达到63%。这一收购让谷歌拥有了摩托罗拉的17 000项已授权专利和正在申请中的7 500项专利。谷歌首席执行官拉里·佩奇说，公司收购摩托罗拉，是希望以强化自身的专利实力来增强市场竞争力，从而抵御来自其他竞争对手如微软、苹果等的威胁。正因为谷歌注重专利，不断创新，在2015年12月15日揭晓的该年度世界品牌500强排行榜中，谷歌名列第一位，一举击败苹果。这与谷歌在科技上不断创新、实行专利与品牌一体化发展的协同战略密不可分。专利战略连接企业技术创新战略和技术标准战略，是支持企业品牌战略的中间环节。企业如在市场中重视商标、专利战略的协同发展，则会取得更好的经济效益。具体在实战中表现为以下形式：专利与商标搭配，即利用专利权搭配商标提高企业商标的知名度；商标承接专利垄断权，即通过在专利产品上注册商标，利用专利权的独占性获得该产品的市场垄断优势，在专利保护期届满后再利用可无限次续展的商标权延续对该产品市场的持续控制。

若产业缺乏创新活力，即使有再完备的商标战略、再耀眼的品牌，也会成为无源之水、无本之木，会很快消亡。苹果与唯冠争夺"iPad"商标，原因在于"iPad"商标在消费者心中有着极高的知名度和巨大的市场价值。法院最终判决苹果支付 6 000 万美元的费用获得在中国大陆的"iPad"商标专用权。做一个假设，若法院判决唯冠依法拥有"iPad"商标专用权，那么已濒临破产的唯冠能否单凭"iPad"的品牌价值翻身而起，答案可能是否定的，因为企业品牌生命力的关键是基于市场不断开发的新技术、新产品，若缺乏技术创新，企业很快就会被市场淘汰，品牌也将失去价值。

（3）标准与品牌捆绑的协同战略方式。

"得标准者得天下"，谁掌握了标准的制定权、谁的技术成为标准，谁就控制了市场竞争的主动权。企业一方面应重视采纳和引进先进的国际标准，另一方面要重视原始性技术研发，形成核心的基础专利，并以此为基础建立企业自身乃至扩展到该行业的技术标准体系，按照"专利确权—专利与标准捆绑—标准升级—形成技术标准联盟—标准市场化"的发展模式，最终形成"技术专利化—专利标准化—标准国际化—标准市场化"的发展战略。例如，华为通过将技术标准与知识产权相结合，将创新成果纳入标准体系，以知识产权保护国际规则处理知识产权争端，加上取得了一批核心技术的突破，成为中国企业自主创新与实施知识产权战略的表率。

（4）专利、商业秘密与品牌一体化的协同战略方式。

在进行新技术、新产品专利保护申请时，企业应当在申请前做好决策分析，其技术秘密通过反向工程容易被他人破译、掌握的，应当申请专利保护；反之，则受技术秘密的保护。在实践中，通常选择专利、技术秘密或多个专利混合保护的方式。对难以保密和容易被他人复制的发明创造部分，申请专利保护；对难以复制的关键部分，作为技术秘密进行保护，是很常见的。这就是为什么目前大多数技术许可证协议是专利技术和技术秘密的结合。企业要充分认识到专利保护和技术秘密保护的利与弊，进行优势互补，加强不同知识产权保护策略在技术创新成果中的运用，并通过知识产权保护实现企业利益的最大化。

可口可乐是运用专利、商业秘密与品牌协同发展的典范，其名扬天下、长期稳居软饮料行业榜首的诀窍在于通过驰名的"可口可乐"商标、作为商业秘密的饮料配方及独特的包装外观专利等知识产权的输出，成功塑造出可口可乐这一世界名牌。

综上所述，知识产权战略是建设创新型国家的制度支撑和保障。我国实施品牌创新与知识产权协同发展的战略措施，其实质就是沿着"技术—专利—标准—品牌—效益"的发展轨迹，将专利、商业秘密、标准与商标战略结合起来，催生一批有代表性的世界级品牌和品牌型企业，推动整个经济品牌化水平的提高，进而提升产品的国际竞争力，实现经济发展方式的转变。

8.6 案 例 分 析

在电子商务领域，反欺诈技术是保护企业和消费者免受经济损失的关键。PayPal 是全球领先的在线支付平台，其反欺诈技术实践是业界的典范。

8.6.1 AI 在 PayPal 的反欺诈技术实践中的应用

1. PayPal 的反欺诈技术概述

PayPal 拥有一套先进的反欺诈系统，该系统结合了机器学习、大数据分析和实时监控技术，以识别和预防欺诈行为。这套系统能够分析交易模式、用户行为和市场趋势，从而能在欺诈发生之前进行拦截。

2. 技术实现

(1)机器学习模型。PayPal 使用机器学习算法来分析用户的历史交易数据，建立风险评估模型。这些模型能够识别出与正常用户行为显著不同的异常模式。

(2)行为分析。PayPal 监控用户的登录和交易行为，包括登录地点、时间、频率和交易金额等，以检测潜在的欺诈行为。

(3)实时监控。PayPal 的系统能够实时分析交易，一旦发现可疑活动，系统会自动暂停交易并进行进一步的人工审核。

(4)用户验证。为了确保交易的合法性，PayPal 在必要时会要求用户进行额外的身份验证，如发送验证码或提供身份证明文件。

PayPal 的反欺诈技术在实际应用中取得了显著成效。比如，PayPal 开发了一个高度复杂的实时决策系统，该系统能够在交易发生的瞬间分析并识别潜在的欺诈行为。这个系统利用了先进的机器学习算法和大数据分析技术，能够处理和分析来自全球用户的海量交易数据。

PayPal 的反欺诈技术在全球范围内得到了广泛的应用，但其实施策略会根据不同国家和地区的法律法规、市场特点和风险状况进行调整。

3. 法律法规的适应性

PayPal 必须遵守各国的法律法规，包括数据保护法、反洗钱法和消费者保护法等。例如，在欧洲，PayPal 需要遵守严格的数据保护法规，这可能影响其在该地区收集和处理用户数据的方式；在亚洲某些国家，PayPal 可能需要与当地银行和支付服务提供商合作，以适应当地的支付系统，符合当地的法规要求。

(1)市场特点和风险状况。不同国家和地区的电商市场特点不同，欺诈风险状况也有所差异。《2021 年全球欺诈报告》显示，亚太地区的企业遭遇欺诈的比例最高，这可能促使 PayPal 在该地区采取更严格的反欺诈措施；而在北美和欧洲，由于欺诈率相对较低，PayPal 可能会采取相对宽松的策略，但仍然保持高效的风险管理。

（2）支付习惯和文化差异。不同地区的消费者支付习惯和文化差异也会影响 PayPal 的反欺诈策略。例如，在一些地区，消费者可能更倾向于使用信用卡进行在线支付，而在其他地区，电子钱包或银行转账可能更受欢迎。PayPal 需要根据这些支付习惯调整其风险评估模型和监控系统。

（3）技术基础设施和数据可用性。不同国家和地区的技术基础设施和数据可用性也会影响 PayPal 的反欺诈技术实施。在技术发达的地区，PayPal 可以利用更先进的数据分析和实时监控工具；而在技术基础设施较不发达的地区，PayPal 可能需要依赖更传统的风险管理方法。

（4）本地化策略。PayPal 在不同国家和地区实施本地化策略，以更好地适应当地市场。这包括与当地商家合作，了解当地消费者的需求和偏好，以及采取定制化的反欺诈解决方案。

4．成功反欺诈技术案例

PayPal 在全球范围内有一系列成功的反欺诈技术案例，这些案例展示了其在不同国家和地区的实施差异和成效。

（1）信用卡欺诈和拒付欺诈。PayPal 通过使用机器学习模型来识别和预防信用卡欺诈与拒付行为。这些模型能够分析大量的交易数据，识别出异常模式，并及时采取措施阻止欺诈交易。例如，PayPal 能够识别出使用被盗信用卡信息进行的欺诈性购物行为，以及在订单完成后发生的拒付欺诈行为。

（2）网络"钓鱼"和账户接管。PayPal 的反欺诈技术还包括对网络"钓鱼"和账户接管的防护。通过监测登录行为和账户活动，PayPal 能够及时发现未经授权的账户访问，并采取措施保护用户的账户安全。

（3）地区性风险管理。PayPal 会根据不同国家和地区的法律法规、市场特点和风险状况调整其反欺诈策略。例如，在亚太地区，PayPal 可能需要更加关注网络"钓鱼"和善意欺诈的防护；而在北美和欧洲，则可能更注重信用卡欺诈和拒付欺诈的防范。

（4）提升支付授权率。PayPal 通过应用先进的反欺诈技术，成功提升了全球用户的支付授权率。

（5）客户体验优化。PayPal 还注重在反欺诈的同时优化客户体验。例如，通过提供 PayPal 买家保障政策和安全、快捷、便利的支付体验，提升消费者的信心和满意度。

8.6.2 亚马逊的 AI 卖家审核与信任机制

亚马逊是全球最大的电商平台之一，其卖家审核与信任机制对于维护平台的健康交易环境至关重要。亚马逊通过一系列严格的审核流程和信任建设措施，确保卖家的合法性和商品的真实性，从而保护消费者权益和提升买家的信任度。

1．卖家的审核

（1）AI 卖家审核流程。

亚马逊通过 AI 系统自动收集和分析卖家的注册信息、历史交易数据、客户反馈等，以评估卖家的信誉和风险等级。2024 年注册亚马逊新卖家的资质审核流程如图 8-2 所示。AI 技术还能够识别和分析潜在的欺诈行为，如虚假宣传、价格操纵等，从而提前预警并采取措施。

| 第一步 | 第二步 | 第三步 | 第四步 |
| 提交身份验证资料 | 进入身份验证 | 进行地址验证 | 通过资质审核 |

图 8-2　2024 年注册亚马逊新卖家的资质审核流程

（2）品类审核。

对于某些特定品类的商品，亚马逊还会进行更深入的审核。例如，食品、化妆品、玩具等，卖家需要提供额外的产品安全证明、质量认证或合规性文件。

（3）性能评估。

亚马逊会定期评估卖家的绩效，包括订单缺陷率、退款率、买家反馈等。这些指标直接影响卖家的信任评级和在平台上的曝光机会。

2．信任机制的建设

亚马逊的 AI 系统能够根据卖家的行为和交易历史，为其分配信任分数。高信任分数的卖家可以获得更多的平台支持和优惠政策。信任分数也是动态变化的，会随着卖家行为的改善或恶化而相应调整。

亚马逊对卖家商品的审查流程一般包括以下步骤。

（1）提交商品信息。卖家在上架商品之前，需要提供详细的商品信息，包括商品描述、图片、价格等。这些信息将被用于审查和核实商品的真实性和合规性。

（2）初步审核。亚马逊会对卖家提交的商品信息进行初步审核，检查是否满足平台的规定和标准。这包括检查商品描述是否准确清晰、商品图片是否合规、价格是否合理等。

（3）材料要求。如果初步审核中存在问题或信息不完整，亚马逊会要求卖家提供额外的材料或证明文件来证明商品的真实性和合规性。

（4）高风险类目审核。对于一些高风险的商品类目，如食品、保健品、电子产品等，亚马逊会进行更严格的审核，要求卖家提供相关的证明文件、许可证或认证等。

（5）审核结果通知。一旦审核完成，亚马逊会向卖家发送审核结果通知，包括商品是否通过审核及是否需要进一步审核或改进。

3．成功案例分享

亚马逊通过实施严格的卖家审核和信任机制，成功地打击了假冒伪劣商品的销售，保护了知识产权，提升了消费者的购物体验。例如，亚马逊推出的"透明计划"，允许品牌为其产品分配独一无二的序列号，消费者可以通过扫描二维码验证商品真伪。

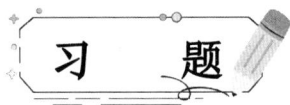

习　题

1．单项选择题

(1)在电商平台的知识产权保护策略中，哪项不是侵权识别的内容？（　　）

　　A．监控社交媒体　　　　　　　　B．分析销售数据

　　C．识别商标使用　　　　　　　　D．检查版权注册

(2)自动化监控系统通常使用哪种技术来检测潜在的侵权行为？（　　）

　　A．数据库管理　　　　　　　　　B．图像识别

　　C．库存控制　　　　　　　　　　D．客户服务自动化

(3)在社交媒体上，KOL 识别与影响力评估的主要目的是什么？（　　）

　　A．提高产品价格　　　　　　　　B．提升用户参与度

　　C．减少广告成本　　　　　　　　D．增加产品种类

(4)在交易安全与欺诈监测中，哪项技术用于识别高风险用户？（　　）

　　A．社交媒体分析　　　　　　　　B．交易行为模式分析

　　C．品牌注册　　　　　　　　　　D．专利侵权预警

(5)在 PayPal 的反欺诈技术实践中，哪项措施用于提高支付授权率？（　　）

　　A．增加产品种类　　　　　　　　B．提升用户体验

　　C．减少广告投放　　　　　　　　D．降低交易费用

(6)在亚马逊的卖家审核与信任机制中，哪项措施用于保护消费者？（　　）

　　A．提供优惠券　　　　　　　　　B．实施卖家培训

　　C．卖家绩效评估　　　　　　　　D．增加产品描述

(7)在合作伙伴风险管理中，哪项措施用于评估合作伙伴的财务稳定性？（　　）

　　A．社交媒体监控　　　　　　　　B．合规性检查

　　C．财务报告分析　　　　　　　　D．产品测试

(8)在供应链安全中，哪项措施用于提高供应链的透明度？（　　）

　　A．增加库存　　　　　　　　　　B．实施安全协议

　　C．提高产品价格　　　　　　　　D．供应链映射

(9)在小企业与新进者的保护措施中，哪项服务用于提供法律咨询？（　　）

　　A．财务规划服务　　　　　　　　B．法律合规支持

　　C．技术支持服务　　　　　　　　D．物流优化服务

(10)以下哪项不是小企业与新进者的保护措施？（　　）

　　A．教育与培训　　　　　　　　　B．技术工具与服务

  C. 价格战策略   D. 政策与支持

2. 简答题

(1)自动化监控系统在电商平台知识产权保护策略中的作用是什么?

(2)在交易安全与欺诈监测中,高风险用户识别技术有何重要性?

(3)合作伙伴风险管理与供应链安全之间的关系是什么?

(4)小企业与新进者在电商平台上可能面临的挑战以及如何通过保护措施来应对这些挑战?

(5)亚马逊的卖家审核与信任机制如何保护消费者和卖家的利益?

第9章 合规性管理与国际贸易规则适应

知识导图

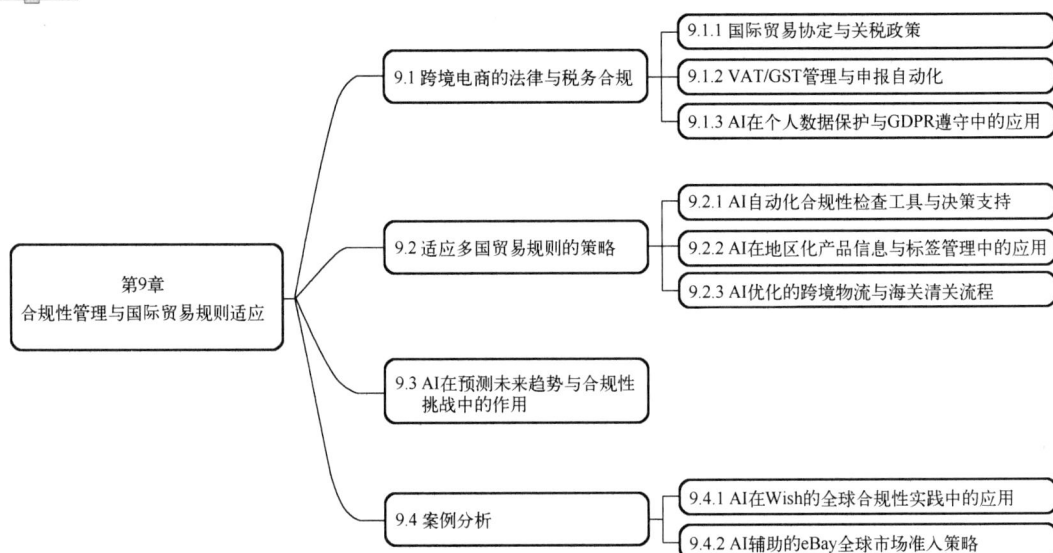

学习目标

知识目标:

了解国际贸易协定的基本概念及其对关税政策的影响。

了解个人数据保护与 GDPR《通用数据保护条例》遵守的基本要求。

了解不同国家的关税政策如何影响国际贸易,包括贸易流量、商品价格、贸易模式等方面的变化。

掌握 VAT(增值税)/GST(商品及服务税)管理与申报自动化系统的功能和操作。

能力目标:

掌握运用自动化工具进行税务管理的能力,特别是 VAT/GST 的合规性管理。

具备识别和应对个人数据保护合规性挑战的能力,包括实施数据保护措施、进行数据保护影响评估等的能力。

掌握使用自动化合规性检查工具进行合规性审核的能力,包括进行产品合规性检查、标签及说明审查、税务合规性检查等的能力。

能根据不同市场制定地区化产品信息和标签,以符合目标市场的法规要求的能力。

价值目标：

具备在全球化背景下维护消费者权益的价值观，确保商品安全，保护好消费者权益。

导入案例

阿里巴巴应对国际贸易规则的全球跨境电商策略

作为跨境电商平台，阿里巴巴能够在全球市场中保持竞争力，同时确保其业务的合规性和可持续性。阿里巴巴运用合理的方法帮助平台自身应对复杂的国际贸易环境，也为商家提供必要的支持，使他们能够在不断变化的全球市场中取得成功。

1. 应对国际贸易规则的复杂性

(1)遵守多样化的贸易协定。阿里巴巴作为全球性的电商平台，必须遵守世界贸易组织的规则以及各国的双边和多边贸易协定。例如，当美国和中国之间的贸易关系发生变化时，阿里巴巴需要迅速调整其供应链策略，以确保所有通过其平台的交易都符合最新的贸易限制和关税规定。

(2)实时监控政策变化。阿里巴巴利用先进的数据分析和 AI 技术，实时监控全球贸易政策的变化，以便及时调整其运营策略。这种技术的应用使平台能够预测和适应政策变化，减少对商家和消费者的影响。

2. 处理税收政策的挑战

(1)适应复杂的税收体系。不同国家的税收体系差异巨大。阿里巴巴通过建立强大的税务团队和使用自动化税务软件，确保平台上的所有交易，都能正确计算并缴纳相应的税费。例如，对于欧洲的增值税要求，阿里巴巴为商家提供工具和指导，帮助它们理解和遵守欧洲各国的增值税规定。

(2)应对数字服务税。面对一些国家提出的数字服务税，阿里巴巴需要评估这些新税种对其业务的影响，并与当地税务机关合作，确保合规。同时，平台也需要向商家传达这些变化，帮助它们调整定价策略以适应新的税收环境。

3. 技术应用与创新

(1)实施企业资源规划和客户关系管理系统。为了更有效地管理全球业务，阿里巴巴投资建立了企业资源规划和客户关系管理系统，这些系统帮助平台跟踪库存、订单、客户信息和税务数据，确保所有操作的透明度和合规性。

(2)应用 AI 和机器学习。阿里巴巴使用 AI 和机器学习算法来预测税收政策变化的影响，以及优化供应链管理。这些技术的应用提高了平台的预测能力，帮助商家更好地规划和适应国际市场的变动。

4. 商家支持与教育

(1)提供教育资源。为了帮助商家更好地理解和遵守国际贸易和税收规则，阿里巴巴提供了一系列教育资源，包括在线课程、研讨会和政策更新通知等。

(2)开发客户端工具。平台开发了客户端工具，使商家能够轻松了解和适应不同国家的法规要求。例如，通过一个集成的仪表板，商家可以查看不同市场的关税、税收和合规性要求。

9.1 跨境电商的法律与税务合规

9.1.1 国际贸易协定与关税政策

1. 国际贸易协定

国际贸易协定是国家之间为了促进商品和服务的自由流通、减少贸易壁垒而签订的法律文件。这些协定通常包括降低关税、消除非关税壁垒、设定共同的贸易规则及解决贸易争端等内容。通过多边或双边的形式，国际贸易协定有助于扩大市场准入，增加消费者的选择，促进经济增长和技术交流。国际贸易协定还可能包含特殊和差别待遇条款，允许发展中国家维持较高的关税水平或实施保护本国产业的措施，以适应其较低的发展水平和脆弱的经济基础。国际贸易协定通过设定共同的贸易规则和激励成员国降低关税壁垒，对成员国的关税政策制定产生了深远影响，推动了全球化进程和国际贸易的扩张。

2. 关税政策

关税是政府对进口商品征收的税种，其目的在于保护国内产业免受国际竞争的影响。高关税政策可能导致进口成本上升，从而抑制进口量，保护本国产业。相反，低关税或零关税政策则鼓励国际贸易，促进价格竞争力和消费者福利的提升。政府通过调整关税政策实现宏观经济目标，如平衡支付、保护新兴产业或响应其他国家的贸易措施等。

关税政策的调整直接影响国际贸易的成本结构，进而对贸易流量、贸易模式、商品价格及参与国家的经济表现产生深远的影响。以下是关税政策调整可能带来的影响。

(1)贸易流量的变化：关税的降低通常会刺激进口，增加消费者的选择，促进贸易量的增长；相反，关税的提高会减少进口的吸引力，可能导致贸易量的减少。

(2)商品价格的变动：关税作为进口商品的额外成本，会导致商品零售价格上升，从而影响消费者购买决策和生产商的市场竞争力。

(3)贸易模式的调整：高关税政策可能促使企业寻求替代供应链，如通过转移生产基地到低成本国家或地区，以规避高额关税壁垒。

(4)经济福利的重新分配：关税政策调整会改变国家之间的相对价格，影响消费者和生产者的福利，如提高对特定国家商品的关税可能会保护国内产业，但同时也会增加国内消费者的成本。

(5)国际贸易关系的紧张：关税政策有时被用作贸易谈判的筹码或应对国际争端的手段，可能导致贸易伙伴之间关系紧张。

(6)长期经济结构的影响：持续的高关税可能扭曲市场机制，影响产业的长期健康发展，阻碍技术进步和效率提升。

(7)国家安全和战略考量：在某些情况下，国家可能出于安全或战略考虑实施关税措施，即使这些措施可能违反自由贸易原则。

9.1.2　VAT/GST 管理与申报自动化

跨境电商的快速增长带来了复杂的税务管理挑战，尤其是在增值税（Value Added Tax，VAT）和商品及服务税（Goods and Services Tax，GST）的征收和申报方面。VAT/GST 是大多数国家用于替代传统销售税的间接税，适用于跨境交易中的进口商品和服务。由于跨境电商涉及多国交易，因此企业必须遵守多个国家的税法规定，这对税务合规性和效率提出了高要求。

自动化解决方案在跨境电商的 VAT/GST 管理与申报中扮演着重要角色。通过自动化，企业能够简化税务计算、文件准备和申报流程，从而降低错误率、降低成本并加快响应速度。自动化系统通常集成了实时税率更新、税务规则智能解析、自动计算税务义务及自动化申报等功能。

1. VAT/GST 管理与申报自动化系统的主要功能

(1)税率和规则的实时更新。该系统能够及时获取和更新不同国家的 VAT/GST 税率和法规变化，从而确保税务计算的准确性。

(2)智能税务引擎。利用 AI 和机器学习算法，该系统能够根据商品类别、交易地点和买家身份等因素智能识别适用的税率和税收规则。

(3)自动化申报。该系统能够自动准备税务申报表，并通过电子方式提交给相应的税务机关，减少手动操作。

(4)合规性检查。该系统包含合规性检查机制，从而确保所有交易符合当地税法要求，避免潜在的罚款和处罚。

VAT/GST 管理与申报自动化系统缩短了人工处理时间，加快了税务处理速度，提升了整体运营效率，通过标准化的计算和申报过程，减少了人为错误，提高了税务申报的准确性。同时，该系统减少了企业对专业税务人员的依赖，降低了劳动力成本和潜在的合规风险成本。另外，该系统还具有审计跟踪和报告功能，能够帮助企业更好地监控税务合规状况。

2. VAT/GST 管理与申报自动化系统中的合规性问题

(1)税率和税收规则的准确性。企业应确保该系统内预设的 VAT/GST 税率，以及相关税务法律法规的准确性。

(2)数据的准确性和完整性。该系统处理的交易数据必须准确无误，包括销售额、购买方信息、产品类别等，以便正确计算应纳税额并生成合规的税务申报文件。

(3)税务登记和身份验证。企业必须在所有运营国家完成必要的税务登记和身份验证，并确保该系统能够处理多个税务实体的申报需求。

(4)电子商务平台的合规性。如果企业通过第三方电子商务平台销售商品,需要确认该平台遵守当地税务合规性要求,并确保其与该系统的集成不会影响税务合规性。

(5)审计追踪和记录保留。该系统应能够保存所有税务相关的交易记录和操作日志,以便在税务审查时提供必要的证据和说明。

(6)持续更新和维护。税法和监管环境可能会发生变化,因此,企业需要定期更新该系统,以反映最新的税务政策和程序。

(7)国际合作和信息共享。企业可能需要与不同国家的税务机关合作,因此,要确保税务信息的及时交换和透明性。

(8)风险管理和内部控制。企业应建立有效的内部控制机制来监控税务合规性,及时发现并解决潜在的风险问题。

9.1.3 AI 在个人数据保护与 GDPR 遵守中的应用

在跨境电商活动中,个人数据的保护是一个至关重要的法律和伦理问题。随着全球数据流动的加速,个人数据跨境传输成为常态,这不仅涉及个人隐私保护,还关系到企业的合规性和国际贸易的顺畅进行。

1. GDPR 框架

欧盟的《通用数据保护条例》(General Data Protection Regulation,GDPR)是目前全球个人数据保护领域最为严格的法律框架之一,对跨境电商企业提出了明确的要求和挑战。GDPR 的核心原则包括数据最小化、目的限制、数据主体权利(如访问权、更正权、删除权等)、数据保护义务,以及跨境数据流动的合法性。这些原则要求跨境电商企业在处理欧盟用户的个人数据时必须遵守严格的规定,否则可能会面临高额罚款。

其中,数据最小化原则是 GDPR 的核心原则之一。该原则要求个人数据的收集和处理必须限制在实现处理目的所必需的最小限度,避免不必要的数据收集和处理活动。跨境电商企业在收集用户数据时,必须明确每项数据的具体用途,确保数据收集与这些目的直接相关,即只收集完成特定处理目的所必需的数据,不能收集额外信息。例如,如果用户购买商品,则电商企业应仅收集订单信息,不能收集非必要的个人偏好数据。遵守数据存储和使用的最小化原则也意味着,即使数据已经被收集,也应确保在达到处理目的后不再继续存储或使用这些数据。跨境电商企业应定期检查其数据处理活动,确保所有数据处理仍然符合数据最小化原则,并及时调整策略以适应变化的业务需求。

跨境电商企业在遵守 GDPR 的前提下运作时,需要确保在收集、存储、处理和传输个人数据的各个环节都符合法规要求。这意味着企业必须实施强有力的数据保护措施,包括加密技术、数据匿名化及定期的安全审计。此外,企业还必须在数据处理活动中获得数据主体的明确同意,并在数据泄露时及时通知监管机构和数据主体。

在实际操作中,跨境电商企业可能需要调整其数据处理政策和技术实践,以适应 GDPR 的要求。例如,企业可能需要重新设计其数据收集表单,以确保透明度和合法性;

建立健全数据保护影响评估机制，评估新的数据处理活动对个人权利的影响；设立专门的数据保护部门，负责监督 GDPR 的执行和处理数据保护相关事宜。

GDPR 的实施对跨境电商企业来说既是挑战也是机遇。通过遵守 GDPR，企业可以提升其数据保护水平，赢得用户的信任，并在全球市场中树立合规的品牌形象。同时，企业也应关注其他国家和地区的个人数据保护法律，以确保在全球范围内的合规性。通过有效的数据保护措施和国际合作，跨境电商企业可以在保护个人隐私的同时，促进全球贸易的健康发展。

2．AI 的应用

(1)数据分类与识别。AI 可以自动识别个人数据并进行分类，帮助企业快速了解其持有的数据类型和分布情况。通过运用自然语言处理技术，AI 能够从大量文本中提取关键信息，识别出需要保护的个人数据。

(2)数据访问与控制。AI 系统可以监控数据访问行为，确保只有授权用户才能访问敏感数据。此外，AI 可以帮助企业实现数据主体的权利，如帮助企业提出的数据访问请求、更正/删除请求符合 GDPR 的要求。

(3)数据保护影响评估。AI 可以辅助企业进行数据保护影响评估，预测数据处理活动可能对个人隐私的影响，评估风险并提出相应的解决措施。这有助于企业在设计产品和服务时，从一开始就考虑数据保护问题。

(4)数据泄露预防与检测。利用机器学习算法，AI 能够识别异常数据访问模式，预测并防止潜在的数据泄露。在数据泄露后，AI 也可以快速识别泄露的范围和影响，帮助企业及时响应。

(5)合规性监控与报告。AI 系统可以持续监控企业的数据处理活动，确保其持续符合 GDPR 的要求。同时，AI 可以自动生成合规性报告，帮助企业向监管机构展示其合规性状态。

9.2　适应多国贸易规则的策略

9.2.1　AI 自动化合规性检查工具与决策支持

跨境电商在全球化贸易中扮演着越来越重要的角色，而多国贸易规则的复杂性对电商企业提出了严格的合规性要求。AI 自动化合规性检查工具的应用，成为跨境电商企业提升合规效率、降低违规风险的关键。自动化合规性检查工具通常集成了国际法规数据库、数据分析引擎和自动化报告系统。它们能够自动收集企业的交易数据，与预设的法规标准进行比对，及时发现潜在的合规性问题，并提供整改建议。这些工具的工作原理基于先进的算法，使它们能够处理大量数据，实现快速准确的合规性扫描。

AI 驱动的合规性检查工具采用先进的算法，能够高效处理和分析大量交易数据，与法规标准进行智能比对，快速识别合规性问题，并自动提供整改方案。自动化合规性检查工具在跨境电商领域中可以执行多种类型的合规性检查，主要包括产品合规性检查、标签和说明审查、税务合规性检查、知识产权检查、数据保护法规遵从性检查、进口和出口限制检查、支付和货币合规性检查、消费者权益保护检查等。

正确地使用自动化合规性检查工具能够显著加快检查速度，提高检查的准确性，减少人工错误，降低合规成本。这些检查工具能够适应多变的国际贸易环境，帮助企业迅速响应法规变动，保持竞争力。实际应用场景包括但不限于进出口申报、关税计算、产品合规性检验、知识产权保护等。

目前，市场上主要有以下几个知名的自动化合规性检查工具。

1. Checkmarx

它提供静态应用程序安全测试解决方案，能够自动扫描代码中的安全漏洞和合规性问题。Checkmarx 主页如图 9-1 所示。

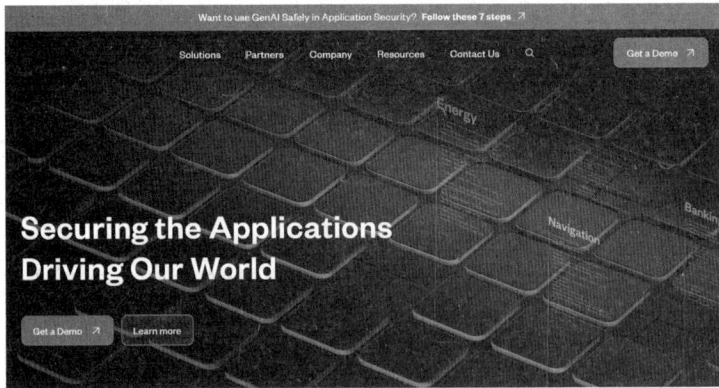

图 9-1　Checkmarx 主页

2. Synopsys

它通过其 Coverity、Polaris 和 Black Duck 等产品线，提供全面的应用程序安全和合规性测试服务。Synopsys 主页如图 9-2 所示。

图 9-2　Synopsys 主页

3. Qualys

它提供云安全和合规性解决方案，包括 Vulnerability Management、Compliance、IT and Application Inventory 等。Qualys 主页如图 9-3 所示。

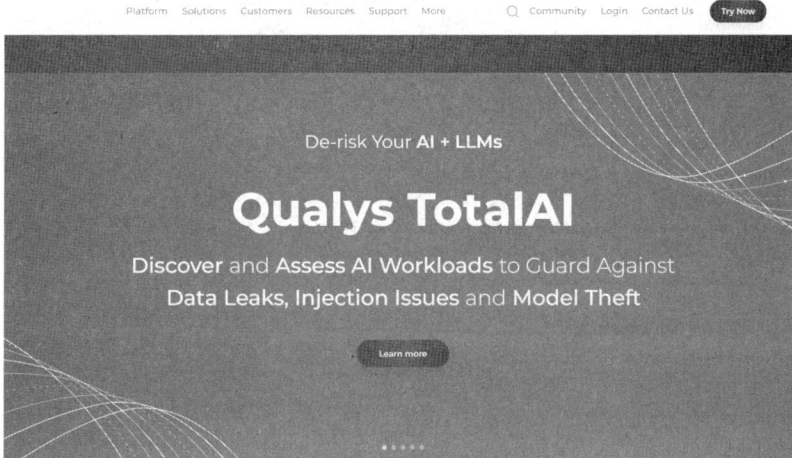

图 9-3　Qualys 主页

4. VERACODE

它提供基于云的应用程序安全测试服务，涵盖静态、动态和手动渗透测试。VERACODE 主页如图 9-4 所示。

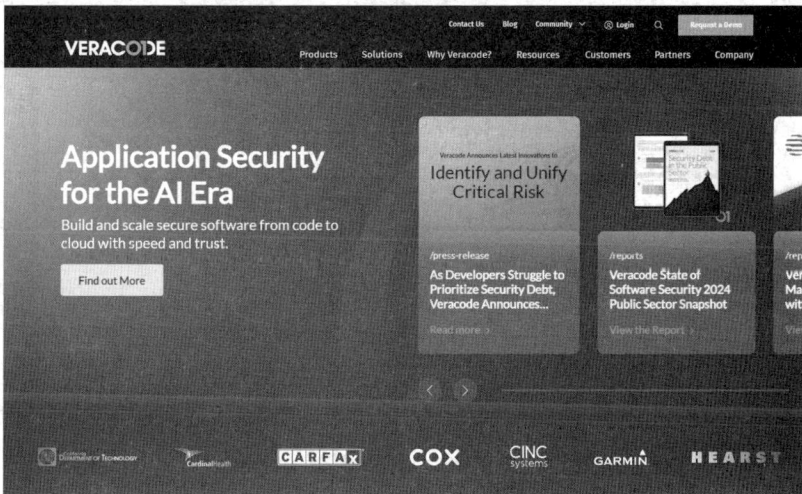

图 9-4　VERACODE 主页

5. Netsparker

它提供自动化的 Web 应用程序安全扫描工具，专门用来发现 SQL 注入和跨站脚本攻击等安全威胁。Netsparker 界面如图 9-5 所示。

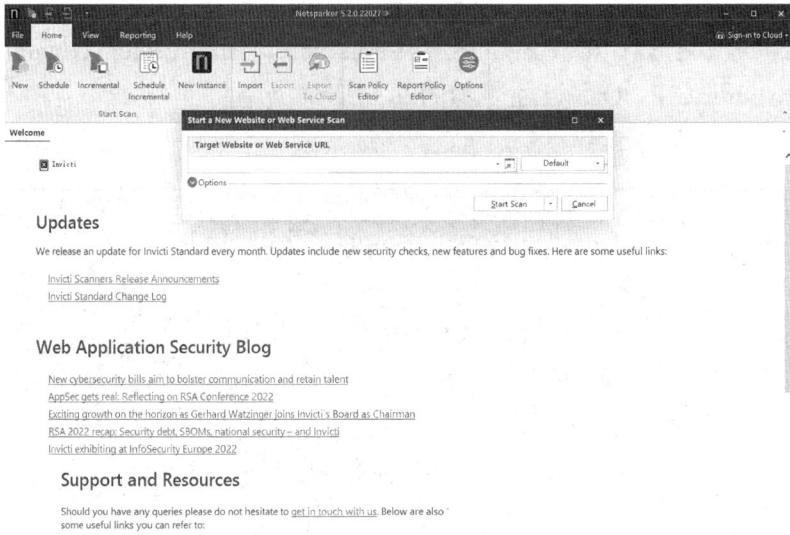

图 9-5　Netsparker 界面

6．tenable

它提供广泛的网络安全解决方案，包括对合规性的监控和报告功能。tenable 主页如图 9-6 所示。

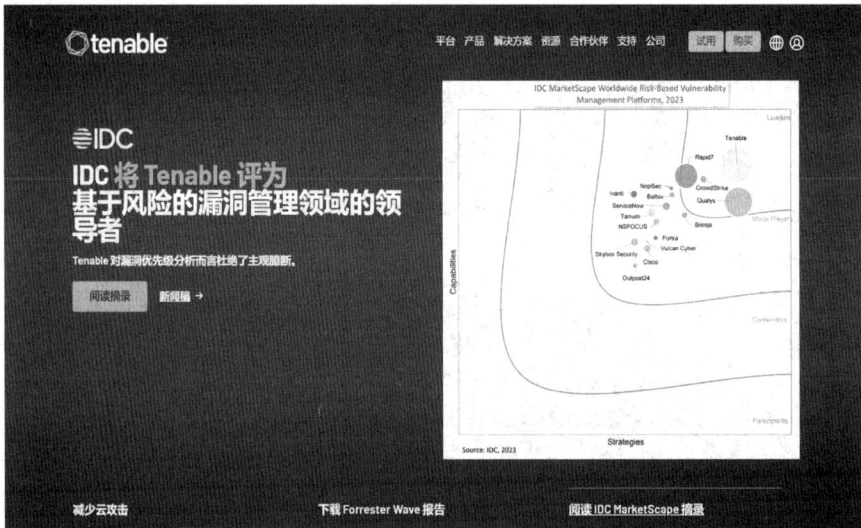

图 9-6　tenable 主页

7．RAPID7

它提供 InsightVM 和 AppSpider 等工具，用于识别和管理 IT 基础设施中的漏洞和风险。RAPID7 主页如图 9-7 所示。

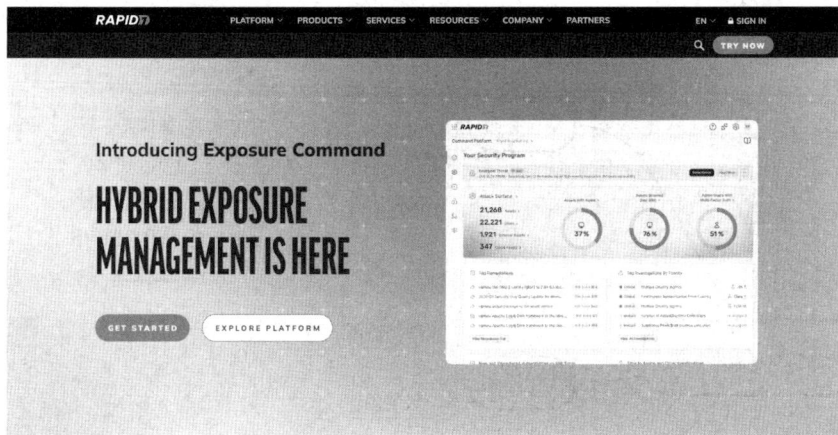

图 9-7 RAPID7 主页

9.2.2 AI 在地区化产品信息与标签管理中的应用

在全球化的商业环境中，跨境电商已经成为连接世界各地消费者和商家的桥梁。为了适应不同国家和地区的市场需求，在跨境电商中，产品信息和标签管理的地区化显得至关重要。地区化管理不仅涉及语言的本地化，还包括遵守当地的法规标准、适应文化习俗和契合消费者偏好等。

1. 产品信息的地区化

产品信息的地区化要求商家根据目标市场的特定需求调整产品描述、规格说明、使用指南等。这意味着商家需要准备多种语言版本的产品信息，并确保这些信息准确传达产品的特性和使用方法。此外，地区化的产品信息还需考虑不同国家的度量衡系统、电压标准和包装要求等。

在进行本地化处理时，首先要深入了解目标市场的法律法规，特别是关于产品标签、安全标准、进口限制和消费者权益保护等方面的规定。例如，欧盟市场对产品的欧洲统一（Conformite Eurpeenne，CE）认证等有严格要求，而北美市场则更侧重于食品药品监管管理局（Food and Drug Administration，FDA）批准和保险商试验所（Underwriter Laboratories，UL）认证。文化差异会影响产品描述、广告语和包装设计。产品信息需要翻译成目标市场的语言，并且要考虑到文化敏感性，避免使用可能引起误解或不适的词汇和图像。此外，不同国家的度量单位、货币符号和日期格式也需要做出相应调整。产品信息本地化处理如图 9-8 所示。

2. 产品标签管理

标签是产品信息传递的直接媒介，它在确保消费者正确理解产品用途、安全警示和操作指南方面发挥着重要作用。在跨境电商领域，产品标签需要遵守不同国家的法律法规，包括安全标准标签、成分和材料标签、健康声明和警告标签、环境保护标签、原产国标签、尺码和计量单位、语言要求、知识产权标签、宗教和文化敏感性标签，以及特殊许可和证书等。

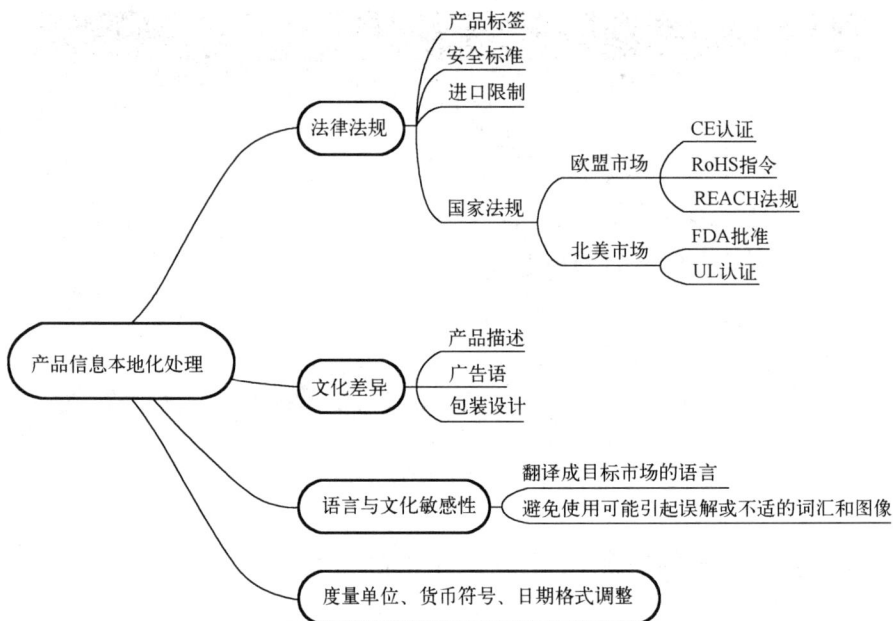

图 9-8　产品信息本地化处理

为了有效管理地区化产品信息和标签，商家通常采取一系列策略，包括建立专门的本地化团队、采用翻译记忆库和术语库以保持一致性，以及定期审查和更新产品信息以反映最新的市场动态和法规变化。此外，商家还应该利用先进的信息管理系统来自动化管理标签和产品信息的更新流程，以提高效率并减少错误。

3. AI 技术应用

在跨境电商领域，地区化产品信息与标签管理是确保产品顺利进入并成功占领海外市场的关键环节。AI 技术的应用为这一过程提供了强大的技术支持。

AI 技术通过运用自然语言处理能力，自动翻译和校对产品信息，确保不同语言版本的产品描述准确无误，同时考虑到文化差异和消费者偏好，避免文化敏感的内容。此外，AI 能够自动检测和调整产品标签，确保其符合目标市场的各种法规要求。

利用机器学习算法，AI 可以预测不同地区的产品合规性趋势，为企业提供前瞻性建议，帮助企业制定有效的市场策略。同时，AI 系统能够实时监控法规变化，评估潜在的合规风险，并及时提供预警，使企业能够迅速采取应对措施。

地区化产品信息与标签管理是跨境电商成功的关键因素。商家必须投入必要的资源和技术来确保其产品在全球市场上的合规性和吸引力。通过运用持续的市场研究和灵活的管理策略，商家可以更好地服务不同地区的消费者，从而在竞争激烈的跨境电商市场中获得优势。

9.2.3　AI 优化的跨境物流与海关清关流程

跨境电商的快速发展给物流和清关带来了新的挑战和机遇。跨境物流是连接卖家和买家的关键环节,而海关清关则是确保交易合规性和加快货物流通速度的重要步骤。优化跨境物流与海关清关流程对于提高顾客满意度、降低成本和提升竞争力至关重要。

1. 跨境物流

跨境物流优化涉及多个方面,包括运输方式的选择、物流路径的规划及物流信息系统的建设。运输方式的选择需要考虑成本、速度和可靠性,常见的方式包括海运、空运和快递服务;物流路径的规划需要考虑关税政策、运输距离和转运效率;高效的物流信息系统的建立则可以实现实时追踪和透明化管理,减少错误和延误。

2. 海关清关

海关清关的优化通常聚焦于简化流程、提高自动化水平和加强国际合作。简化流程可以通过预申报、单一窗口服务和电子化清关等措施实现;提高自动化水平可以通过引入智能识别技术和自动审批系统来实现;加强国际合作则有助于统一清关标准和减少非关税壁垒。

跨境电商企业可以采取多种策略来优化跨境物流与清关。例如,通过设立海外仓或使用第三方物流服务商来缩短交货时间和降低运输成本。在技术应用方面,区块链技术可以用于创建不可篡改的货物追踪记录,提高透明度和信任度;AI和机器学习算法可以用于预测清关时间和优化库存管理。为了提高跨境物流的跟踪和透明度,可以采用以下几种技术手段。

(1)区块链技术。区块链技术能够实现分布式数据存储和不可篡改的特性,通过建立共识机制确保数据的真实性和完整性。在物流监控系统中应用区块链技术,可以实时追踪货物状态,提高透明度,并减少欺诈行为。

(2)物联网设备。物联网设备,如RFID(射频识别)标签、GPS追踪器等,可以嵌入货物中,实时收集位置、温度、湿度等信息,并将数据传输回物流管理系统。这有助于物流公司和客户实时监控货物状态,及时响应异常情况。

(3)高级数据分析和AI。通过分析大量的物流数据,AI算法可以预测潜在的延误,并优化路线选择,自动调整物流计划。这些技术还可以帮助识别物流过程中的瓶颈,提高整体效率。

(4)云计算平台。云计算平台可以提供弹性的计算资源和统一的数据存储,支持物流企业构建全球化的物流跟踪系统。云计算平台还便于与其他系统集成,如支付系统、库存管理系统等,实现信息流的无缝对接。

(5)移动应用程序。开发移动应用程序允许客户随时随地查看其货物状态,接收更新通知,并与物流服务提供商进行交互。这种直接的沟通渠道可以提高客户满意度并减少误解。

3. AI技术的应用

跨境物流和海关清关是跨境电商的关键环节,直接影响货物的交付速度和成本。AI技术在这一领域正发挥着革命性的作用,它优化了物流流程,加快了清关速度。

（1）智能路线规划。AI 能够分析各种运输方式的成本、时间和可靠性，智能选择最优的物流路径，避免拥堵和延误，确保货物以最低成本和最快速度到达目的地。

（2）实时监控与追踪。利用 AI 进行实时货物追踪，企业可以即时监控货物状态和位置，及时发现和解决物流过程中的问题。

（3）自动化清关。AI 可以自动填写和提交清关所需的文件和数据，减少人工输入错误，加快清关速度，降低因文件问题导致的延误风险。

（4）合规性检查。AI 系统能够根据目的国的法规和标准，自动检查货物的合规性，确保货物顺利通过海关检查，减少违规风险。

9.3 AI 在预测未来趋势与合规性挑战中的作用

国际贸易规则正在经历深刻变化，特别是在数字化和全球化的双重推动下。区域全面经济伙伴关系（Regional Comprehensive Economic Partnership，RCEP）等多边贸易协定的签订，推动了区域内贸易壁垒的降低和贸易便利化措施的实施。此外，数据流动性和数字服务贸易的新规则正在被制定，以适应数字经济的快速发展。企业需要紧跟这些变化，及时调整其国际贸易策略，以利用新的市场准入机会并规避潜在的贸易壁垒。

1. 国际贸易规则的未来趋势

（1）数字化转型。

随着技术的进步，数字化技术正在重塑国际贸易的形态。例如，区块链技术的应用提升了交易的透明度和安全性，减少了欺诈的可能性；电子合同和电子签名的普及使跨境交易更加便捷高效。未来，跨境电商将进一步依赖数字工具实现自动化和智能化操作，提高合规管理的能力。此外，随着物联网技术的发展，货物跟踪将变得更加精确，这有助于提升物流效率并减少损失。

（2）绿色贸易。

随着全球对可持续发展的重视程度不断提高，绿色贸易成为新的趋势。它不仅涉及产品的环保属性，还包括整个供应链的可持续管理。跨境电商企业需要考虑采用更环保的包装材料，减少碳排放，并遵循相关环境法规。例如，在欧盟市场销售的产品可能需要满足严格的环保标准，因此，企业需要在产品设计和供应链管理中融入可持续发展的理念，以符合目标市场的期望和法规要求。

（3）区域贸易协定。

区域贸易协定，如全面与进步跨太平洋伙伴关系协定（Coprehensive and Progressive Agreement for Trans-Pacific Partership，CPTPP）、RCEP 等的签署为跨境电商带来了新的机遇。这些协定通常会降低成员国之间的贸易壁垒，简化通关手续，有利于跨境电商企业在区域内扩展业务。

面对不断变化的国际贸易规则和日趋严格的合规要求，企业需要采取积极的应对策略。首先，企业应加强对国际贸易法规的监测和研究，确保及时了解和适应新的法规要求。其次，企业应建立内部合规培训和审计机制，增强员工的合规意识和能力。此外，企业还可以考虑利用合规软件工具和专业服务机构来辅助合规管理，降低操作风险。通过这些措施，企业可以更好地应对合规性挑战，确保长期稳定发展。合规性挑战应对要求主要包括以下几个方面。

（1）强化技术支撑。

利用大数据、AI等技术手段，可以有效地监控交易过程中的异常行为，增强风险预警能力。例如，通过数据分析可以识别出不寻常的交易模式，从而预防欺诈行为的发生。同时，通过技术创新来满足不同国家和地区的技术合规性要求，如采用符合当地数据保护法规的云服务提供商。

（2）加强国际合作。

面对复杂的国际贸易规则，跨境电商企业可以与其他企业、行业协会及政府部门合作，共同探索解决方案，如参与行业标准的制定，或寻求政府的支持和指导。此外，通过加入国际性的贸易组织，企业可以获得最新的市场准入信息和技术标准，这对于企业拓展国际市场至关重要。

（3）持续学习与适应。

国际贸易规则时常发生变化，企业需要保持灵活性，持续关注最新的法律法规动态，适时调整自身的运营策略。参加相关的研讨会和培训也是获取最新信息的有效途径。例如，定期参加由国际贸易组织主办的研讨会，可以帮助企业了解最新的贸易规则变化和最佳实践。

（4）创新商业模式。

为了应对日益增长的监管压力，跨境电商企业需要不断创新其商业模式。这可能意味着采用新的支付解决方案，开发定制化的物流服务，或者引入先进的供应链管理系统。通过创新，企业不仅能够更好地满足客户需求，还能在遵守法规的同时保持竞争力。

2. AI技术的应用

AI技术在跨境电商领域的应用正变得日益重要，特别是在预测未来趋势和应对合规性挑战方面。AI技术通过分析市场数据、消费者行为数据、经济指标和政策变化，为企业提供了深刻的行业趋势洞察，帮助企业把握市场先机并制定战略规划。

在合规性管理方面，AI的机器学习模型能够实时评估不同国家和地区的合规性风险，帮助企业及时做出合规决策。AI系统通过持续监测全球法规变化，确保企业能够迅速适应新的法规要求，减少合规风险。此外，AI的深度学习能力使其能够理解复杂的法规文本，并提供定制化的合规性建议，帮助企业在供应链管理、跨境交易、数据保护等方面实现全面合规。

AI技术还能够增强供应链的合规性，确保从原材料采购到产品销售的每个环节都符合法规要求。在跨境交易中，AI辅助的合规性审查保障了交易的合法性和透明度，包括货币兑换、支付合规和关税计算等。同时，AI 在数据保护和隐私合规方面也发挥着重要作用，帮助企业遵守日益严格的数据保护法规。

9.4 案 例 分 析

9.4.1 AI 在 Wish 的全球合规性实践中的应用

Wish 是全球知名的电子商务平台，其合规性实践是确保平台健康运营和保护消费者权益的关键。

在产品合规性监管方面，Wish 利用 AI 技术对平台上销售的产品进行实时监控，确保它们符合欧盟及其他地区的产品安全标准和消费者保护法规。为了有效达到这个监管目标，Wish 采取了一系列措施。例如，Wish 要求其在欧盟市场销售产品的卖家提供位于欧盟境内的产品负责人信息，并保留相关的技术文件。这些产品通常包括玩具、电子产品、个人防护装备等带有 CE 标志的产品。此外，Wish 还要求产品符合相关的标签和包装要求，以便在监管机构要求时提供所需信息。

在标签和包装规范方面，Wish 利用 AI 技术确保产品标签和包装符合相关法规要求。AI 可以分析产品描述和标签内容，确保其准确性和完整性，避免误导消费者。

Wish 的合规性实践主要围绕以下几个方面展开。

(1)遵守相关法律法规。Wish 严格遵守各个国家和地区的法律法规，特别是在产品安全、知识产权保护、消费者权益保护等方面。例如，Wish 签署了欧盟的产品安全承诺和消费者保护承诺，承诺保护消费者合法权益，并确保投放到欧盟市场的非食品消费品是安全的。

(2)建立合规运营管理体系。Wish 建立了高效的合规运营管理体系，涵盖了平台运营、产品安全、知识产权保护、消费者权益保护等多个方面。通过制定合规运营政策、实施合规运营流程、建立合规运营团队、开展合规运营培训等措施，Wish 确保了合规运营管理体系的有效实施。

(3)打击假冒伪劣产品。Wish 采取了一系列措施帮助消费者，防止他们遭受经济损失，以及健康和安全方面的人身风险。例如，Wish 发布了首份打假报告，概述了其目前打假工作的进展，包括处理了知识产权违规事件、知识产权侵权下架请求等。

(4)提供责任人以遵守即将实施的欧盟产品合规法规。Wish 要求所有在其平台上销售的产品都符合新的产品安全和合规标准，并实施新的政策和流程来监测和执行这些要求。Wish 平台上的产品供应商需要指定一个欧盟法定义务人，负责产品符合新法规的合规性，并提供联系信息，保留产品合规文件的证据，以备检查。

(5)加强与第三方合规服务商的合作。Wish 与其官方认证的第三方合规服务商合作，为广大 Wish 卖家提供相关合规服务，以保证跨境交易产品的安全合规。

Wish 展示了其在全球合规性实践方面的严谨态度和行动，旨在构建一个健康、安全的市场环境，保护消费者和商户的合法权益。

9.4.2　AI 辅助的 eBay 全球市场准入策略

eBay 的全球市场准入策略是一个多方面的综合体系，旨在帮助不同规模的卖家进入国际市场，并提供一系列服务和工具以支持其开展全球业务。以下是 eBay 全球市场准入策略的关键内容。

（1）本地化市场策略。eBay 通过在全球多个国家和地区设立本地化网站，提供多语言支持和本地化支付选项，来适应不同市场的需求。这种策略不仅有助于卖家更好地触及当地消费者，而且确保遵守当地的法律法规，从而提高市场渗透率和用户满意度。

（2）跨境物流解决方案。为了简化跨境交易的物流流程，eBay 提供了一系列物流解决方案，包括直邮物流政策和海外仓物流政策。这些物流政策可帮助卖家降低物流成本，加快配送速度，并降低国际运输和关税方面的复杂性，从而提升用户体验。

（3）市场准入政策和合规性。eBay 实施了卖家海外仓经营准入管理制度，确保卖家在获得海外仓销售资质后能够提供符合标准的服务。此外，eBay 还成立了政策中心，集中展现大中华区卖家进行跨境交易须知的相关政策和法规，帮助卖家了解并遵守市场规则。

（4）技术创新与用户体验提升。在技术创新方面，eBay 不断投资 AI、大数据等前沿技术，以提升搜索和推荐系统的性能，优化移动购物体验，并确保交易的安全性。AI 技术的应用在用户体验提升方面尤为显著。例如，通过运用个性化推荐算法，eBay 能够根据用户的购物历史和偏好，智能推荐商品，从而提高用户满意度和购买转化率。

（5）市场支持和教育。eBay 为卖家提供市场支持和教育资源，帮助它们了解市场趋势、优化产品展示、提高销售转化率。这些资源包括市场分析、营销工具和培训课程，可帮助卖家更好地适应市场变化。AI 技术在这方面的应用包括分析市场趋势和消费者行为，为卖家提供定制化的市场进入策略和优化建议等。

（6）政策更新和优化。eBay 定期更新其政策，以反映市场变化和监管要求。这些更新可能涉及买家保护、出口政策、国际买家和卖家政策等方面，以维护平台的公平竞争和保护消费者权益。AI 技术在政策更新过程中的应用，可以帮助 eBay 快速识别政策变化的影响，并为卖家提供及时的指导和支持。

（7）多语言支持和本地化网站设计。eBay 提供多种语言版本的网站，以满足不同国家用户的语言习惯，并根据当地市场的特定需求调整网站布局和功能，从而更好地服务于不同文化背景的用户。AI 技术在这方面的应用包括自然语言处理，旨在提高翻译的准确性和用户界面的本地化适应性。

（8）合规的支付和物流解决方案。eBay 与当地的支付服务商和物流公司合作，确保交易过程符合当地的金融监管和运输规则。AI 技术在这一领域的应用可以提高支付和物流流程的效率和安全性，如通过智能风险管理系统来预防欺诈行为。

(9)法律法规遵从性。eBay 密切关注各个国家和地区的贸易政策、税收法规、消费者保护法等，并确保其平台操作和卖家行为符合这些法律法规的要求。AI 技术可以帮助 eBay 实时监控和适应法律法规的变化，确保平台的合规性。

(10)本地化营销和客户服务。根据不同市场的文化特点和消费者行为，eBay 制定相应的营销策略，并提供本地化的客户服务支持。AI 技术在这方面的应用包括分析消费者行为，以定制个性化的营销活动，并提供多语言的客户服务。

(11)灵活的平台功能调整。eBay 根据不同市场的特殊需求，调整平台的某些功能，如退货政策、支付选项等，以便更好地适应当地市场。AI 技术可以帮助 eBay 分析用户反馈和市场数据，从而做出更加精准的功能调整决策。

习　　题

1．单项选择题

(1)国际贸易协定的主要目的是什么？（　　）

    A．减少贸易壁垒　　　　　　　　　　B．提高关税

    C．增加非关税壁垒　　　　　　　　　D．限制跨国公司

(2)关税政策的主要作用是什么？（　　）

    A．保护国内产业　　　　　　　　　　B．降低国内产品价格

    C．促进国外投资　　　　　　　　　　D．减少国内就业

(3)VAT/GST 自动化系统的一个关键功能是什么？（　　）

    A．实时更新税率和规则　　　　　　　B．手动填写税务表格

    C．提供纸质发票　　　　　　　　　　D．增强税务复杂性

(4)在跨境电商活动中，哪个法律框架对个人数据保护提出了严格要求？（　　）

    A．NAFTA　　　　　　B．GDPR　　　　　　C．WTO 规则　　　　D．ASEAN 协议

(5)根据 GDPR，个人数据的收集和处理必须遵循的原则是什么？（　　）

    A．数据最小化　　　　　　　　　　　B．数据公开化

    C．数据最大化　　　　　　　　　　　D．数据多样化

(6)自动化合规性检查工具主要通过什么来发现潜在的合规性问题？（　　）

    A．外部咨询　　　　　　　　　　　　B．人工审计

    C．客户反馈　　　　　　　　　　　　D．高级算法

(7)区域贸易协定如 CPTPP、RCEP 等的签署对跨境电商有何影响？（　　）

    A．简化了通关手续　　　　　　　　　B．增加了关税

    C．限制了市场准入　　　　　　　　　D．增加了非关税壁垒

(8)以下哪个是跨境电商企业在遵守 GDPR 时需要特别注意的？（　　）

    A. 不使用第三方服务 　　　　　　B. 只收集必要数据

    C. 加密所有数据 　　　　　　　　D. 公开所有数据处理活动

(9)Wish 为确保产品符合欧盟法规采取了哪些措施？（　　）

    A. 提供欧盟境内产品负责人信息 　　B. 不允许欧洲卖家入驻

    C. 只销售非食品类商品 　　　　　　D. 禁止使用 CE 标志

(10)eBay 提供的哪些服务有助于跨境电商企业进入国际市场？（　　）

    A. 本地化网站和支持 　　　　　　B. 单一货币支付选项

    C. 固定物流方案 　　　　　　　　D. 限制性市场策略

2. 简答题

(1)请列举两个国际贸易协定的作用。

(2)解释关税政策调整如何影响贸易模式。

(3)简述跨境电商企业如何确保 VAT/GST 管理与申报自动化系统的合规性。